이 책은 넓은 신학적 안목으로 로마서를 읽으며 복음서가 선포하는 하나님 나라의 복음과 바울이 선포하는 구원의 복음이 하나임을 역설한다. 로마서와 바울 신학의 핵심 주제들을 하나님의 다스림이라는 관점에서 새롭게 풀어가면서, 바울이 말한 믿음의 복음이 하나님의 다스림을 축으로 펼쳐지는 하나님 나라의 이야기와 어떻게 만나는지 상세하게 설명해준다. 결과적으로 같은 목적지를, 서로 다른 길을 더듬어 찾아가는 사례는 늘 새롭고도 즐거운 배움을 선사한다. 다른 독자들에게도 마찬가지로 좋은 배움과 자극의 기회가 되리라 기대한다.

권연경 숭실대학교 신약학 교수

말씀을 사랑하는 영적 에너지가 넘치는 신학자로서 이 책의 저자는 주님이신 예수 그리스도가 곧 복음의 핵심이라는 시각을 견지하며 로마서를 읽어 내려간다. 이는 로마서를 이신칭의의 관점에서만 보려는 전통적인 속죄론의 틀을 깨뜨리고, 복음서가 이미 언급한 "하나님 나라"라는 중심 주제가 로마서에서도 명백히 드러남을 보여주는 작업이다. 따라서 이 책은 그동안 복음서와 바울의 신학적인 연속 관계를 분리해왔던 흐름을 뒤집으려 한다. 예수 그리스도는 하나님 나라 복음 그 자체이며 이는 바울의 서신인 로마서에서도 분명하게 드러나는 사실이다. 또한 이 책은 하나님 나라라는 주제가 로마서뿐만 아니라 바울 서신 전체를 휘감고 있다고 주장한다. 이를 통해 오랫동안 속죄론적인 틀에 갇혀 있던 로마서의 신학적 지평을 확대한다. 우리는 이제 하나님 나라라는 주제를 중심으로 로마서를 다시 정독해야 한다. 더 나아가 우리는 이 책에서 오늘 한국교회가 당면한, 믿음과 행위의 이원론적 괴리 문제를 극복해야 할 당위성을 발견한다. 우리는 이 책의 초청에 따라 로마서를 묵상하면서 자기 반성적인 실천에 이르러야 한다. 신앙과 신학의 혜안을 열어줄 뿐 아니라 이해하기 쉬운 필력으로 글 읽는 즐거움을 안겨주는 책을 만난다는 것은 큰 기쁨이다. 우리 한국교회의 신앙 개혁을 위해서도 꼭 읽어보기를 권한다.

김지철 소망교회 은퇴 목사, 전 장로회신학대학교 신약학 교수아, 좋은 책이다! 유익하고 견실한 내용으로 가득한, 평신도와 목회자가 같이 읽으며 공부할 만한 교재다. 이 책의 저자는 한국교회의 현실을 배경으로 바울의 하나님 나라 복음을 제대로, 그리고 쉬우면서도 날카롭게 해설한다. "십자가의 속죄" 주변을 맴돌이질 하는 데서 벗어나 하나님 나라의 복음에 이르고자 하는 분들에게 진심으로 추천한다.

김학철 연세대학교 학부대학 신약학 교수

이 책은 정말로 중요한 책이다. 그동안 한국교회에 알려진 로마서 읽기는 속죄·치유를 중심으로 하는 순복음 계열의 구원론적인 읽기 아니면 마틴 로이드-존스(D. Martyn Lloyd-Jones)나 존 스토트(John R. W. Stott) 유의 경건·성화 중심적인 읽기였다. 수많은 한국 목회자와 신약학자의 로마서 강해나 주석서는 개인을 구원하는 십자가 속죄 효력 복음에 방점을 찍었다. 반면 톰 라이트(N. T. Wright)나 김세윤 등의 하나님 나라 중심의 로마서 읽기는 아직 한국교회의 중심부에 파고들지 못하고 있다. 이런 상황에서 이 책은 톰 라이트와 김세윤의 노선을 잘 계승하면서도 한국 기독교인들의 치우친 로마서 읽기를 은혜롭게 교정해준다. 저자는 로마서의 주제를 나무와 숲 모두의 관점으로 읽어내며 명료하고 설득력 있게 논리를 전개한다. 이 책은 이신칭의, 구원, 영생, 믿음 등 로마서의 키워드 모두가 하나님 나라의 복음 안에서 어떻게 유기적으로 재배치되는지를 잘 보여준다. 전체적으로 저자는 한국 신자들의 개인 구원론적인 로마서 읽기를 아주 설득력 있게 하나님 나라 복음 중심의 로마서 읽기로 바꾸어주고 있다. 독자들이 이 책을 읽고 나면 예수님의 십자가 구원 복음이 얼마나 광활하고 우주적인 효력을 가지고 있으며, 예수님의 십자가 구원이 얼마나 공적인 파급력이 큰 하나님 나라 구원인가를 확실하게 깨닫게 될 것이다.

김회권 숭실대학교 구약학 교수

믿음은 있다 하는데 왜 삶이 따르지 않는가 하는 현실의 문제와, 예수님과 바울이 과연 같은 말을 하고 있는가 하는 이론적인 문제는 사실 같은 뿌리를 가지고 있다. 성경이 말하는 복음, 믿음이 무엇인가를 제대로 다루지 않고서는 이 뿌리에 접근할 수 없다. 과감하면서도 예리하고 섬세하게 이 문제에 파고드는 이 책은 우리의 복음 이해가 얼마나 편협한지를 밝혀주며 예수님과 바울을 화해시킨다. 복음의 포괄성과 십자가의 중심성을 함께 붙잡은 이 작업에 경의를 표한다.

박영호 포항제일교회 담임목사, 전 한일장신대학교 신약학 교수

보기 드문 선물이 우리에게 주어졌다. 이 책은 신약학계의 대표적 논쟁과 한국교회의 목회 현장을 동시에 아우르며 새로운 패러다임의 로마서 읽기를 선사한다. 무엇보다 이 책이 공헌하는 지점은 "부분과 전체"의 올바른 자리매김이다. 성경의 기쁜 소식은 십자가 속죄의 복음으로만 축소될 수 없다. 십자가 속죄의 복음은 신구약을 관통할 뿐 아니라 로마서에서도 바울이 증언하는 하나님 나라의 복음을 표현하는 하나의 방식이다. 성경의 깊이와 높이와 넓이를 드러내기 위해서는 성경의 메시지와 정신을 축소하거나 왜곡시키는 우리의 편식 습관이 극복되어야 한다. 믿음과 구원이 소유의 영역이 아니라 존재의 신비에 더 깊숙이 다가가게 하는 과정임을 깨닫는 신앙인들의 겸허한 변화가 있을 때 비로소 "교회를 교회답게" 하는 질적 성숙이 가능해질 것이다. 신앙·신학·교회의 개혁을 촉발하는 로마서의 위력은 익히 잘 알려져 있다. "한국 개신교의 암흑기"라는 신조어가 회자하는 이즈음, 로마서에 담겨 있는 바울 신학을 예리하게 파헤친 이 책은 시의적절하고 감동적인 필독서가 아닐 수 없다.

배현주 부산장신대학교 신약학 교수

이 책은 바울의 복음, 특히 로마서에 나타난 복음이 단순히 십자가를 통한 속죄의 복음이 아니라 하나님 나라의 복음이라는 사실을 로마서에 관한 주석을 통해 밝히 드러낸다. 이 책이 말하듯이 바울의 복음에 관한 지금까지의 고정화된 이해와 그런 이해에 기초한 개신교(특히 한국교회)의 이신칭의 교리 및 구원론에 관한 근본적인 재고가 필요하다.

윤철호 장로회신학대학교 조직신학 교수

이 책은 십자가 복음에 관한 좁은 이해를 넘어 십자가 복음이 하나님 나라 복음과 어떤 관계에 있는지를 진지하게 되돌아보도록 요청한다. 저자는 십자가 복음이 우리를 하나님 나라로 불러들이는 초대이자, 하나님 나라를 이루어가도록 이끄는 강력한 무기임을 역설한다. 십자가 복음은 초월적 천국을 바라보게 하는 데 그치지 않고, 그 천국을 바라보며 이 땅에서 하나님 나라 백성으로 살아가게 하는 부르심이다. 이 책의 도움을 받아 로마서를 읽는다면 하나님 나라 복음의 관점에서 십자가 복음을 새롭게 이해할 수 있을 것이다.

이두희 대한성서공회 번역실장, 장로회신학대학교 신약학 겸임교수

이 책은 로마서의 신학적 주제에 관한 정치한 분석과 재해석을 통해 바울의 십자가 속죄의 복음과 예수님의 하나님 나라 복음이 어긋난 상이한 길이 아니라 동일한 한 목표로 수렴하고 있음을 논증한다. 그 가운데 바울 신학의 구관점, 신관점, 신관점 이후의 통찰이 참신하게 재구성되고, 심지어 전도에 사용되는 「사영리」에 담긴 의미조차 풍요롭게 재조명된다. 예수님과 바울의 신학적 관점을 비일관성과 불일치의 대립적인 관점에서 조명하거나 억지로 뭉뚱그려 바울의 신학 교리적 틀에 예수님의 하나님 나라를 환원시켜버린 기존의 성향에 비추어, 이 책을 통해 시도한 저자의 해석학적 도전은 참신하고 매우 주체적이다. 서구의 신약학 연구를 간편히 추종, 이식하거나 불온한 것으로 무조건 배제하는 이 땅의 학문적 인습에 역행하여 이 책은 그만큼 작지만 소중한 샛길을 개척한 셈이고, 그 개척의 열매에 걸맞은 학문적·실천적 기여를 한 것으로 평가된다. 그리스도교 신앙에 관한 한, 믿는 대로 살지 못하는 게 문제라기보다 그 믿음의 대상이나 내용의 첫 단추가 애당초 잘못 꿰어진 게 아닌가 하는 저자의 문제의식은 이 책 전체를 통해 그 진가를 발휘하며, 독자들의 안이한 기존 지식을 서늘하게 담금질하기에 충분하다.

차정식 한일장신대학교 신약학 교수, 한국신약학회 부회장

로마서와
하나님 나라

안용성 지음

바울 신학의 패러다임 전환

로마서와
하나님
나라

새물결플러스

서문

이 책은 장로회신학대학교 신학대학원 신앙 사경회(2018.3.21-23.)에서 했던 일곱 편의 설교를 기초로 한다. 그리고 그 일곱 편의 설교는 그루터기교회에서 2017년 8월에 주일 설교로 시작했던 로마서 강해를 다시 정리한 것이었다. 그루터기교회의 강단에서 시작해 사경회를 거쳐 이 책을 내기까지 여러 가지 생각의 변화와 발전이 있었다. 이를 증명하듯 그루터기교회의 설교는 로마서 본문의 순서를 따랐으나, 사경회에서는 그 내용을 선별하여 주제별로 제시했다. 그리고 이 책에서는 다시 그 주제의 배열 순서를 조정하고 내용을 보완했다. 또한 사경회에서 다루지 않은 몇 가지 주제가 추가되었고 설명이 장황했던 부분은 가다듬었다.

이 모든 과정의 바탕에는 "복음이란 무엇인가?"라는 질문이 있었다. 2005-2010년에 신학대학에서 학생들을 가르치던 시기에 본격적으로 시작된 이 질문은 한편으로는 여러 차례의 설교와 강의를 통해, 다른 한편으로는 신약성경의 다른 책들(특히 요한계시록과 사도행전)에 관한 연구를 통해 점점 더 구체화되었다. 그 과정 가운데는 2016년 봄에 장로회신학대학교 신학대학원에서 "복음이란 무엇인가?"를 주제로 한 사경회 전체 특강이 있었다. 또 그 특강보다 앞서 "신약 교회의 토대가 된 하나님 나라의 복음"이라는 제목의 글이 발표되기도 했다.[1] 그 글과 강의의 주요 내용이 이 책의 제1장에 반영되었다.

이 책은 설교에 기초했지만 독자들이 종종 접하는 일반 설교집과는 많이 다르다. 그루터기교회의 주일 설교는 (통념에 따르면) 설교보다는 강의에 가깝고, 청중의 감정에 호소하기보다는 성경 본문을 주해하는 데 주력하면서 한 편의 설교에 상당히 많은 정보를 담기 때문이다. 더 나아가 이 책은―기존에 나와 있는 성서학 연구서 가운데 로마서 전체를 하나님 나라 복음으로 해석한 사례가 거의 없기 때문에―성서학계에 새로운 논지를 제시하는 학문적 성격도 함께 지니고 있다. 그럼에도 이 책은 평신도로부터 성서학자들까지 넓은 폭의 독자들을 염두에 두고 한편으로는 성서 본문에 근거해 논지를 입증하는 데 힘쓰면서 다른 한편으로는 누구나 이해하기 쉽게 서술하고자 했다.

이 책이 나오기까지 많은 이들이 꼭 필요하고 중요한 도움을 주었다. 무엇보다 먼저 그루터기교회 교우들께 감사드린다. 그루터기교회의 주일 설교는 이 책의 내용보다 더 어려웠다. 기존의 로

---

[1] 안용성, "신약 교회의 토대가 된 하나님 나라의 복음", 바른교회아카데미, 『제20회 바른교회아카데미 연구위원회 세미나 자료집』(2016.1.25-26, 장로회신학대학교 세계교회협력센터), 52-66.

마서 해석과는 다른 관점을 제시할 뿐 아니라 본문을 새로 번역해 소개할 때도 많았다. 또한 생각을 충분히 정리하지 않은 채 무겁고 추상적인 내용을 전달하는 경우도 적지 않았다. 그 어려운 설교를 무던히 참고 들어준 교우들께 진심으로 감사한다. 그런 가운데서도 많은 교우가 예배 후 애찬을 나누거나 주일 오후에 소그룹 모임을 할 때 로마서 설교를 다시 곱씹으며 진지하게 토론하는 가운데 의미 있는 질문을 자주 던져주셨다. 그런 교우들의 관심과 참여 덕에 이 책이 빛을 보게 되었다.

강의와 설교 내용을 책으로 만드는 과정에서 수고해주신 이들도 여럿이다. 김아리나 교우는 사경회 설교 내용을 도표와 인용문까지 담아 꼼꼼히 녹취하여 이 책의 저본을 만들어주었다. 강윤주 목사는 초고를 정성 들여 읽으며 오·탈자를 찾아주었고, 독자의 입장에서 글의 흐름을 검토해주었다. 이두희 박사(대한성서공회 번역실장)는 이 책과 다른 관점에서 제기할 만한 문제들을 세밀하게 짚어주었으며 그리스어의 쓰임이 바른지도 점검해주었다. 이 책의 마지막 부분에서 십자가를 재조명하는 항목을 추가한 것도 이 박사의 아이디어다. 박영호 박사(포항제일교회 담임목사)는 학교에 재직하다가 새로 교회에 부임해 바쁜 가운데서도 초고를 주의 깊게 읽으며 초기교회의 역사와 몇 가지 개념 사용에 관해 유용한 조언을 해주었다. 서강대학교에서 오랫동안 경제학을 강의하다가 은퇴한 이효구 교수는 초고를 출판사에 넘기기 전, 그리고 조판된 원고가 나온 후 두 차례에 걸쳐 문맥을 세심하게 살피며 여러 측면에서

로마서와 하나님 나라

매끄럽게 다듬어주었다. 이 교수는 특히 몇 가지 통일되지 않은 용어들을 바로잡아주었을 뿐 아니라 초신자가 이해하기 어려운 내용을 짚어가며 매우 유용한 조언을 아끼지 않았다. 이분들의 도움으로 인해 졸고가 비로소 책의 모양을 갖출 수 있게 되었다. 진심으로 감사드린다.

책의 표지와 마지막 부분에 들어간 사진의 사용을 허락해준 영락교회(위임목사: 김운성)와 사진에 들어간 조각 작품 "겟세마네 십자가"의 작가 문인수 교수(수원대학교 미술대학장)께도 감사한다. 새물결아카데미에서의 강의(2018년 3rd Wave, 2018.10.16.–11.20.)와 이 책의 출판을 함께 제안해주신 새물결플러스의 김요한 대표와 왕희광 편집장, 박규준 편집자, 이성아 디자인팀장을 비롯한 직원들의 수고에도 경의를 표한다. 안 쓰던 책을 연이어 쓰는 낯선 기간에도 사랑하는 아내 경희와 아들 희상, 지상은 변함없는 격려와 응원을 보내주었다. 끝으로, 내가 성경을 처음 배운 것은 어린 시절 어머니의 무릎 위에서였다. 평생 아들을 위해 기도하시며 성경을 더 읽으라고 격려하시는 어머니 이국화 권사와 나의 신앙의 첫 모델이신 아버지 안영진 장로께 한없는 사랑과 존경의 마음을 담아 이 책을 드린다.

2019년 2월
달터공원을 마주한 예쁜집 3층 서재에서
안용성

차례

제2부 하나님 나라
복음의 전개

들어가는 말

이 책의 목표

로마서에 담긴 복음(the Gospel)은 "하나님 나라의 복음"이다. 이 책의 목표는 로마서 본문을 연구함으로써 로마서의 복음이 하나님 나라 복음임을 상세히 드러내 보이는 것이다. 본격적인 논의에 들어가기에 앞서 이 목표가 지니는 의미가 무엇인지 잠시 생각해보기로 하자.

사실 이 목표는 어떤 사람에게는 무의미하게, 다른 사람에게는 무모하게 보일 수 있다. 상당수 그리스도인에게는 로마서에 하나님 나라의 복음이 담겨 있다는 말이 그리 새롭게 들리지 않을 것이다. 이를 확인하기 위해 굳이 또 한 권의 책이 필요한지 의아해하는 사람도 있을지 모른다. 왜냐하면 로마서뿐 아니라 성경 전체가 하나님 나라 복음을 말한다고 아는 사람이 많기 때문이다.

"하나님 나라"라고 하면 곧 죽은 후에 가는 하늘 위의 천국을

로마서와 하나님 나라

생각하는 사람이 여전히 많다. 그들에게는 "하나님 나라의 복음"이란 "천국 복음"과 같은 말이다. 예수 그리스도의 십자가 속죄를 믿는 사람은 모든 죄를 용서받고 죽은 후 하늘에 있는 낙원에 들어가게 된다는 그 "복음" 말이다.

하지만 우리는 용어의 의미를 분명히 할 필요가 있다. 성경이 말하는 "하나님 나라"와 많은 사람이 생각하는 "천국"은 같은 말이 아니다. 예를 들어 우리가 일반적으로 이 두 용어를 사용하는 방식을 떠올려 보자. 우리는 보통 천국에 "간다"고 말한다. 그러나 하나님 나라는 여기에 온다. 주기도문에도 아버지의 나라가 "오게" 해달라는 내용이 들어 있다. 성경이 말하는 하나님 나라는 우리가 보통 말하는 "천국"과 단순하게 동일시할 수 없다.

앞으로 상세히 다루겠지만 "하나님 나라"는 어떤 특정 장소를 가리키는 말이 아니다. 하나님 나라를 정의할 때는 공간보다는 누가 다스리는지의 문제가 관건이 된다. 한마디로 말해 하나님 나라는 "하나님의 주 되심"과 동의어로서 "천국"을 포함하는 동시에 그 이상을 함의한다.

"하나님 나라"는 공관복음서의 중심 주제다. 공관복음서에는 "하나님 나라의 복음", 또는 그에 상응하는 용어와 개념들이 자주 등장한다. 그리고 복음서에 기록된 모든 사건은 예수님이 말씀과 행동으로 선포하신 하나님 나라의 복음을 중심으로 전개된다. 반면 바울의 복음은 그동안 하나님 나라의 복음이 아니라 "십자가 속죄의 복음"이라 여겨져 왔다. 즉 바울이 "믿음으로 의롭게 된다"고 말할 때 그 믿음이란 예수 그리스도의 십자가에서 나의 죄가 해결되었음을 받아들인다는 의미라고 이해되어온 것이다.

공관복음서의 복음은 하나님 나라 복음인 반면 바울의 복음은 십자가 속죄의 복음이라는 견해가 신학계에 상식처럼 통해왔다. 그 결과 이런 신학 지식을 가진 이들에게 로마서의 복음이 하나님 나라의 복음이라는 주장은 무모한 소리로 들릴지도 모른다. 하지만 이 책은 그런 신학계의 "상식"에 이의를 제기한다. "십자가 속죄의 복음"과 "하나님 나라의 복음"이라는 두 가지 서로 다른 복음이 성경에 들어 있는 것이 아니다. 성경에는 단 하나의 복음 곧 하나님 나라의 복음이 있을 뿐이다. 그리고 하나님 나라의 복음은 그 안에 십자가의 속죄를 포함한다. 십자가의 속죄는 하나님 나라의 복음을 구성하는 핵심 요소다. 그러나 십자가의 속죄는 복음의 일부일 뿐 전부는 아니다. 그동안 우리는 복음의 일부를 전부라 오해해온 것이다.

복음에 관한 우리의 오해는 대개 바울의 사상에 관한 오해에 기인한다고 말할 수 있다. 많은 사람이 바울의 복음을 십자가 속죄의 복음 곧 천국 복음으로 이해하고, 그 천국 복음의 렌즈로 신약성경 전체를 읽어왔다. 그러다 보니 공관복음서에 담긴 하나님 나라의 복음마저 십자가 속죄의 복음으로 잘못 이해하는 문제가 생기게 된 것이다. 그리고 더 좁혀서 보자면 바울에 관한 오해는 곧 로마서에 관한 오해다. 따라서 이 책은 로마서를 다시 읽음으로써 그 안에 담긴 온전한 복음 곧 하나님 나라의 복음을 드러내 보이고자 한다.

한국교회와 복음

지난 2017년은 종교개혁 500주년을 맞는 해였다. 이 시기를 맞아 많은 사람이 위기에 처한 오늘날의 한국교회를 돌아보며 복음이 무엇인지 다시 물어야 할 필요를 절감했다. 교회의 개혁을 요구하는 목소리가 높은 이 시기에 우리가 로마서를 다시 읽어야 하는 이유는 루터(Martin Luther, 1483-1546)가 로마서에서 발견한 복음이 종교개혁의 성경적 근거였기 때문이다.

한국교회의 위기에 관한 여러 가지 분석과 대안이 제시되고 있다. 다양한 견지에서 여러 가지 의견과 제안이 봇물 터지듯이 쏟아져 나왔지만, 그 가운데 공유되는 지점이 하나 있다면 그것은 그리스도인들이 그리스도인답게 살지 않는다는 사실에 관한 안타까움일 것이다. 그리고 이는 그리스도인들이 자신이 믿는 대로 살지 않는다는 평가와 다르지 않다. 오늘날 그리스도인의 믿음이 삶으로 이어지지 않는 이유는 무엇일까?

그런데 우리는 여기서 더 근본적인 질문을 하나 던져보아야 한다. 한국교회의 여러 가지 문제는 단지 우리가 믿는 대로 살지 않기 때문이 아니라 혹시 우리의 믿음 자체가 잘못되어 있기 때문에 생겨나는 것이 아닐까? 다시 말해 우리의 믿음 자체가 그리스도인다운 삶을 낳을 수 없는 불완전한 믿음이 아닌지 돌아보아야 한다는 것이다.

그리스도인이 견지하는 믿음의 내용은 "복음"에 담겨 있다. 따라서 우리의 믿음이 온전한지를 확인하기 위해서는 우리가 믿는 복음이 온전한지를 살펴보아야 한다. 과연 우리가 믿는 복음은 온전할까? 혹시 우리는 복음의 일부를 전부라 오해하기에 온전하지 못한 믿음을 드러내게 되는 것은 아닐까?

최근 한국교회에서 치열하게 전개되는 "하나님 나라 운동"은 그런 고민에서 시작한다. 목회자, 신학자, 평신도를 포함하여 하나님 나라 운동에 뜻을 함께하는 사람들은 성경이 말하는 하나님 나라 복음이 담고 있는 신앙의 온전성을 드러내고, 그렇게 함으로써 우리의 모습에서 드러나는 편협성을 극복하고자 한다.

하지만 수많은 사람이 믿음을 교리에 대한 동의쯤으로 간주하며 그리스도인다운 "삶"이 그저 하나의 선택 사항이라고 여기는 듯하다. 그들에게 신앙이란 교회와 개인과 내면에 머무는 무엇일 뿐이다. 그 결과 교회 밖에서 일어나는 여러 가지 문제들은 신앙의 영역을 벗어난 것으로 치부되곤 한다. 이런 상황에서 복음에 관한 오해를 불식하고 신앙을 올바로 세우기 위해 노력하는 것이 바로 하나님 나라 운동이다. 따라서 하나님 나라 운동은 신앙의 실천성과 사회성을 회복하려는 노력으로 드러나고는 한다.

그러나 이처럼 기존 교회가 도외시하던 윤리적 삶과 사회참여를 강조하다 보면 하나님 나라 운동이 하나의 윤리 운동으로 오해되거나 축소되는 경향을 띠게 된다. 그 결과 하나님 나라 운동을 종종 "보수"와 구별되는 진보적인 정치의식쯤으로 간주하는 사람까지 생겨난다. 그동안 대개 보수 진영에서는 교회를 강조하고 진보 진영에서는 사회참여를 강조하는 경향성이 한국교회에 형성되어왔다는 사실을 기억하면 이는 이해할 만한 현상이다. 하지만 사회윤리 문제에 관심을 기울이는 하나님 나라의 복음이 진보주의자들의 전유물이라는 생각은 분명한 오해다.

우리나라의 보수적인 복음주의자들은 주로 십자가 속죄의 복음을 강조해왔다. 그러다 보니 그에 대한 대안으로 제시된 하나님 나라 복음은 진보적인 성향을 띠는 사람들 사이에 자리를 잡게 되는 측면도 있었다. 하지만 이 책은 그런 통념에 이의를 제기하고 잘못 그어진 보수와 진보의 경계선을 바로잡고자 한다.

보수와 진보의 왜곡된 지형을 교정하는 일은 예수의 복음과 바울의 복음에 관한 이분법을 바로잡는 일과도 관련된다. 바울의 복음이 십자가 속죄의 복음이라는 오해가 남아 있는 한, "복음"(the Gospel)은 곧 십자가의 속죄라는 그릇된 인식이 계속될 수밖에 없다. 그러면 하나님 나라의 복음이 그 복음과 다른 또 하나의 복음으로 존재하는 이상한 구도도 사라지지 않는다. 그런 도식을 극복하지 못한다면 하나님 나라의 복음은 그저 지엽적인 이야기로 치부되거나 기존의 복음을 보완하는 개념 정도로밖에는 인식되지 않을 것이다. 로마서의 복음이 하나님 나라의 복음이라는 사실을 상세히 드러내 보이는 이 책은 지금까지 잘못 형성되어온 예수와 바울의 이분법을 극복하고 신앙의 온전성을 추구하는 일에 일조하고자 한다.

이 책의 구성

나는 로마서에 하나님 나라의 복음이 담겨 있다는 사실을 김세윤과 톰 라이트(N. T. Wright)의 저술을 통해 배울 수 있었다. 김세윤은 『칭의와 성화』(2013)에서 "바울의 칭의의 복음은 예수의 하나님 나라 복음의 구원론적 표현"이라고 말하며,[1] 바울이 복음을 정의하는 몇 개의 본문(롬 1:2-4; 고전 15:3-5 등)을 주해함으로써 그 근거를 제시했다. 특히 바울이 복음을 정의한 가장 포괄적인 내용을 담고 있는 로마서 1:2-4은 로마서의 복음이 하나님 나라 복음임을 잘 보여준다. 그러나 김세윤은 아직 로마서 전체에 관한 연구를 통해 그 논지를 입증하지는 않았다.

톰 라이트는 김세윤보다 앞서 1997년에 출간한 『톰 라이트 바

---

1   김세윤, 『칭의와 성화』(서울: 두란노서원, 2013), 94.

울의 복음을 말하다』에서 로마서 1:2-5에 담긴 하나님 나라 복음이 로마서 전체를 대변한다고 주장했다.[2] 그러나 그는 2002년과 2004년에 발간한 두 권의 로마서 주석에서는 이 주장을 중심 문제로 다루지 않았다.[3] 그의 로마서 주석은 "아브라함을 통해 맺은 이스라엘과의 언약에 대한 하나님의 신실하심"이라는 주제를 입증하는 데 주력하고 있으며, 서두에 제시한 하나님 나라의 복음을 발전시키는 일에는 그리 적극적이지 않다. 그런 점에서 이 책은 김세윤과 톰 라이트가 이미 제시했으나 아직 충분히 입증하지는 못한 논지를 이어받아 발전시킨 것이라 할 수 있다.

이 책의 제1부 "하나님 나라의 복음"에서는 하나님 나라의 복음이 무엇인지 여러 각도로 조망해보면서 그 복음의 맥락에서 로마서의 위치를 확인한다. 이를 위해 먼저 제1장 "복음이란 무엇인가?"에서는 로마서뿐 아니라 신구약성경 전체를 통해 복음이 무엇인지 살펴본다. 하나님 나라의 복음을 십자가 속죄의 복음과 비교

---

2 N. T. Wright, 최현만 옮김, 『톰 라이트 바울의 복음을 말하다』(서울: 에클레시아북스, 2011), 80-89. 이 책의 원서는 *What Saint Paul Really Said?*(Oxford: Lion Book, 1997)다. Wright는 2002년에 출간한 로마서 주석에서도 그 점을 재확인한다. N. T. Wright, 장용량·최현만 옮김, 『The New Interpreter's Bible Commentaries 로마서』(서울: 에클레시아북스, c2002, 2014), 38-48.
3 앞에 소개한 『NIBC 로마서』가 출간되고 2년 뒤인 2004년에는 *Paul for Everyone: Romans(part 1 & 2)*가 출간되었다. 이 책은 다음과 같이 우리말로 번역되었다. N. T. Wright, 신현기 옮김, 『모든 사람을 위한 로마서 1, 2』(서울: IVP, 2010).

하고, 그에 따라 믿음, 구원, 회개 등 주요 개념들의 이해가 어떻게 달라지는지 확인해본다. 제2장부터는 로마서에 초점을 맞춘다. 바울이 로마서의 서두(롬 1:2-5)에서 자신의 복음을 하나님 나라 복음으로 제시했다는 사실을 확인한 후, 그 복음과 밀접하게 관련된 몇몇 주제를 자세히 살펴본다. 제3장 "이 세대와 하나님 나라"는 하나님 나라를 죄의 지배와 대조한다. 이 장에서는 특히 죄의 지배가 추상적이거나 신화적인 개념이 아니라 우리가 살아가는 현실의 심층에서 현실을 움직이고 있다는 사실을 확인할 것이다.

제2부 "하나님 나라 복음의 전개"에서는 하나님 나라와 관련된 로마서의 주제들을 좀 더 상세하게 다룬다. 제4장 "하나님 나라와 하나님의 의"에서는 언약의 맥락에서 로마서의 주제와 전체 구조를 개괄한다. 또한 바울 신학의 옛 관점과 새 관점을 모두 뛰어넘을 수 있는 길을 모색해보고, 그 모든 논의를 토대로 로마서의 주제문(롬 1:16-17)에 다시 접근한다. 제5장 "이신칭의"에서는 전통적으로 로마서의 중심 주제로 간주되는 이신칭의가 하나님 나라 복음의 틀에서 어떻게 이해되는지 탐구하면서 "우리의 믿음"에 대해서도 재고해본다. 이때 로마서 3, 4장의 주요 내용을 살펴본다. 마지막 제6장 "영광의 소망"에서는 로마서 5-8장을 중심으로, 구원의 완성을 향해 나아가는 그리스도인의 삶을 조망하면서 "창조세계의 구원", "그리스도인의 자유" 등 관련 주제들을 함께 탐구한다.

이 책의 목표는 로마서 본문에 대한 상세한 주석을 제공하거나 로마서 연구와 관련한 주요 주제들을 해설하는 것이 아니다. 로마서의 복음이 하나님 나라의 복음임을 명확하게 드러내 보이는 것이 이 책의 목표다. 따라서 이 책의 논의는 로마서 본문의 순서를 따르지 않는 대신 로마서에 담겨 있는 하나님 나라 복음이 무엇인지 잘 드러내는 구성으로 전개된다. 예를 들어 로마서 자체의 순서를 따르자면 제4장 "하나님 나라와 하나님의 의"―로마서의 주제문(롬 1:16-17)을 살펴보면서 중심 문제와 중심 주제를 다룬다―가 더 앞쪽에 배치되어야 한다. 그러나 나는 독자들이 로마서가 말하는 하나님 나라 복음이 무엇인지 이해할 수 있도록 돕는 것을 우선적인 과제로 생각해 "이 세대"와 "하나님 나라"를 비교하는 제3장의 내용을 더 앞에 배치했다.

그리고 성서학계에서 중요하게 다루는 주제나 본문이더라도 하나님 나라와 직접 관계되지 않는다고 판단한 것은 다루지 않은 경우가 있다. 예를 들어 로마서 9-11장은 최근 학계에서 유대인과 이방인의 관계가 부각되면서 매우 중요하게 다루어지고 있다. 여기에 담겨 있는 유대인의 구원 문제는 로마서의 주제인 하나님 나라의 하부 주제이기도 하다. 그러나 이 책은 로마서 9-11장을 심도 있게 다루지 않았다. 그것은 그리하지 않더라도 이 책의 논지를 입증하는 데 큰 어려움이 없다고 판단했기 때문이다. 한편 바울의 윤리적 권면을 담은 로마서 12:1-15:13에 관한 논의는 "이 세대"

를 분별하는 문제와 관련된 이 책의 제3장에 포함되었다. 여기서도 상세한 주해보다는 구조와 주제에 집중했음을 미리 밝힌다.

로마서를 하나님 나라 복음으로 읽는다는 것은 성경을 읽는 패러다임을 바꾼다는 의미다. 그것은 우주 현상을 바라보는 관점이 천동설에서 지동설로 바뀐 것에 비길 수 있다. 지금까지 신학자들은 로마서에 담겨 있는 모든 개념을 십자가의 속죄를 중심으로 배열하여 이해해왔다. 모든 천체가 지구를 중심으로 돌아간다고 생각하듯, 신약성경의 모든 개념이 십자가의 속죄를 중심으로 움직인다고 믿어온 것이다. 그러나 이 책은 로마서의 중심이 하나님 나라이며 십자가의 속죄는 하나님 나라를 중심으로 돌아가는 수많은 행성 가운데 하나임을 보일 것이다.

새로운 패러다임으로 로마서를 이해하기 위해서는 "복음", "믿음", "구원", "하나님 나라" 등 우리의 신앙을 설명하는 주요 어휘들의 의미가 전부 바뀌어야 한다. 이 책은 새로운 어휘를 별다르게 소개하지는 않는다. 그러나 이 책이 정립하는 어휘들의 의미는 지금까지 독자들이 알아오던 것과는 사뭇 다를 것이다. 그래서 이 책을 읽는 독자들은 한편으로는 이미 다 아는 내용이라고 느끼면서 동시에 다른 한편으로는 무슨 말인지 잘 이해할 수 없는 야릇한 답답함에 빠질 수 있다. 그것은 새로운 패러다임에 적응하지 못해서 나타나는 현상이다. 만일 이 책을 읽으며 자신에게 그런 증상이 나타나는 것을 발견한다면, 익숙한 용어들에 관해 내가 알고 있는 바가 이 책이 말하는 바와 다르지 않은지 고민해보기 바란다. 이런 분들은 책을 읽을 때 가급적 한 페이지에 오래 머물지 말고 먼저 빠른 속도로 책을 끝까지 읽어 큰 그림을 파악한 후 앞에서부터 다시 한번 상세히 정독하라고 권하고 싶다.

하나님 나라의 복음

제1장

복음이란 무엇인가?[1]

1. 십자가 속죄의 복음

복음이란 무엇일까? 그동안 "복음"(the Gospel) 하면 그것은 곧
십자가의 속죄를 가리키는 것이었다. 그리고 그것이 바로 로마서
에 담긴 바울의 복음이라 여겨져 왔다. 십자가 속죄의 복음은 종말
심판의 법정을 상정한다. 모든 사람은 죽은 후에 혹은 예수님이 다
시 오실 때 심판을 받게 된다. 그런데 원래 모든 사람은 죄로 인해
사형 선고를 받고 지옥에 가야 한다. 죄에는 형벌이 따르기 때문이

---

1   제1장에는 다음 글의 주요 내용이 사용되었다. 안용성, "신약 교회의 토대가
     된 하나님 나라의 복음".

다. 그러나 우리가 받아야 할 형벌을 예수님이 십자가에서 대신 받으셨다. 그 사실을 믿는 사람은 종말 심판의 법정에서 무죄 선고를 받고 천국에 가게 될 것이다. 이는 미래에 있을 일이지만 우리가 십자가의 속죄를 믿는 순간 그 미래의 구원이 미리 결정된다. 이것이 십자가 속죄의 복음이다.

그런데 여기서 몇 가지 질문이 떠오른다. 성경이 "복음"을 말할 때 그것이 정말 십자가의 속죄를 가리키는 것일까? 그리고 과연 그 복음이 성경 전체를 대표할 수 있을까? 다시 말해 성경이 말하는 모든 구원의 진리가 이 복음에 함축되어 있다고 말할 수 있을까? 이런 질문들을 염두에 두고 고민해보면 몇 가지 신학적이고 현실적인 한계들이 십자가 속죄의 복음에서 발견된다. 그리고 그런 한계들은 오늘날 한국교회가 처한 위기와 무관하지 않다. 그리스도인들이 그리스도인답게 살지 않는 현상, 그리스도인의 신앙생활이 교회 안에만 머물고 일상과 직업 현장의 삶에서는 별다른 차이점이 나타나지 않는 오늘의 현실이 십자가 속죄의 복음의 한계와 관련된다고 할 수 있다.

가. 믿음과 삶의 분리

무엇보다 먼저 십자가 속죄의 복음은 믿음과 삶을 단절시킨다. 십자가 속죄의 복음은 "종말 심판의 법정에서 어떻게 유죄판결을 면할 것인가?" 또는 "죽은 후에 어떻게 천국에 갈 것인가?" 하는 질문에 대한 답이다. 십자가 속죄의 복음에 따르면 믿는 사람은 죽은 후에 천국에 간다. 그러면 우리가 죽기 전에, 혹은 예수님이 다시 오시기 전에는 이 땅에서 어떻게 살아야 할까? 안타깝게도 그리스도인이 이 땅에서 어떻게 살아야 하는지의 문제는 이 복음의 관심사가 아니다. 십자가 속죄의 복음은 본래 죽은 후에 천국 가는 문제에 대한 답으로 제시된 것이기 때문이다.

나에게는 한국교회를 바라볼 때 풀리지 않는 의문들이 몇 가지 있다. 그중 하나는 그리스도인들의 죄책감에 관한 것이다. 복음은 우리를 죄의 지배로부터 해방하여 자유롭게 한다. 그렇다면 우리는 교회에 오래 다닐수록, 우리의 신앙이 깊어질수록 더 자유로워져야 할 것이다. 그러나 현실은 그와 정반대다. 교회에 오래 다닐수록 더 심한 죄책감에 짓눌리는 사람이 많다. 왜 이런 모순이 발생할까?

나는 그것이 십자가 속죄의 복음이 드러내는 한계와 관계있다고 생각한다. 십자가 속죄의 복음은 삶의 문제에 답을 제시하지 못하고 우리를 율법으로 회귀시킨다. 예수님을 믿고 그리스도인이 되었으니 이제 신앙인답게 살아야 하는데, 어떻게 살아야 할지 복음이 가르쳐주지 않으니 그 답을 찾기 위해 율법을 붙잡고 씨름하는 상황이 반복되는 것이다. 그래서 우리가 교회에 오래 다닐수록 복음이 아니라 율법이 우리 안에 강화된다. 그러다 보니 우리는 오래 믿을수록 복음의 자유와 해방을 경험하기보다 오히려 더 심한 죄책감에 빠져든다.

나. 교회와 세상의 분리

십자가 속죄의 복음에 따를 때 "믿음"이란 곧 십자가 속죄의 교리에 "동의"하는 것이다. 그 믿음은 철저히 개인적이고 내면적이다. 교리를 받아들이기로 결단하는 것은 집단이 아니라 개인이며 교리에 관한 동의는 각자의 마음속에서 일어나는 일이기 때문이다. 따라서 믿음이란 예수 그리스도를 개인의 구주로 영접하는 것이 될 수밖에 없다. 그 결과 십자가 속죄의 복음은 신앙의 사사화, 내면화를 부추긴다. 어떤 사람이 개인적으로는 그리스도인인데 사회적으로는 그 사람에게서 그리스도인 됨을 찾아볼 수 없는 현상이다. 속으로는 예수님을 구주로 영접했다고 하지만 겉으로 나타나는 삶을 볼 때는 그 사람이 정말 그리스도인인지 아닌지 의문이 들 때가 많은 것이다.

더 나아가 십자가 속죄의 복음은 교회와 세상의 이분법 위에서 있다. 십자가 속죄의 교리를 믿어 이미 구원받은 사람들의 모임이 교회이고 믿지 않는 사람들은 세상 곧 "불신 세상"으로 정의된다. 이때 개념상 교회와 세상이 단절된다. 이런 교회관 속에서 교회는 종종 구조선 또는 구원의 방주에 비유된다. 이 세상은 수많은 영혼이 물에 빠져 죽어가는 바다와 같다. 신앙인으로서 우리의 최우선적 사명은 세상의 바다에 빠져 죽어가는 사람들을 건져내어 교회라는 구조선에 태우는 일이다. 반면에 세상에서 일어나는 일들, 예를 들어 정치, 경제, 사회, 문화의 영역에서 일어나는 일들은 그 자체로서는 신앙의 문제가 되지 않는다. 불신 세상에 속한 문제들은 신앙과 직접적 관련이 없기 때문이다. 이때 근본적으로 그리스도인이 세상을 위해 할 수 있는 일이란 아무것도 없다. 오직 사람들이 세상을 떠나 교회에 나오게 하는 일만이 의미가 있을 뿐이다.

한국 사회의 지도층에는 수많은 그리스도인이 있다. 역대 대통령 중에는 교회의 장로가 3명이나 있었으며 최근에는 아예 기독교를 전면에 내세운 정당이 만들어져 이슈가 되기도 했다. 그런데 여전히 기독교 정치의 모범이라고 할 만한 사례가 없는 까닭은 무엇일까? 언뜻 생각하면 이상하지만 가만히 고민해보면 이런 현상은 그리 특이하지 않다. 가령 내가 대통령이 되었다고 생각해보자. 그리스도인으로서 대통령이 되었으니 기독교적 정치의 모범을 보이려고 노력할 것이다. 그러나 스스로 "기독교 정치란 무엇일까?" 하고 질문을 던져본다면 답하기가 무척 까다롭다는 사실을 깨닫게 된다. 왜냐하면 교회에서 그에 관한 가르침을 받아본 적이 없기 때문이다. 그 이유는 무엇일까? 오랫동안 교회가 정치는 세상의 일이라고 치부하면서 기독교 신앙의 영역이 아니라고 말해왔기 때문이다. 우리는 그동안 한편으로 정치는 신앙의 영역이 아니라고 가르치면서도 다른 한편으로는 그리스도인 정치가들이 기독교적으로 활약해주기를 기대한 것이다. 이는 명백한 이율배반이다. 믿는 것과 기대한 것이 다르기 때문이다.

다음으로는 "복음화"의 문제를 살펴보자. 십자가 속죄의 복음을 따르자면 복음화 역시 협소한 개념으로 정의될 수밖에 없다. 이때 복음화란 "기독교화"와 동의어가 된다. 개인을 복음화하는 것은 그 사람이 십자가 속죄의 교리를 받아들이게 하는 것이고, 사회를 복음화하는 것은 그 사회에 십자가 속죄의 교리를 받아들이는 사람이 많아지게 하는 것이다. 그러나 성경이 말하는 복음화란 정말 이와 같은 "기독교화"를 말하는 것일까?

한국교회를 놓고 생각해보자. 한국교회는 전 세계가 놀랄 만큼 빠른 속도로 성장했다. 그 결과 한국 사회는 과거와 비교할 수 없을 정도로 "기독교화"되었다. 지금은 성장이 정체되고 교세가 줄어들기 시작했으나, 여전히 전체 인구의 4분의 1 가까이가 자신을 "그리스도인"으로 정의한다. 그런데 가난한 농촌보다는 서울 강남의 부유층에서 나타나는 그리스도인의 비율이 훨씬 높다. 또 평범한 시민들보다는 정치가, 법조인, 기업인 등 사회의 지도층에 더 많은 그리스도인이 포진해 있다. 그런 점에서 그리스도인들이 가진 부와 영향력 측면에서는 한국 사회가 4분의 1보다 훨씬 더 높은 비율로 기독교화되어 있다고 진단할 수 있다. 그렇다면 한국 사

제1부 · 하나님 나라의 복음

회는 그만큼 복음화되었다고 말할 수 있을까? 경제적으로는 부유해졌지만 물질주의가 만연하고 빈부의 양극화가 극심하며 이기주의와 반사회적 범죄가 기승을 부리는 오늘의 한국 사회를 직면하면, 과연 이 사회가 그만큼 복음화된 사회인지, 성경이 말하는 복음화가 정말 이런 것인지 되묻지 않을 수 없다.

다. 신학적 한계

이런 현실적인 문제들과 함께 신학적인 문제도 생각해보자. 십자가 속죄의 복음에는 십자가가 뚜렷하게 나타난다. 하지만 부활은 희미하다. 이런 질문을 한번 던져보자. 만일 예수님이 십자가에서 죽은 후 부활하시지 않았다면 우리가 구원받을 수 있을까? 십자가 속죄의 복음에 따르면 우리의 문제는 우리의 죄다. 우리는 종말 심판의 법정에서 유죄 선고를 받고 그 형벌로 지옥에 갈 수밖에 없다. 그런데 내가 받아야 할 형벌을 예수님이 십자가에서 대신 받으셨다. 그렇게 내 죄는 해결되었고 나는 천국에 가게 된다. 문제는 나의 죄인데 그 죄가 예수의 십자가에서 이미 무력화된 것이다. 그렇다면 예수님이 부활하시지 않아도 우리는 천국에 갈 수 있는 것이 아닌가?

하지만 독자들은 이런 주장에 선뜻 동의하기가 어려울 것이다. 왜냐하면 성경은 결코 부활을 빼놓은 채 우리의 구원을 말하지 않기 때문이다. 기독교는 부활의 종교라고 할 만큼 부활은 기독교 신앙의 핵심을 차지한다. 부활이 없는 기독교는 상상할 수 없다. 그러나 앞서 살펴본 대로 십자가 속죄의 복음이 가진 논리를 따라가다 보면 부활이 우리의 구원에 필수적인 요소인지 모호하게 되어 버린다. 이런 논리적 모순은 십자가 속죄의 복음이 성경 전체의 내용을 온전히 담아내지 못하기 때문에 발생한다. 우리는 성경의 핵심을 차지하는 그리스도의 부활 사건이 십자가 속죄의 복음에서는 마치 없어도 되는 것처럼 상대화되는 현상을 어떻게 바라보아야 할까?

이런 문제는 신학 저술에도 영향을 끼친다. 그래서 예수 그리스도의 사역을 다룰 때 십자가는 강조되지만 부활은 소홀하게 다루어지는 경우가 많다. 박형용(합동신학대학원대학교 명예교수)은 복음주의의 거두로 불리는 신학자들의 저술에서 부활이라는 주제가 예수님의 십자가 죽음에 비해 매우 소홀하게 다루어지고 있음을 지적했다. 그는 19세기 미국에서 정통 칼뱅주의 신학을 이끌었던 하지(Charles Hodge)의 『조직신학』(*Systematic Theology*) 제2권이 예수님의 죽음과 그 효과를 128쪽에 걸쳐 다루는 반면 부활과 그 효과에 대해서는 단 4쪽만 할애할 뿐임을 예로 든다. 또한 그에 따르면 칼뱅주의 3대 신학자 가운데 하나로 평가되는 워필드(Benjamin B. Warfield)의 『성경적 교리』(*Biblical Doctrines*)에서도 십자가 죽음이 118쪽을 차지하는 반면 부활에 대해서는 별다른

제1부 • 하나님 나라의 복음

언급이 없다. 그리고 셰드(W. G. T. Shedd)의 『교의신학』(*Dogmatic Theology*)에서도 십자가 죽음이 111쪽을 차지하는 반면 부활을 특별히 다루지는 않는다.[2]

그런데 이런 신학자들의 문제는 그들의 부주의, 또는 관심의 부족에서 비롯한다기보다는 십자가 속죄의 복음 자체의 한계에서 비롯한다고 보아야 한다. 십자가 속죄의 복음은 인간의 궁극적인 비극을 죄의 문제에서 찾고 그에 대한 해결책으로 십자가 죽음을 제시하기에 부활의 중요성을 부각한다 하더라도 결국 핵심은 십자가일 수밖에 없다. 십자가가 우선이고 부활은 십자가의 중요성을 뒷받침하는 부수적 기능에 머물고 마는 것이다.

이런 신학적 문제와 함께 십자가 속죄의 복음은 성경의 해석에도 영향을 미쳐 적절한 균형을 유지하는 것을 방해한다. 대표적으로 십자가 속죄의 복음은 복음서 내용의 대부분을 차지하는 예수님의 공생애를 중요하지 않은 것으로 만들어버린다. 구원의 근거가 되는 예수님의 죽음만이 중시되고 30여 년간 이 땅에서 이어진 예수님의 삶은 부수적인 내용으로 치부되는 것이다. 물론 복음서에서 수난사화가 차지하는 비중은 작지 않다. 복음서의 후반부는

---

2   박형용, "신학자들이 본 부활복음(1)"(제4회 부활복음 전국목회자세미나, 2016년 6월 30일, 춘천한마음침례교회). 다음 인터넷 주소에서 이 강연의 일부를 동영상으로 볼 수 있다. https://www.facebook.com/munje12/posts/670352906478879.

예수님이 유대의 지도자들과 로마의 관리들에게 붙잡혀 고초를 당하시고 십자가에 못 박히시는 내용을 자세히 다룬다. 그러나 실제로는 그런 수난 이야기에서조차 "속죄"와 관련된 내용은 그리 많지 않다는 사실에 주목해야 한다. 예수님이 자신이 오신 목적에 관해 자기 목숨을 많은 사람의 대속물로 주기 위함이라고 설명하신 장면이 있을 뿐이다(막 10:45; 마 20:28). 오히려 복음서는 예수님의 수난을 기록하면서 십자가의 속죄보다는 누가 왜 예수를 죽였는지, 그리고 그들이 어떤 과정을 통해 예수님을 죽음으로 몰고 갔는지를 보여주는 데 주력한다.

이처럼 십자가 속죄의 복음을 성경 진리의 핵심으로 간주할 경우 복음서 내용의 대부분은 우리의 신앙과 별 관련이 없는 것이 되어버린다. 그 대신 십자가 속죄의 복음을 분명히 담고 있다고 여겨지는 바울 서신이 기독교의 중심이 되는 현상이 벌어진다. 이런 현상을 복음서의 주변화라고 말할 수도 있다.

2. 하나님 나라의 복음

이런 한계와 문제들 앞에서 우리는 다시 질문할 수밖에 없다. 십자가 속죄의 복음이 정말 성경이 말하는 복음인가? 성경은 정말 그것을 가리켜 복음이라 하는가?

이와 관련된 본문을 하나씩 찾아가며 성경은 무엇을 가리켜 복음이라 하는지 확인해보자. 그리스어 신약성경에서 "복음"에 관련된 말은 "유앙겔리온"(εὐαγγέλιον[복음], 76회), "유앙겔리조마이"(εὐαγγελίζομαι[복음을 선포하다], 54회), "유앙겔리스테스"(εὐαγγελιστής[복음 선포자], 3회), "프로유앙겔리조마이"(προευαγγελίζομαι[복음을 미리 선포하다], 1회) 등 4개의 형태로 모두 134회 나타난다. 그 용례들을 찾아보면 복음이라는 말이 대개는 아무런 설명 없이 쓰임을 알 수 있다. 이 경우 단어가 사용된 맥락에서 볼 때, 복음이라는 말은 대개 기독교 신앙의 내용을 포괄적으로 가리키는 것으로 보인다. 그러나 종종 복음이라는 단어가 어떤 수식어와 함께 사용되기도 한다. "○○○의 복음"과 같은 형식으로 말이다. 그리고 때로는 복음이라는 단어가 관계대명사나 분사에 의해 수식되기도 하고, 또 병행 구조의 부연 어구를 통해 그 내용이 설명되기도 한다.

가. 성경이 말하는 복음은 십자가의 속죄인가?

그렇게 복음이 수식되거나 설명되는 본문들을 찾아가며 성경이 말하는 복음이 무엇인지 확인해보면 한 가지 놀라운 사실에 직면하게 된다. 그것은 신약성경의 134개 용례 가운데 복음을 명확하게 "십자가의 속죄"로 규정하는 곳은 한 군데도 없다는 것이다. "복음"의 용례 가운데 십자가의 죽음과 직접 연관되거나 주변 문맥을 통해 그리될 가능성이 있는 것은 다음 세 가지뿐이다. 이 구절들을 하나씩 검토해보자.

1) 고린도전서 15:1-2

바울 서신에 사용된 "복음"이라는 말의 용례 가운데 십자가의 속죄와 연결될 가능성이 가장 큰 것은 고린도전서 15:1-2이다. 다음 인용문에서 굵은 글씨로 표시한 부분은 복음과 관련된 어휘의 번역이다.

> 1형제들아, 내가 너희에게 **전한 복음**을 너희에게 알게 하노니 이는 너희가 받은 것이요, 또 그 가운데 선 것이라. 2너희가 만일 내가 **전한** 그 말을 굳게 지키고 헛되이 믿지 아니하였으면 그로 말미암아 구원을 받으리라(고전 15:1-2).

이 구절에 십자가가 직접 등장하지는 않는다. 하지만 이후 문맥에서 그 관련성을 찾아볼 수 있다. 바울은 고린도전서 15:1-2에서 복음을 뜻하는 어휘들을 여러 차례 언급한 후(명사 εὐαγγέλιον과 동사 εὐαγγελίζομαι 2회), 이어지는 3-5절에서 구체적으로 그 복음의 내용이 무엇인지 보여준다. 그 내용을 정리하면 ① 그리스도가 우리 죄를 위해 죽으심, ② 장사 되심, ③ 부활, ④ 부활 현현이다.

3내가 받은 것을 먼저 너희에게 전하였노니 이는 성경대로 그리스도께서 우리 죄를 위하여 죽으시고 4장사 지낸 바 되셨다가 성경대로 사흘 만에 다시 살아나사 5게바에게 보이시고 후에 열두 제자에게와(고전 15:3-5).

그동안 많은 해석자가 이 구절에서 가장 먼저 언급되는 "그리스도께서 우리 죄를 위해 죽으심"을 십자가 속죄의 의미로 이해해왔다. 이 죽으심이 곧 예수님이 우리가 지은 죄의 형벌을 대신하신 대리적 죽음이라는 것이다. 그러나 이는 십자가 속죄의 복음을 전제할 때 그렇게 이해하게 될 뿐이지 반드시 그렇게 이해해야 할 필연성은 없다. 하나님 나라를 죄의 지배와 대조하여 서술하는 제3장 "이 세대와 하나님 나라"에서 자세히 설명하겠지만, 바울 서신에서 "죄"란 일차적으로 우리를 지배하는 세력으로서의 죄이며 동시에 우리가 짓는 죄이기도 하다. 또 우리가 짓는 죄는 죄의 지배를 허용하는 근본적인 범죄와 그 범죄의 열매로 나타나는 악행들로 다시 구별할 수 있다. "그리스도께서 우리의 죄를 위해 죽으셨다"는 말 속에는 죄의 이런 세 가지 의미, 즉 ① 죄의 지배, ② 우리가 죄의 지배를 허용함, ③ 그 열매로 나타나는 악행들이라는 의미가 모두 들어 있다. 하지만 십자가의 속죄는 주로 세 번째 의미와 관련된다. 곧 십자가의 속죄는 "그리스도께서 우리 죄를 위해 죽으셨다"는 말이 내포할 수 있는 여러 가지 의미 중 하나에 불과하다.

또 이 구절에서 그리스도의 십자가 사건은 장사 되심, 부활, 부활 현현과 함께 복음을 구성하는 여러 사건 가운데 하나일 뿐이다. 이처럼 십자가는 복음을 구성하는 사건의 전부가 아니라 한 부분이며, 십자가의 속죄 역시 십자가 사건의 유일무이한 의미가 아니라 여러 의미 가운데 하나에 불과하기에 고린도전서 15장이 복음을 십자가의 속죄로 정의한다고 단정할 수 없다.

2) 고린도전서 1:17

고린도전서 1:17에는 복음을 전한다는 뜻의 동사 "유앙겔리조마이"(εὐαγγελίζομαι)와 "그리스도의 십자가"가 함께 등장한다. 그리고 바로 이어지는 18절은 복음을 "십자가의 도"라는 어구로 대변하는데, 이는 복음과 십자가의 관련성을 강화한다.

> 17그리스도께서 나를 보내심은 세례를 베풀게 하려 하심이 아니요, 오직 **복음을 전하게** 하려 하심이로되 말의 지혜로 하지 아니함은 그리스도의 십자가가 헛되지 않게 하려 함이라. 18십자가의 도가 멸망하는 자들에게는 미련한 것이요, 구원을 받는 우리에게는 하나님의 능력이라(고전 1:17-18).

여기서 "그리스도의 십자가"와 "십자가의 도"란 구체적으로 무엇을 말할까? 이때 이 본문과 전후 문맥에는 속죄에 관한 내용이 언급되지 않는다. 오히려 이 본문에서 십자가는 십자가의 속죄를 말하기보다는 그 외적인 약함과 어리석음을 통해 하나님의 진정한 능력과 지혜를 드러내는 소재다. 여기서 십자가의 외면적 약함은 부활의 승리와 예수님의 주 되심으로 나아가는 필수적인 통로다. 앞으로 더 분명하게 설명하겠지만 십자가는 십자가-부활-예수님의 주 되심으로 이어지는 하나님 나라 복음의 한 부분을 구성한다.

3) 에베소서 2:17

에베소서 2:17도 십자가와의 관련 속에서 복음을 언급한다.

> 또 오셔서 먼 데 있는 너희에게 평안을 **전하시고** 가까운 데 있는 자들에게 평안을 전하셨으니(엡 2:17).

여기서 "전하시고"로 번역된 그리스어가 바로 "유앙겔리조마이"(εὐαγγελίζομαι)로서 예수님이 평안의 복음 또는 평화의 복음을 전하셨다는 뜻이다. 그 평화의 복음이 무엇인지는 바로 앞의 문맥에서 확인해야 한다. 에베소서 2:11-16은 그리스도의 십자가를 통해 유대인과 이방인이 화목하게 되었음을 말한다.

11그러므로 생각하라. 너희는 그때에 육체로는 이방인이요, 손으로 육체에 행한 할례를 받은 무리라 칭하는 자들로부터 할례를 받지 않은 무리라 칭함을 받는 자들이라. 12그때에 너희는 그리스도 밖에 있었고 이스라엘 나라 밖의 사람이라. 약속의 언약들에 대하여는 외인이요, 세상에서 소망이 없고 하나님도 없는 자이더니 13이제는 전에 멀리 있던 너희가 그리스도 예수 안에서 그리스도의 피로 가까워졌느니라. 14그는 우리의 화평이신지라. 둘로 하나를 만드사 원수 된 것 곧 중간에 막힌 담을 자기 육체로 허시고 15법조문으로 된 계명의 율법을 폐하셨으니 이는 이 둘로 자기 안에서 한 새 사람을 지어 화평하게 하시고 16또 십자가로 이 둘을 한 몸으로 하나님과 화목하게 하려 하심이라. 원수 된 것을 십자가로 소멸하시고(엡 2:11-16).

이 구절 역시 복음을 십자가와 연관 짓는다. 그러나 여기서 십자가의 기능은 우리가 지은 죄에 따르는 형벌을 대신하는 것이 아니라 사람들 사이를 가로막고 있던 막힌 담을 허무는 것으로 설명된다. 즉 이 구절의 복음은 십자가와 관련되지만 십자가의 속죄를 말하지는 않는다.

지금까지 살펴본 세 가지 본문 외에는 성경에서 복음을 십자가와 연결하는 예를 찾기 힘들다. 그리고 이 세 가지 본문 중 어느 것도 명백하게, 또는 필연적으로 복음을 십자가의 속죄로 정의하지

제1부 • 하나님 나라의 복음

않는다. 복음이란 곧 십자가의 속죄라고 받아들여 왔던 우리의 상식에 비추어 볼 때 이런 결과는 놀랍지 않은가? 십자가의 속죄가 아니라면 성경은 무엇을 가리켜 "복음"이라 할까? "복음"이 언급된 본문들을 직접 찾아가며 그 질문의 답을 찾아보기로 하자.

나. 누가복음-사도행전의 하나님 나라 복음

먼저 복음서에서 복음이라는 단어가 수식어나 설명문과 함께 쓰인 구절들을 찾아보자. 복음이 수식어와 함께 나오는 사례는 누가복음-사도행전에 가장 많이 등장한다. 이런 용례에서 확인할 수 있는 사실은 복음이란 곧 "하나님 나라의 복음"이라는 것이다. 다음 구절들을 살펴보자.[3]

> 예수께서 이르시되 "내가 다른 동네들에서도 하나님의 나라 복음을 전하여야 하리니 나는 이 일을 위해 보내심을 받았노라" 하시고(눅 4:43).

---

3 구절에 따라 우리말로 조금씩 다르게 번역되었으나, 그리스어 원문을 읽어 보면 다음 네 구절 모두 "복음을 선포하다"(εὐαγγελίζομαι)라는 타동사에 "하나님의 나라"(ἡ βασιλεία τοῦ θεοῦ)가 목적어로 사용되었다. 누가복음 16:16은 같은 내용을 수동태로 바꾼 표현이다. 사도행전 8:12의 용례는 "복음을 선포하다"라는 동사에 "하나님 나라에 관하여"(περὶ τῆς βασιλείας τοῦ θεοῦ)라는 전치사구를 더한 것이다.

그 후에 예수께서 각 성과 마을에 두루 다니시며 하나님의 나라를 선포하시며 그 복음을 전하실새 열두 제자가 함께하였고(눅 8:1).

"율법과 선지자는 요한의 때까지요, 그 후부터는 하나님 나라의 복음이 전파되어 사람마다 그리로 침입하느니라"(눅 16:16).

빌립이 하나님 나라와 및 예수 그리스도의 이름에 관하여 전도함을 [4] 그들이 믿고 남녀가 다 세례를 받으니(행 8:12).

이상에서 볼 수 있듯이 누가복음과 사도행전에서 복음이란 곧 하나님 나라의 복음이다.

다. 마태복음의 하나님 나라 복음

그것은 마태복음에서도 마찬가지다. 다음 구절들을 확인해보자.

예수께서 온 갈릴리에 두루 다니사 그들의 회당에서 가르치시며 그 나라의 복음을 전파하시며 백성 중의 모든 병과 모든 약한 것을 고

---

4 여기서 "전도함"으로 번역된 그리스어는 "유앙겔리조마이"($\varepsilon\dot{\upsilon}\alpha\gamma\gamma\varepsilon\lambda\acute{\iota}\zeta o\mu\alpha\iota$)로서 다른 부분에서는 대개 "복음을 선포하다"라는 의미로 번역된다. 즉 성경이 말하는 "전도"란 하나님 나라의 복음을 전하는 것이다.

제1부 • 하나님 나라의 복음

치시니(마 4:23).

예수께서 모든 도시와 마을에 두루 다니사 그들의 회당에서 가르치
시며 그 나라의 복음을 전파하시며 모든 병과 모든 약한 것을 고치
시니라(마 9:35).

이 그 나라의 복음이 모든 민족에게 증언되기 위하여 온 세상에 전
파되리니 그제야 끝이 오리라(마 24:14).

여기서 "그 나라의 복음"이라고 번역된 어구(τὸ εὐαγγέλιον τῆς
βασιλείας)에 관해서는 설명이 필요하다. 개역개정 성경은 이 어구
를 "천국 복음"으로 번역한다. "그 나라의 복음"은 직역으로서, 앞
의 인용문들은 개역개정 성경을 바탕으로 그 어구만 직역으로 표
현한 것이다. 왜냐하면 마태복음이 말하는 "천국" 곧 "하늘나라"
란 "하늘에 있는 나라" 또는 "천당"이라는 뜻이 아니기 때문이다.
그것은 "하나님 나라"를 가리키는 다른 표현이다.

"천국"이라는 표현에는 역사적 배경이 있다. 고대의 유대인 율
법 교사들은 어떻게 하면 율법을 더 잘 지킬 수 있을까 고민하다가
"율법 둘레에 울타리를 치는" 방법을 개발해냈다.[5] 만일 하나님이

---

5   Everett Ferguson, 엄성옥·박경범 옮김, 『초대 교회 배경사』(서울: 은성출판

에덴동산의 선악을 알게 하는 나무 주위에 울타리를 쳐놓으셨다면 아담과 하와가 그 열매를 따 먹지 못했을 것이 아닌가? 그와 마찬가지로 율법 조항에 울타리를 쳐서 율법을 범할 가능성을 원천적으로 차단하자고 생각한 것이다. 예를 들어 이 방법을 십계명의 제3계명, 즉 하나님의 이름을 망령되게 부르지 말라는 계명에 적용해보자. 하나님의 이름을 자주 부르다 보면 실수가 생길 수 있다. 그렇다면 하나님의 이름 주위에 울타리를 쳐서 아예 그 이름을 부르지 못하게 하면 어떨까? 제3계명을 어길 가능성이 근본적으로 차단되지 않겠는가?

유대인들은 하나님의 이름 주위에 울타리를 치는 몇 가지 방법을 고안해냈는데, 그중 하나가 "신적 수동태"(divine passive)다. 이는 하나님을 주어로 하는 능동태 문장을 수동태로 바꾸고 하나님의 이름은 빼는 수사법이다. 예를 들어 예수님의 부활 사건을 서술할 때 원래는 "하나님이 예수님을 일으키셨다"고 말해야 한다. 이를 수동태로 표현하면 "예수님이 하나님에 의해 일으킴 받으셨다"가 되고 여기서 "하나님에 의해"를 뺀 채 "예수님이 일으킴 받으셨다"고 말하면 신적수동태 문장이 된다. 이런 방법을 사용하면 하나님의 이름을 언급하지 않고서도 하나님이 하신 일을 서술할 수 있다. 신약성경에는 이런 신적 수동태 문장이 자주 나온다. 그

사, 2005), 635-36.

러므로 성경을 읽다가 수동태 문장이 나오면 혹시 주어인 하나님을 생략한 신적 수동태가 아닌지 점검해보아야 한다.

제3계명에 울타리를 치는 또 다른 방법은 "하나님"이 들어갈 자리에 다른 단어를 대신 사용하는 것이다. 예를 들어 우리가 보통 "여호와"로 읽는 히브리어 단어(יהוה)를 가리켜 "신성 사문자"(거룩한 네 개의 문자)라 하는데 대다수 유대인들은 지금까지도 이 단어를 원래 발음으로 말하지 않고 "나의 주님"이라는 뜻의 "아도나이"로 읽는다. 신성 사문자를 발음하지 않음으로써 하나님의 이름을 잘못 부를 가능성을 사전에 차단하려 하기 때문이다.

유대인들은 거기서 한 걸음 더 나아가 신성 사문자를 사용하는 것조차 피하려는 경향을 보였다. 그래서 하나님의 이름을 아예 다른 단어로 대체하는 방법을 도입했다. 그중 대표적인 것이 "하나님"이 들어갈 자리에 "하늘"을 대신 넣는 방법이다. 이것이 마태복음에 "천국", "하늘나라"라는 어휘가 등장하게 된 배경이며, 이로써 우리는 "천국"이 하늘에 있는 나라가 아니라 "하나님 나라"의 다른 표현임을 확인하게 된다.

라. 마가복음의 하나님 나라 복음

마가복음도 복음을 하나님 나라의 복음으로 정의한다. 물론 마가는 마태나 누가처럼 "하나님 나라의 복음"이라는 어구를 사용하지는 않는다. 하지만 그런 사실은 병행구를 통해 복음의 내용이 무엇인지 밝히는 여러 문맥에서 확인할 수 있다. 그중 마가복음 1:14-15이 대표적인 사례다.

14요한이 잡힌 후 예수께서 갈릴리에 오셔서 하나님의 복음을 전파하여 15이르시되 "때가 찼고 하나님의 나라가 가까이 왔으니 회개하고 복음을 믿으라" 하시더라(막 1:14-15).

세례 요한이 잡힌 후에 예수님이 갈릴리에 오셔서 하나님의 복음을 전파하셨다. 그 복음의 내용이 무엇일까? 예수님은 "때가 찼고 하나님 나라가 가까이 왔으니 회개하고 복음을 믿으라"고 말씀하셨다. 여기서 "회개하고 복음을 믿으라"는 말씀은 복음에 대한 반응의 촉구다. 그렇다면 예수님이 전하신 복음의 내용은 "때가 찼고 하나님 나라가 가까이 왔다"가 된다. 그리고 "때가 찼다"는 말은 하나님 나라가 올 때가 되었다는 뜻이다. 따라서 예수님이 전하신 복음의 핵심은 "하나님 나라가 가까이 왔다"는 것임을 알 수 있다. 이를 통해 마가복음에서도 복음이란 곧 하나님 나라임이 확실해진다.

이 구절이 특히 중요한 이유는 마가복음 1:14-15이 예수님의 공생애를 묘사하는 첫 사건의 기록인 동시에 마가복음 전체의 요약이기 때문이다. 마가복음 전체를 한마디로 어떻게 요약할 수 있을까? 마가복음은 세례 요한이 잡힌 후 예수님이 갈릴리에 오셔서 하나님 나라의 복음을 선포하신 이야기를 기록한다. 마가복음에 따르면 예수님은 하나님 나라를 말씀으로만이 아니라 행동으로도 선포하셨다. 예수님은 귀신 들린 자와 병든 자를 고치심으로써 하나님 나라가 그들에게 왔음을 실제로 알려주셨다. 그리고 세리나 죄인들과 식탁 공동체를 이룸으로써 하나님 나라가 어떤지를 미리 보여주셨다.

더 나아가 마가복음은 예수님의 선포를 기록할 뿐 아니라 그에 대한 사람들의 반응이 어떻게 나타났는지도 알려준다. 한편에는 하나님 나라를 환영하는 "무리"가 있었다. 그러나 다른 한편에는 하나님 나라를 거부하는 사람들이 있었다. 그들은 바로 유대 사회의 지도자들이었다. 예수님은 계속해서 그들과 대립하며 논쟁을 벌이셨다. 그 대립은 수난주간에 예루살렘에서 극대화된다. 그리고 예수님은 하나님 나라를 거부하는 자들에 의해 십자가에서 죽임을 당하신다. 하지만 그는 다시 살아나셨다. 이것이 마가복음의 전체적인 이야기다. 마가복음은 예수님이 선포하신 하나님 나라 이야기를 중심으로 기록된 것이다.

마. 구약의 하나님 나라 복음

"복음"(εὐαγγέλιον)이란 문자적으로 "좋은 소식"(good news)이라는 뜻이다. 그런데 하나님 나라가 왜 좋은 소식일까? 구약성경, 특히 이사야서에 기록된 복음의 용례를 조사해보면 그 이유를 헤아려볼 수 있다. 이사야 40-55장은 유대인들의 포로 생활이 끝나갈 무렵에 선포된 예언이다. 이사야는 다음과 같이 말한다.

좋은 소식을 전하며 평화를 공포하며 복된 좋은 소식을 가져오며 구원을 공포하며 시온을 향하여 이르기를 "네 하나님이 통치하신다" 하는 자의 산을 넘는 발이 어찌 그리 아름다운가?(사 52:7)

9아름다운 소식을 시온에 전하는 자여, 너는 높은 산에 오르라. 아름다운 소식을 예루살렘에 전하는 자여, 너는 힘써 소리를 높이라. 두려워하지 말고 소리를 높여 유다의 성읍들에게 이르기를 "너희의 하나님을 보라" 하라. 10보라! 주 여호와께서 장차 강한 자로 임하실 것이요, 친히 그의 팔로 다스리실 것이라…(사 40:9-10).

여기 인용한 두 본문에서 "좋은 소식을 전하다"(사 52:7), "아름다운 소식을 전하다"(사 40:9)에 해당하는 단어는 70인역에서[6] "유앙겔리조마이"(εὐαγγελίζομαι)로 번역되었다. 이 두 구절이 말하는

---

[6] 구약성경은 본래 히브리어로 기록되었고, 기원전 3-2세기경에 그리스어로 번역되기 시작했다. 그 이후 점차적으로 구성된 그리스어 구약성경을 가리켜 "70인역"(LXX)이라 한다.

"좋은 소식"이나 "아름다운 소식" 곧 "복음"이란 무엇일까? 이사야 52:7에 따르면 복음이란 평화를 공포하고 구원을 공포하는 것으로서 "네 하나님이 통치하신다"라는 선포로 집약된다. 이사야 40:9-10에서도 복음이란 "주 여호와께서 장차 강한 자로 임하셔서 친히 그의 팔로 다스리실 것이라"는 선포로 귀결된다. 하나님이 오셔서 다스리신다는 선포, 그것이 바로 복음을 전하는 것이다.

이사야 52:7에서 하나님이 "너의 하나님"으로 표현된 이유는 유대인들이 지금 포로로서 다른 신, 곧 바벨론의 신에게 지배당하는 듯한 상황이기 때문이다. 그런 유대인들을 향해 이사야는 "바벨론의 신이 아니라 이스라엘의 하나님, 곧 '너의 하나님'이 통치하신다. 하나님 나라가 올 것이다"라고 선포한다. 이는 유대인들이 곧 포로 상태에서 해방되어 고국으로 돌아간다는 말과 다르지 않았다. 이보다 더 "좋은 소식"이 어디 있을까? 하나님이 다스리신다는 것은 곧 고단한 피지배 상태로부터의 해방을 의미하기 때문에 하나님 나라는 복음이 될 수밖에 없다.

3. 하나님 나라, 믿음, 구원

지금까지 공관복음서와 이사야서의 본문을 통해 확인한 것처럼 복음이란 곧 하나님 나라다. 그러나 여전히 그것이 왜 그리 중요한지, 복음이 십자가의 속죄라고 말하는 것과 하나님 나라라고 말하는 것이 그렇게 크게 다른 것인지 잘 이해되지 않는 독자들도 있을 것이다. 그것은 하나님 나라가 무엇인지 여전히 모호한 채로 남아 있기 때문이다. 오늘날 "하나님 나라"는 모든 그리스도인이 수시로 접하는 매우 익숙한 용어가 되었다. 따라서 누구나 다 그 말의 뜻을 안다고 생각한다. 물론 모두가 그 말의 뜻을 모른다고 단언할 수는 없다. 하지만 엄밀하게 말해 분명히 이해되지 않은 채 사용되고 있는 용어, 그것이 바로 "하나님 나라"다.

그러므로 성경이 복음을 무엇으로 정의하는지에 관한 논의를 잠시 중지하고, 하나님 나라가 무엇을 의미하는지 먼저 분명히 정리하고 넘어갈 필요가 있다. 하나님 나라가 무엇인지, 그리고 복음을 하나님 나라로 이해할 때 우리의 믿음과 구원의 정의가 어떻게 달라지는지 살펴보기로 하자. 그런 다음 하나님 나라의 관점에서 구약성경 전체를 개관한 후 로마서로 들어가 보기로 하자.

가. 하나님 나라=하나님의 주 되심

"하나님 나라"를 생각할 때 많은 사람의 뇌리에 가장 먼저 떠오르는 것은 어떤 특별한 "공간"인 듯하다. 사람들에게 하나님 나라가 무엇이냐고 물으면 가장 많이 나오는 답은 "죽은 후에 가는 곳"이다. 물론 다른 답을 제시하는 사람도 많지만 하나님 나라를 어떤

"곳"으로 이해한다는 점에서는 별다른 차이가 없는 경우가 대부분이다.

상식적으로는 공간이 없는 나라, 영토가 없는 나라란 있을 수 없다. 하나님 나라도 분명히 영토가 있다. 그러나 하나님 나라는 어떤 특정한 공간 안에서만 이루어지는 것이 아니다. 하나님이 창조하신 창조세계의 모든 영역이 하나님 나라가 될 수 있다. 모든 공간이 하나님 나라의 영역이 될 수 있기에 그곳이 어디냐 하는 것은 그리 중요한 문제가 아니다. 공간은 하나님 나라를 정의하는 핵심 요소가 될 수 없다.

그렇다면 하나님 나라란 무엇일까? 논의를 돕기 위해 우리가 학교에서 배운 국가의 정의를 떠올려 보자. 국가의 3요소는 국민, 영토, 주권이다. 여기서 가장 중요한 것은 국민이다. 영토와 주권을 소유하는 주체가 바로 국민이기 때문이다. 오늘날 국민이 주권을 가지고 있는 나라는 민주공화국의 형태를 띠는데 이는 국가의 3요소가 민주주의 시대의 개념임을 알게 해준다. 곧 민주주의 시대에 국가의 정체성을 결정하는 것은 국민이다. 국민을 가리키는 영어는 "네이션"(nation)이고, 국가는 "스테이트"(state)다. 그런데 우리는 종종 "네이션"이라는 말을 "국가"라는 뜻으로 사용한다. 그 이유는 국민이 곧 국가이기 때문이다.

그럼 과거 왕정 시대의 국가는 어떨까? "나라"를 뜻하는 히브리어는 "마믈라카"(מַמְלָכָה)와 "말쿠트"(מַלְכוּת), 그리스어는 "바실레이아"(βασιλεία)다. 그런데 이 단어들은 모두 "왕"을 뜻하는 단어, 즉 히브리어 "멜레크"(מֶלֶך)와 그리스어 "바실류스"(βασιλεύς)로부터 파생되었다. 그래서 성경이 말하는 "나라"의 사전적 의미는 "왕 됨", "주 됨", "다스림"이다. "나라"를 뜻하는 히브리어와 그리스어 안에는 "왕"을 뜻하는 어근이 들어 있기 때문이다. 이는 영어 "킹"(king)에서 "킹덤"(kingdom) 또는 "킹십"(kingship)이 파생된 것과 같다. "멜레크"와 "바실류스"를 어근으로 하는 동사들도 있다. "말라크"(מָלַך)와 "바실류오"(βασιλεύω)인데 두 단어는 모두 "왕 노릇하다", "왕이 되다" 또는 "다스리다"라는 의미다.

"나라"라는 말이 왜 "왕"이라는 말에서 파생되었을까? 그것은 왕정 시대에 국가의 정체성을 결정하는 존재가 바로 왕이었기 때문이다. 민주주의 시대에는 영토와 주권의 소유자가 국민이지만, 왕정 시대에는 전 국토가 왕의 소유이며 모든 주권도 왕에게 귀속되어 있다. 따라서 한 나라의 정체성은 왕이 누구냐에 따라 결정된다.

이런 개념을 하나님 나라에 적용해보자. 하나님 나라란 "하나님의 왕 되심", "하나님의 주 되심" 또는 "하나님의 다스리심"으로 설명될 수 있다. 그리스어를 사용하여 언어유희를 해보자면, 하나님이 "바실류스"(왕)로서 "바실류오"(왕노릇) 하시는 것이 곧 하나님의 "바실레이아"(나라, 왕 되심)이다.

하나님의 왕 되심, 하나님의 주 되심, 하나님의 다스리심은 모두 같은 뜻이다. 나는 그 모든 의미를 포괄하는 대표 용어로서 하나님의 "주 되심"을 주로 사용하고자 한다. 왜냐하면 "왕"은 왕정시대의 용어로서 오늘날의 문화와 잘 어울리지 않으며, "다스리심"이라는 말은 "왕"이라는 단어를 중심으로 이루어지는 세 어휘의 관계를 온전하게 드러내기 어렵기 때문이다. "주"라는 용어 역시 주종 관계를 배경으로 하기에 오늘날의 문화와 어긋나는 부분이 있지만, "주인"이라는 용어가 일상적으로 사용되기에 전혀 낯설지는 않다. 그리고 신약성경에는 "(우리) 주 예수 그리스도"라는 어구가 자주 등장하는데, 이는 예수님의 주 되심에 관한 고백을 담고 있다. 그런 점에서도 "주 되심"이라는 용어가 하나님 나라를 대표하는 용어로 사용하기에 적절하다고 볼 수 있다.

그럼 하나님 나라의 영토는 어디일까? 하나님의 주 되심이 이루어지는 모든 곳이 하나님 나라의 영토다. 질문을 바꾸어보자. 하나님의 주 되심이 미치지 못하는 영역은 어디일까? 그런 영역은 존재하지 않는다. 하나님의 주 되심은 모든 창조세계에 미친다. 따라서 하나님 나라의 영토를 따지는 것은 별 의미가 없다. 그곳이 어디든 중요한 것은 그곳에 하나님의 주 되심이 이루어지는지의 여부다. 그러므로 하나님 나라에서 가장 중요한 개념은 영토가 아니라 하나님의 주 되심이다. 이제부터 우리는 하나님 나라에 관해 말할 때마다 "그곳이 어디냐?"보다는 "누가 주님이시냐?"에 더 주목해야 한다. 하나님 나라의 복음은 하나님이 우리의 주님이 되신다는 기쁜 소식이다.

나. 믿음, 회개, 구원

복음의 내용이 하나님 나라, 곧 하나님의 주 되심이라면 그에 따라 우리의 신앙과 관련한 "구원", "믿음" 등의 중요한 용어들이 모두 새롭게 정의되어야 한다. 즉 신앙의 패러다임이 달라지는 것이다. 이때 "하나님의 주 되심"이라는 단순한 한마디 말은 그 전체 패러다임의 변화를 포괄하게 된다.

먼저 "믿음"을 다시 정의해보자. 믿음의 내용은 복음에 담겨 있다. 십자가 속죄의 복음을 따를 때, 믿음이란 예수님이 십자가에서 죄인인 나를 대신해 죽으셨다는 사실을 받아들임으로써 내 죄가 해결된다는 교리를 인정하는 것이다. 이처럼 믿음이 사실 또는 교리를 받아들이는 것으로 정의되는 이유는 십자가 속죄의 복음으로는 그 외에 달리 믿음을 정의할 방법이 없기 때문이다. 십자가의 속죄가 복음이라 할 때 그 사실을 인정하고 받아들이는 것 외에 우리가 더 무엇을 할 수 있겠는가?

그러나 이렇게 믿음을 사실에 관한 인정, 교리에 관한 인정으로 정의할 때 우리의 믿음은 머리나 마음에 머물 수밖에 없다. 그런 믿음은 삶과 관련이 없다. 단지 사실을 받아들이고 인식이 변화한 결과로 삶의 변화가 따라주기를 기대해야 할 뿐이다.

믿음을 정의하는 방식이 달라져야 한다. 복음이란 하나님이 우리의 주님이 되신다는 소식이다. 그렇다면 하나님의 주 되심을 믿는

다는 것은, 단지 하나님이 나의 주님이시라는 사실을 받아들이는 데서 그치지 않고 하나님이 실제로 나의 주님이 되시게끔 하는 것이다. 나의 몸과 마음에서, 사회적 삶에서, 현세와 초월을 포함하는 모든 영역에서, 그리고 과거와 현재와 미래를 포함하는 모든 시간에서 말이다. 사실에 관한 인정으로 끝나지 않고 하나님과의 친밀한 관계 속으로 들어가는 것이다. 하나님을 믿는 것은 하나님에 관한 사실이나 교리를 믿는 것이 아니라 말 그대로 하나님을 믿는 것이다.

그런데 믿음에는 반드시 회개가 전제되어야 한다. 마가복음 1:15에서 예수님은 하나님 나라의 복음을 선포하신 후에 "회개하고 복음을 믿으라"고 촉구하신다. 왜 회개가 전제되어야 할까? 예언자 이사야의 선포를 다시 떠올려 보자. 예언자 이사야가 바벨론에 포로로 잡혀가 있는 유대인들을 향해 "네 하나님이 통치하신다!" 하고 선포할 때, 이 선포에는 "○○○이 아니라"가 암시되어 있다. "바벨론이 아니라" 또는 "바벨론의 신이 아니라" 하나님이 주님이 되신다는 것이다. 다시 말해 사탄의 나라가 아닌, 죄의 지배가 아닌 하나님 나라다. "나 외에 다른 신을 섬기지 말라"는 십계명의 제1계명이 이런 이해를 뒷받침해준다. 왜 하나님은 하나님만 섬기라고 명령하시지 않고 하나님 외에 "다른 신을 섬기지 말라"고 말씀하셨을까? 하나님의 주 되심이 이루어지기 위해서는 하나님이 아니면서 우리의 주인노릇을 하는 그 무엇인가를 배제해야 하기 때문이다. 그것이 회개다. 죄의 지배로부터 돌이켜 그것을 떠나는 것이다. 우리는 두 주인을 동시에 섬길 수 없다.

그럼 구원이란 무엇일까? 하나님이 나의 왕, 나의 주님이 되시고 나는 그분의 백성이 되어 있는 관계, 그 상태가 바로 구원이다. 복음이 알려주는 대로 하나님의 주 되심이 이루어지는 것이 곧 구원이다. 우리는 하나님을 주님으로 받아들였다. 그러므로 우리에게 구원은 이미 시작되었다. 그러나 이 땅에서 사는 동안에는 우리에게 하나님의 주 되심이 온전히 이루어지지 않는다. 주님이 다시 오시는 그날에 하나님의 주 되심이 온전히 이루어지고 우리의 구원도 온전히 이루어질 것이다.

그럼 하나님 나라와 천국은 서로 어떤 관계일까? 결론부터 말하자면 천국은 하나님 나라의 한 양상으로서 "완성태"와 연관된다. 사실 하나님의 주 되심은 모든 영역에서, 모든 공간에서 이루어진다. 하나님 나라는 우리가 지금 살아가는 현실의 영역에서도 이루어지고 초월적인 영역에서도 이루어진다. 인간 세계뿐 아니라 모든 자연 세계에서도 이루어진다. 그 가운데 천국이란 초월적인 영역에서 이루어진 하나님 나라를 일컫는다. 그러므로 천국은 하나님 나라의 한 양상이라 할 수 있다. 그러나 앞서 밝혔듯이 이 땅에서는 하나님의 주 되심이 온전히 이루어지지 않고 우리가 죽은 후에 저 천국에서야 온전히 이루어질 것이다. 곧 하나님 나라가 완성태가 되는 순간이다.

다. 믿음과 삶, 교회와 세상의 단절 극복

이렇게 우리의 믿음과 구원을 하나님 나라 복음에 따라 정의할 때 믿음과 삶은 분리되지 않는다. 왜냐하면 믿음이란 곧 하나님이 주님이 되시는 삶이기 때문이다. 믿은 후에 믿는 대로 사는 것이 아니다. 믿음 후에 삶이 따라오는 것도 아니다. 믿는 것이 곧 사는 것이다.

그리고 이렇게 믿음이 하나님의 주 되심으로 정의될 때 교회와 세상의 단절도 사라진다. 하나님의 주 되심은 창조세계의 모든 영역에서 이루어진다. 교회만 하나님 나라가 되는 것이 아니라 세상도 하나님 나라가 된다. 영혼에만 하나님의 주 되심이 이루어지는 것이 아니라 육체에도 이루어진다. 개인뿐만 아니라 사회도, 더 나아가서 인간 세계뿐만 아니라 자연 세계도 하나님의 주 되심이 이루어져야 할 영역이다.

그러므로 우리 삶의 모든 영역이 신앙의 영역이 된다. 예를 들어 경제 행위를 통해서도 우리의 신앙이 표현된다. 우리가 어떻게 돈을 벌고 어떻게 쓰는지, 재산을 어떻게 관리하는지가 전부 신앙의 문제다. 어떤 정치가나 정당을 왜 지지하고 반대하는지, 투표장에 가서 누구에게 표를 던지는지도 신앙의 문제다. 학교에서 선생님이 학생을 어떻게 대하며 가르치는지를 통해 하나님의 주 되심이 실천되고, 학생이 어떤 자세로 학업에 임하는지를 통해서도 신앙이 표현된다. 직장에서 동료들을 어떻게 만나고 직급상 위아래 사람들과 어떤 관계를 맺는지를 보면 그 사람의 신앙을 알 수 있다. 물론 환경 문제도 하나님의 주 되심에 연관된 신앙 문제다. 따라서 교회와 세상을 나누는 경계선이 신앙과 비신앙을 가르는 경계선이 될 수 없다.

라. 과정으로서의 믿음과 구원

믿음과 구원이 하나님의 주 되심을 이루는 것이라면 우리의 믿음과 구원은 과정일 수밖에 없다. 내가 예수님을 영접한 그 순간 믿음이 완성되는 것이 아니다. 다시 말해 십자가 속죄의 복음을 믿고 예수님을 받아들인 순간 구원이 확정되어 천국행 열차 승차권이 발부되고, 그 후 어떻게 살든지 관계없이 죽은 후 그 승차권을 제시하면 천국에 가는 것이 아니라는 말이다. 예수님을 영접하는 것은 믿음의 시작일 뿐이다. 예수님의 주 되심이 이제 시작되었다. 우리가 예수님을 주님으로 고백하는 것은 결혼식장에서 신랑과 신부가 혼인 서약을 하는 것과 같다. 부부의 결혼은 혼인 서약으로 완성되는 것이 아니다. 이제 비로소 결혼 생활이 시작되었을 뿐이다. 평생 함께 살면서 완성해야 할 결혼이라는 과제가 그들 앞에 주어진다. 믿음과 구원도 그와 같다. 그래서 바울은 빌립보 교인들에게 "두렵고 떨림으로 너희 구원을 이루라"고 권면한다(빌 2:12).

여기서 두렵고 떨림으로 구원을 이루어가라는 말은 우리의 노력으로 구원을 성취하라는 의미일까? 그렇지 않다. 앞서 밝혔듯이 구원이란 하나님이 우리의 주님이 되시는 것이기 때문이다. 주님이신 하나님이 주도하시고, 나는 그 주 되심에 나를 내어드릴 뿐이다. 내가 노력해서 이루는 것이 아니라 하나님이 주님으로서 친히 그 주 되심을 내 삶의 모든 영역으로 확장해가시는 것이다. 우리가 할 일은 도덕적 선행이나 영성적 수행을 통해 무엇을 성취해가는 것이 아니라, 하나님이 우리 안에서 친히 구원을 이루시도록 우리 자신을 계속하여 내어드리는 것뿐이다. 우리 안에 계신 하나님의 임재를 경험하고 주 되신 하나님을 두려움과 떨림으로 대면해야 한다.

만일 내가 나 자신을 하나님의 주 되심에 내어드리지 않으면 어떻게 될까? 예수님의 비유를 빌리자면 우리가 예수님을 영접한다는 것은 문밖에 계신 예수님께 문을 열어드리는 것에 불과하다. 우리가 예수님을 영접할 때 예수님은 우리의 삶 속으로 들어오신다. 그러나 예수님은 아직 문 앞 현관에 서 계실 뿐이다. 그 예수님께 삶의 중심을 내어드려서 온전히 내 삶의 주님이 되시게 하는 것이 믿음이다. 그러나 이는 하루아침의 사건으로 끝나지 않는다. 어제 분명히 예수님을 중심 자리에 모신 것 같았는데, 오늘 일어나 보니 예수님이 다시 현관문 앞에 서 계신 상황을 발견하게 된다. 따라서 예수님께 삶의 중심을 내어드리는 일은 평생 계속되어야 한다. 예수님이 나의 중심에서 온전히 나의 주님이 되시는 그 시간과 깊이가 늘어날수록 그 주 되심은 내 삶의 모든 영역으로 확장해간다. 이것이 예수님을 믿(어가)는 것이다. 이처럼 우리의 믿음과 구원은 한순간에 완성되는 것이 아니라 평생을 통해 이루어지는 과정이다.

4. 구약성경의 하나님 나라

다시 성경 본문으로 돌아가 보자. 앞서 우리는 공관복음서가 전하는 복음은 곧 하나님 나라의 복음이고, 이 복음의 정의가 복음서에 처음 등장하는 것이 아니라 구약성경, 특히 이사야서에 이미 제시되었다는 사실을 확인했다. 그렇다면 이사야서 외에 다른 책들은 어떨까? 하나님 나라, 하나님의 주 되심은 신구약성경 전체에 흐르고 있는 신앙의 핵심적인 알맹이다. 먼저 구약성경이 하나님의 주 되심을 어떻게 서술하는지를 "창조", "율법과 이스라엘의 역사", "지혜"의 측면에서 간략히 살펴보고 로마서를 본격적으로 탐구해 보자.

가. 창조: 하나님은 온 창조세계의 주님

하나님의 주 되심에 관한 기록은 창조로부터 시작한다. 창세기 1장의 창조 이야기가 전달하려는 메시지는 무엇일까? 하나님이 창조하셨기에, 바로 그 하나님이 모든 창조세계의 주님이시라는 것이다.

하나님은 아담과 하와를 창조하신 후 그들에게 선악과를 따 먹지 말라고 명하신다. 이는 사람을 위해 에덴의 완전한 복락을 예비하신 하나님이 하나님의 주 되심을 인정하라고 사람에게 요구하신 것이다. 이때 이런 요구가 제안되는 방식은 하나님이 아브라함이나 이스라엘 백성에게 언약을 제안하신 방식과 같다.

이에 관해 어떤 사람들은 하나님이 왜 아담과 하와가 선악과를 따 먹을 것을 뻔히 아시면서 함정을 파놓았느냐고 묻는다. 그런 사람들은 인간의 자유를 고려하지 않는다. 하나님은 아담에게 완전한 자유를 주셨다. 하나님의 주 되심을 따르거나 거부할 자유를 포함하는 완전한 자유 말이다. 그러나 아담은 거부를 선택했다. 그것은 곧 죄의 지배를 선택한 것이기도 하다. 로마서 5:12은 한 사람으로 말미암아 죄가 세상에 들어왔다고 말한다. 여기서 "죄"란 단지 우리가 저지르는 악행만이 아니라 우리를 지배하는 세력으로서의 죄를 가리킨다. 아담으로 인해 죄의 지배가 시작되었다. 아담이 죄의 지배를 선택했다.

나. 율법과 이스라엘 역사: 나 외에 다른 신을 섬기지 말라

하나님의 주 되심이라는 주제는 창조에 이어 출애굽 사건에서 더 명시적으로 드러난다. 출애굽 사건을 경험한 이스라엘 백성에게 하나님은 율법을 주신다. 모든 율법의 요약은 십계명이고, 십계명의 핵심은 제1계명이다. 제1계명은 하나님의 주 되심에 관한 명령이다.

나 외에 다른 신들을 섬기지 말라(출 20:3).

신명기 6:4의 "쉐마"(שְׁמַע)는 제1계명의 내용을 긍정문으로 표현한다.

이스라엘아, 들으라. 우리 하나님 여호와는 오직 유일한 여호와시니 (신 6:4).

앞서 잠깐 언급했지만 하나님은 왜 십계명의 제1계명에서 긍정문으로 "오직 하나님만 섬기라"고 말씀하시지 않고, 부정문으로 하나님 외에 다른 신들을 섬기지 말라고 하셨을까? 그 이유는 하나님만 섬기라는 명령보다 다른 신을 섬기지 말라는 명령이 우리의 신앙을 더 구체적으로 판가름하기 때문이다.

우리는 다른 신을 섬기지 말라는 명령을 들으면 보통 다른 종교의 신을 떠올린다. 만일 그게 전부라면 제1계명을 지키기란 그리 어렵지 않을 것이다. 그리스도인이면서 동시에 다른 종교에 적을 두는 것이 오히려 더 번거로운 일이 아니겠는가? 주일 오전에 교회에서 예배를 드린 후에, 오후에는 절에 가고, 가끔 이슬람 사원에도 가서 기도하는 사람은 거의 없다. 그렇다면 그렇게 하지 않는다고 해서 제1계명을 잘 지키고 있다고 말할 수 있을까? 이는 그렇게 단순한 문제가 아니다.

출애굽을 경험한 이스라엘 백성에게 "다른 신"이란 누구였을까? 구체적으로 그 신은 파라오(바로)라고 할 수 있다. 고대 이집트 제국에서 파라오는 신으로 추앙받았다. 실제로 파라오는 사람을 죽이고 살릴 수 있는 무소불위의 권력을 가진 존재였다. 호렙산에서 모세에게 나타나신 하나님이 파라오에게 가라고 명령하실 때 모세가 계속하여 거부한 이유는 매우 실제적이었다. 파라오는 현실에서 그 능력을 입증하고 있는 신이었기 때문이다. 그러나 하나님은 430년 동안 역사에서 사라지셨던, 어쩌면 모세와 이스라엘의 관점에서는 전혀 입증되지 않은 신이었다. 그러니 모세가 여호와 하나님보다 오히려 파라오를 더 두려워할 수밖에 없지 않았겠는가! 같은 이유에서 이스라엘 백성은 계속하여 파라오의 고기 가마 옆으로 돌아가고 싶어 했다. 그들은 앞날이 불확실한 광야에서 고난을 견뎌내며 가나안을 향해 나아갈 만큼 믿음이 깊지 못했다.

그러던 이스라엘 백성이 광야 생활을 끝내고 가나안 땅에 도착했다. 그런데 가나안에는 "바알"이라는 다른 신이 기다리고 있었다. 이스라엘 백성은 바알 종교에 현혹되어 나라가 멸망할 때까지 바알 숭배의 수렁에서 완전히 벗어나지 못했다. 그들의 신앙은 왜 그리 맥없이 풀어졌을까? 고대 근동에서는 신들이 제각기 관할 구역을 두고 있으며 나름의 주특기를 하나씩 가지고 있다고 믿었다. 신들이 땅에 묶여 있다고 생각한 것이다. 예를 들어 구약성경 열왕기하 5장에 나오는 아람 장군 나아만의 이야기를 떠올려 보자. 나아만은 병을 고친 후 아람으로 돌아갈 때 엘리사에게 이스라엘의 흙을 가져가게 해달라고 요청한다(왕하 5:17). 그 이유는 흙을 떠감으로써 흙과 함께 그 지역의 신을 옮겨갈 수 있다고 믿었기 때문이다. 나아만은 이스라엘의 흙을 가져감으로써 하나님을 고국인 아람으로 모셔 가려 한 것이다.

하나님은 40년간 광야에서 유랑하던 이스라엘 백성을 이끄셨다. 그 결과 사람들은 하나님이 광야를 주 무대로 유목업을 관장하는 신이라는 인식을 공유하기에 이르렀을 것이다. 그러던 이스라엘 백성이 가나안에 정착하면서 농경 문화에 익숙해져야 했다. 이때 가나안의 지역 신으로서 농경을 주특기로 한다는 바알은 위협적으로 다가왔다. 바알은 비를 내리고 바람이 불게 하여 농사를 관장한다고 믿어졌기에 이스라엘 백성도 바알에게 끌려갈 수밖에 없었던 것이다.

그 결과 이스라엘 백성은 바알 숭배를 문제시하는 예언자들의 질타를 받아야 했다. 예를 들어 엘리야는 이스라엘의 그릇된 신앙을 교정하기 위해 갈멜산에서 바알과 아세라의 예언자 850명과 대결을 펼쳤다. 그 대결의 주제는 "누가 비를 내리는 신인가?"로서 하나님과 바알 중 누가 진짜 농경을 관장하는 신인지를 판가름하는 것이었다. 엘리야는 그 대결을 통해 농사를 주관하는 신이 바알이 아니라 하나님이심을 만천하에 드러냈다.

한편 사사 시대가 끝나고 왕정 시대가 시작되자 이스라엘은 하나님 대신 강대국의 눈치를 살피기 바빴다. 이스라엘의 왕들은 애굽(이집트), 앗수르(신아시리아), 바벨론(신바빌로니아)으로 이어지는 제국에 의지하여 생존과 번영을 도모했다. 이때도 예언자들이 등장해 강대국의 군마와 병거에 의지하지 말고 하나님만을 의지하며 섬기라고 촉구한다. 이스라엘의 역사에서 회개하고 하나님께로 돌아오라는 예언자들의 피맺힌 선포는 끊이지 않고 이어졌다. 이스라엘은 하나님이 아닌 다른 신, 즉 파라오, 바알, 강대국을 섬기는 삶으로부터 회개하고 하나님의 주 되심을 드러내라고 요구받은 것이다.

그렇게 하나님의 주 되심을 거부하고 다른 신을 따르던 이스라엘은 결국 그들이 그렇게 의존하던 강대국들에 의해 멸망하고 만다. 북왕국 이스라엘은 기원전 721년에 앗수르에 의해 지도에서 사라졌다. 남왕국 유다도 기원전 587년에 바벨론에 의해 멸망했으며 왕족을 포함한 수많은 사람이 바벨론에 포로로 잡혀갔다. 하지만 예언자 이사야는 포로들이 고토로 돌아올 것을 예언하며 이스라엘을 향해 다시 하나님의 주 되심을 선포한다. 그가 선포한 복음, 즉 "바벨론이 아니라 하나님이 통치하신다!"는 말씀은 앞서 확인한 이사야 40:9-10과 52:7에 기록되어 있다. 그리고 그 복음이 공관복음서에 담긴 하나님 나라 복음으로 이어진다.

다. 지혜: 여호와를 경외함

마지막으로 지혜문학을 살펴보자. 잠언 1:7은 지혜를 정의하면서 "여호와를 경외하는 것이 지식의 근본"이라고 말한다. "경외한다"는 말은 두려워한다는 뜻이다. 지혜의 근본은 하나님을 두려워하는 것이다. 우리가 진정으로 두려워하는 대상, 그것이 바로 우리가 믿는 대상이다. 두려워하기 때문에 의존하게 되고, 의존하면 의존할수록 그 대상은 우리에게 절대적인 존재가 된다. 그것이 바로 우리가 믿는 신이다. 따라서 "여호와를 경외하는 것이 지식의 근본"이라는 말씀은 십계명의 제1계명을 다시 풀어쓴 것이라고 볼 수 있다.

우리 삶의 모든 문제, 그리고 그로 인한 불안과 염려가 어디서 비롯하는가? 하나님 아닌 다른 대상을 두려워하기 때문이 아닌가? 때로는 돈이, 때로는 어떤 사람이, 때로는 어떤 상황이 우리를 불안하고 곤고하게 한다. 어느 순간 가만히 보면 하나님 아닌 그런 것들이 우리에게 두려움의 대상이 되고 있음을 깨닫게 된다. 그때 우리가 두려워해야 할 오직 한 분은 하나님이심을 기억하고 돌이켜야 한다. 하나님의 주 되심을 다시 붙잡으라. 그것이 진정한 지혜다.

라. 하나님의 주 되심을 이루는 방법

그렇다면 구약성경이 말하는 하나님의 주 되심은 구체적으로 어떤 방법으로 실현되었을까? 사사 시대까지의 이스라엘은 하나님이 친히 다스리시는 사회였다. 출애굽과 광야 시대에는 모세를 통해, 가나안에 들어간 후에는 여호수아와 사사들을 통해 하나님이 이스라엘을 직접 다스리셨다. 그리고 왕정이 수립된 후에는 이스라엘의 왕들이 하나님의 다스리심을 대행해야 했다. 이스라엘의 왕을 대표하는 인물은 다윗이다. 다윗과 관련해 사무엘하 7:1-17에 나오는 나단의 신탁, 그리고 거기에 토대를 둔 시편 2편의 즉위시는 왕을 가리켜 "하나님의 아들"이라 칭한다. 즉 왕이 하나님의 아들로서 하나님의 통치를 대행한 것이다. 그러므로 왕이 다스리지만 이스라엘은 여전히 하나님이 다스리시는 사회를 목표로하고 있었다.

그러나 왕조를 통한 하나님의 통치는 제대로 작동하지 못했다.

많은 왕이 하나님의 주 되심을 거부했기 때문이다. 예언자들의 연이은 회개 촉구가 있었지만, 대다수 왕들은 그 촉구에 귀를 기울이지 않았다. 그 결과 다윗의 혈통을 이은 다윗 왕조가 몰락하고 남유다도 멸망하는 비극이 일어난다. 이로써 하나님의 주 되심을 이 땅에 실현할 매개가 없어져 버리고 말았다. 왕조가 사라지고 예언자들의 목소리도 들리지 않는 상태가 한동안 지속되었다.

이런 역사적 배경에서 묵시문학이 등장한다. 묵시문학에 속하는 책들은 기원전 3세기부터 기원후 3세기 사이에 기록되었다. 구약성경에서는 다니엘서와 요엘서 일부, 스가랴서 일부 등이 여기에 해당하며, 신약성경에서는 요한계시록과 마가복음 13장 및 그 병행 본문들이 묵시문학에 속한다. 묵시문학을 특징짓는 종말론을 "묵시종말론"이라 한다. 묵시종말론은 이스라엘 왕조가 하나님의 주 되심을 대행할 수 없게 된 상황에서 이제 하나님 자신이 친히 역사에 개입하셔서 그분의 나라를 세우실 것이라고 예고한다(단 7:13-14).

기독교 신앙은 유대교 묵시종말론의 토대 위에 세워졌다. 따라서 공관복음서와 바울 서신을 비롯한 신약성경에서도 묵시종말론의 짙은 흔적이 엿보인다. 공관복음서에서 예수님이 말씀하시는 하나님 나라도 이 묵시종말론과 연결할 수 있다. 그러나 앞서 확인한 것처럼 묵시종말론적인 하나님 나라는 구약성경에 나타나는 하나님의 주 되심을 이루는 다양한 방법 가운데 하나일 뿐이다. 따라

서 우리가 하나님 나라를 올바로 이해하기 위해서는 단지 묵시종
말론의 좁은 맥락에 머물지 말고 구약성경 전체의 큰 흐름을 염두
에 두어야 한다.

제2장

로마서의 복음

1. 로마서의 하나님 나라 복음

앞서 제1장에서는 구약성경과 공관복음서를 중심으로 하나님 나라의 복음이 무엇인지 살펴보았다. 이제 이 책의 주 과제인 로마서에 담겨 있는 바울의 복음을 다룰 차례다. 종교개혁 이후 지난 500년간 대다수 개신교인은 바울의 복음이 십자가 속죄의 복음이라 여겨왔다. 그래서 그동안 진행된 로마서 연구 대부분도 그런 전제 아래서 로마서 본문을 해석해왔다. 그러나 앞서 확인했듯이 신약성경에 기록된 복음의 용례 134개 중 어느 것도 복음을 명시적으로 십자가의 속죄로 정의하지 않는다. 바울도 마찬가지다. 그렇다면 바울은 복음을 무엇으로 정의할까?

가. 바울의 복음

1) 예수 그리스도가 복음이다

바울은 복음을 한마디로 "예수 그리스도"로 정의한다. 복음은 "예수 그리스도의 선포"(τὸ κήρυγμα Ἰησοῦ Χριστοῦ, 롬 16:25), 즉 예수 그리스도를 내용으로 하는 선포이며(참조. 롬 1:3), 예수 그리스도의 "계시"(ἀποκάλυψις, 갈 1:12), 즉 예수 그리스도를 내용으로 하는 계시다. 그래서 바울은 복음을 가리켜 "그 아들의 복음"(롬 1:9)이라 말한다. 예수 그리스도가 곧 복음이다. 사실 우리가 복음에 대해 알고 나면 이것이 가장 정확한 복음의 정의임을 깨닫게 된다. 예수 그리스도의 존재 자체가 곧 복음이다! 그러나 아직은 설명이 더 필요하다.

바울은 여러 서신에서 복음을 정의하면서 내러티브(narrative)를 사용한다. 앞서 소개한 본문들이 복음을 "예수 그리스도"로 정의한다면, 다른 본문들은 그 예수 그리스도를 하나의 내러티브로 상세하게 서술하는 것이다. 연속된 사건들로 구성되는 이 "예수 내러티브" 가운데 가장 주목할 만한 것이 로마서 1:2-4이다.

2) 로마서의 저술 상황

바울이 로마서 1:2-4에 가장 주목할 만한 복음의 정의를 담아놓은 데는 그럴 만한 이유가 있다. 바울 서신들은 대부분 바울이 자신이 세운 교회에 보낸 것으로서 각 서신을 통해 해당 교회의 정황을 엿볼 수 있다. 예를 들어 고린도전·후서에는 바울과 그 수신자인 고린도 교회 사이에 있었던 교류의 흔적이 많이 남아 있다. 또 갈라디아서 1:8에서 바울은 자신이 갈라디아 교회에 복음을 전했다고 말한다. 데살로니가전서 2장에서 바울은 데살로니가에서 감당한 자신의 사역을 회상하며, 3장에서는 그 후 데살로니가전서를 써 보내기까지의 여정을 설명한다. 그러나 로마 교회는 바울이 세우지 않았다. 바울은 여러 번 로마에 가고자 했으나 그럴 수 없었다(롬 1:13, 15).

바울 서신 대부분은 수신자 교회에 일어난 문제들에 대해 그 교회의 설립자로서 목회적인 도움을 주기 위해 바울이 쓴 편지들이다. 그러나 로마서는 다르다. 로마서 15:19-24에 따르면 편지를 쓸 당시 바울은 로마 제국 동부 지역에 대한 선교 활동을 마무리하고 서쪽으로 스페인까지 선교 대상지를 확대할 계획을 세우고 있었다. 바울은 바로 그 일을 위해 로마 교회의 도움을 얻기를 바랐다. 다시 말해 로마서를 쓴 목적 가운데 하나는 스페인 선교를 위한 후원을 요청하는 것이었다.

그러나 바울은 로마 교회의 교인들과 친분이 없었다. 따라서 그는 후원을 요청하기에 앞서 자신이 누구인지 상세하고 친절하게 소개해야 했다. 어떤 사람인지 잘 알지도 못하면서 후원할 수는 없지 않은가? 이를 위해 바울은 자신이 전하는 복음이 무엇인지 로마서의 서두에 간결하면서도 설득력 있게 서술함으로써 로마 교인들의 신뢰를 얻고자 한다. 바울이 자신의 복음에 관한 가장 포괄적인 정의를 로마서에서 제시한 이유가 바로 이것이었다.

나. 하나님 나라의 복음

바울의 복음 정의는 로마서 서두의 발신자 소개 부분에 담겨 있다. 로마서를 비롯해 신약성경의 서신서들은 대개 비슷한 형식을 갖추고 있다. 이는 그 당시의 일반적인 서신 양식을 따른 것이다. 서신의 서두는 발신자, 수신자, 인사로 시작된다. 말하자면 "○○○가 ○○○에게, 안녕하세요?" 하는 간단한 형식으로 편지를 시작하는 것이다. 그런데 바울은 로마서의 발신자 부분에 자신의 복음에 관한 소개를 길게 담아놓았다. 그래서 발신자에 관한 내용이 로마서 1:1-6을 차지하며 이어진다. 좀 더 자세히 말하면 바울은 발신자인 자신을 소개하는 가운데 로마서 1:1에서 "복음"이라는 말을 사용한 후 그것을 수식하는 관계대명사 문장을 2-6절에 길게 덧붙였다. 그리고 그중 2-4절에 복음을 정의하는 내용이 등장한다. 개역개정 성경에서 해당 본문을 살펴보자.

2이 복음은 하나님이 선지자들을 통하여

그의 아들에 관하여 성경에 미리 약속하신 것이라.

3그의 아들에 관하여 말하면,

육신으로는 다윗의 혈통에서 나셨고,

4성결의 영으로는, 죽은 자들 가운데서 부활하사

능력으로 하나님의 아들로 선포되셨으니,

곧 우리 주 예수 그리스도시니라(롬 1:2-4).

1) 예언자들을 통해 약속된 복음(롬 1:2)

바울은 먼저 "이 복음은 하나님이 선지자들을 통하여 성경에 미리 약속하신 것"이라고 말한다(롬 1:2). 앞서 우리는 이사야 52:7과 40:9-10을 통해 예언자들이 전한 복음이 무엇인지 확인했다. 하나님이 오셔서 통치하신다는 소식, 하나님 나라가 올 것이라는 약속이 곧 예언자들의 복음이었다. 복음을 정의하는 첫 절에서 바울은 자신의 복음이 바로 그 복음, 곧 예언자들이 약속한 하나님 나라의 복음이라고 말하는 것이다.

바울 시대의 사람들에게 "복음"이라는 말은 따로 설명하지 않아도 될 만큼 익숙한 단어였다. 물론 로마인들과 유대인들은 이 단어의 의미를 서로 다르게 이해했다. 그 당시 로마의 문헌에서 "복음"이란 황태자가 태어났다는 소식, 또는 전쟁에서 이겼다는 승전보를 의미했다. 그들에게는 그것이 가장 좋은 소식이었다. 반면 유대인들에게는 하나님이 다스리신다는 소식이 복음이었다. 유대인들에게는 바벨론이나 바사(페르시아)나 그리스 제국이 아니라, 또는 로마 제국과 그 제국들의 신이 아니라 하나님이 주님이 되신다는 소식이 가장 좋은 소식이었다. 복음의 그런 의미는 바울이 고안한 것도 아니었고 예수님이 처음 창안하신 것도 아니었다. 그 복음은 구약성경에 이미 기록된 것으로서 예수님 시대의 유대인들은 구약의 약속에 따라 복음을 당연히 그렇게 이해하고 있었다. 문제는 그 하나님의 주 되심이 누구를 통해 이루어지는가였다.

2) 다윗의 씨(롬 1:3)

로마서 1:3에서 바울은 복음이 "그의 아들에" 관한 것이라고 말한다. 하나님의 주 되심이 그의 아들 즉 예수님을 통해 이루어졌다는 것이다. 그렇다면 예수님을 통해 하나님의 주 되심이 어떻게 이루어졌을까? 로마서 1:3-4은 "그의 아들"을 두 개의 분사구문으로 수식한다.

먼저 로마서 1:3b의 첫 분사구문에 따르면 그의 아들은 육신으로는 "다윗의 혈통에서" 나셨다. 여기서 "다윗의 혈통"이라는 말에 해당하는 그리스어를 직역하면 "다윗의 씨"인데, 이는 하나님이 다윗에게 약속하신 그의 후손 곧 메시아를 가리킨다. 결과적으로 예수님이 약속된 메시아 곧 그리스도라는 것이 첫째 분사구문의 내용이다.

"다윗의 씨"라는 표현은 둘째 분사구문(롬 1:4)에 나오는 "하나님의 아들"과 함께 유대인들의 메시아 대망을 구성하는 중요한 용어였다. 유대인들의 메시아 대망의 중요한 근거는 "나단의 신탁"(삼하 7:1-17)이었던 것으로 여겨진다. 하나님은 나단을 통해 다윗에게 왕조의 보전을 약속하며 "네 몸에서 날 네 씨를 네 뒤에 세워 그의 나라를 견고하게 하리라"고 말씀하신다(삼하 7:12). 더 나아가 하나님은 당신이 그의 아버지가 되고, 그는 하나님의 아들이 될 것이라고 예고하신다(삼하 7:14). 이처럼 하나님은 다윗 왕조를 견고히 세우겠다고 약속하셨다(삼하 7:16). 하나님의 이 약속은 시편 2편에서 다시 확인된다. 이 시는 이스라엘 왕들의 즉위식에서 사용된 것으로 여겨지는데, 여기서 하나님은 왕을 향하여 "너는 내 아들이라. 오늘 내가 너를 낳았도다"라고 선언하신다(시 2:7).

3) 통치권을 가진 하나님의 아들(롬 1:4)

앞서 살펴보았듯이 "하나님의 아들"이란 왕을 가리키는 용어다. 로마서 1:4의 둘째 분사구문은 예수님이 죽은 자들 가운데서 부활하심으로써 "하나님의 아들" 곧 왕으로 선포되셨다고 말한다. 그런데 이 구절의 번역에는 약간의 문제가 있다. 그리스어를 잘 모르는 독자들을 위해 그리스어의 어순이 비교적 잘 보존된 영어 성경 RSV의 본문을 우리말 성경과 비교하며 논의를 계속해보자.

and designated Son of God **in power** according to the Spirit of holiness by his resurrection from the dead, Jesus Christ our Lord(롬 1:4a, RSV).

성결의 영으로는, 죽은 자들 가운데서 부활하사 **능력으로** 하나님의 아들로 선포되셨으니(롬 1:4a, 개역개정).

성령으로는 죽은 사람들 가운데서 부활하심으로써 나타내신 **권능으로** 하나님의 아들로 확정되신 분이십니다(롬 1:4a, 새번역).

여기서 관건은 "in power"("능력으로" 혹은 "권능으로")라는 어구를 무엇과 연결해 해석하느냐다. 개역개정 성경은 이 어구를 독립된 부사어구로 해석했고, 새번역 성경은 이것을 부활과 연결해 "죽은 사람들 가운데서 부활하심으로 나타내신 권능으로"로 옮겼다. 영어 성경에서도 비슷한 관점들이 발견된다. 하지만 RSV를 포함하여 KJV, ASV, NASB, NRSV, ESV, NET Bible 등 중요한 영어 성경들은 원문의 어순을 살려 이 어구를 바로 앞에 나오는 "Son of God"과 연결한다. 이 경우 "Son of God in power" 또는 "Son of God with power" 즉 "권세를 가진 하나님의 아들" 또는 "통치권을 가진 하나님의 아들"이라는 의미가 성립한다. 예수님이 하나님의 통치권을 대행하는 하나님의 아들, 하나님 나라의 통치자가 되셨다는 것이다.

이어지는 로마서 1:4b의 내용은 앞서 하나님의 아들을 수식한

두 개의 분사구문을 요약한다. 그런데 개역개정, 새번역, 가톨릭 성경은 모두 원문의 어순을 바꾸어 번역했다. 원문의 순서를 따르면 4절 후반부는 다음과 같이 번역할 수 있다.

곧 예수 [1]그리스도 [2]우리의 주시니라.

이것은 예수님이 그리스도이시며 우리의 주님이시라는 고백으로서 앞의 내용을 순서대로 요약한 것이다. 구체적으로 예수님이 그리스도라는 고백은 첫 분사구문(롬 1:3b)의 요약이고, 예수님이 우리의 주님이시라는 고백은 다음 분사구문(롬 1:4a)의 요약이다.

대다수의 바울 전문가들은 지금까지 살펴본 복음의 정의가 바울 이전에 이미 형성되어 전해져 내려온 것으로서 바울이 그 신앙고백을 인용했다는 데 동의한다. 그런데 동시에 그들 대다수는 그런 이유로 인해, 이 인용문에 담긴 하나님 나라의 복음이 로마서의 복음을 대표하는 것이 아니라고 주장한다. 왜냐하면 그들은 로마서의 복음이 하나님 나라의 복음이 아니라 십자가 속죄의 복음이라 생각하기 때문이다.

그러나 바울이 로마서에서 매우 중요한 서두 부분에 자신이 전하는 것과는 다른 복음의 정의를 담아놓았다고 보기는 어렵다. 바울이 로마서의 서두에 하나님 나라 복음의 정의를 인용한 이유는 이제 로마서에서 전개하려는 복음이 곧 하나님 나라의 복음이기 때문이 아니겠는가? 나는 이 책을 통해 이런 복음 정의가 로마서 전체를 대변한다는 사실을 납득할 수 있도록 설명하고자 한다.

다. 복음의 내러티브

지금까지 확인했듯이 로마서 1:2-4에서 바울이 말하는 "복음"이 란 예수님이 죽은 자들 가운데서 다시 살아나셔서 하나님의 통치 권을 대행하는 하나님의 아들이 되셨다는 소식이다. 예수님이 하 나님 나라의 통치자가 되신 것이다. 본래 하나님 나라의 통치자는 하나님이시다. 그런데 이제 예수님이 하나님을 이어 그 나라의 통 치자가 되셨다. 어떻게 그렇게 되었을까? 그 계기가 무엇일까? 그 것은 바로 십자가와 부활이다. 십자가와 부활을 통해 예수님이 우 리의 주님이 되셨다. 이것이 로마서의 복음이다. 달리 말해 로마서 의 복음은 예수님을 통해 이루어진 하나님 나라의 복음이다.

1) 예수의 십자가, 부활, 주 되심

로마서 1:2-4에 담긴 복음의 정의를 요약해보자. 복음이란 한마디 로 "예수 그리스도"다. 그리고 예수 그리스도는 하나의 내러티브 로 설명된다. 바로 ① 십자가, ② 부활, ③ 우리의 주님이 되심으로 구성되는 내러티브다. 이 내러티브는 예수 사건 전체의 개요라 할 수도 있다. 이 내러티브의 최종 목표는 주 되심을 향한다. 다시 말해 십자가와 부활은 궁극적으로 예수님의 주 되심을 목표로 하는 사건들이다. 십자가와 부활을 통해 예수님이 하나님 나라의 통치자, 우리의 주님이 되셨다는 것이 바로 복음의 핵심이기에 우리는 로마서의 복음도 하나님 나라의 복음이라 말할 수 있다.

물론 여기에는 예수 내러티브의 모든 내용이 빠짐없이 언급된 것은 아니다. 고린도전서 15:3-5에서 바울은 십자가 죽음과 부활 외에 ④ 장사 되심, ⑤ 부활 후 현현을 복음의 정의에 포함시킨다.

3…이는 성경대로 그리스도께서 우리 죄를 위하여 죽으시고 4장사 지낸 바 되셨다가 성경대로 사흘 만에 다시 살아나사 5게바에게 보이시고 그 후에 열두 제자에게와(고전 15:3-5).

이 번역문은 도중에 끊긴 것처럼 느껴지는데, 그리스어 문장 구조에 맞춰 좀 더 자연스럽게 번역하면 다음과 같다.

이는 성경대로 그리스도께서 우리의 죄들을 위해 죽으셨다는 것, 그리고 그가 장사 되셨다는 것, 그리고 그가 성경대로 셋째 날에 일으킴 받으셨다는 것, 그리고 그가 게바에게, 그다음에 그 열둘에게 보이셨다는 것입니다.

더 나아가 로마서 2:16에서 바울은 ⑥ 종말의 심판도 복음 사건에 포함시킨다. 그리고 ⑦ 하나님이 예수님을 이 땅에 보내신 사건 즉 성육신(롬 8:3)은 비록 복음의 정의에 포함되지는 않지만, 바울의 기독론에서 중요한 위치를 차지한다는 사실은 분명하다. 그렇다면 로마서 서두에서 바울은 이 모든 사건을 염두에 두고 예수님의 십자가와 부활과 주 되심을 복음 내러티브의 대표 사건으로 제시했다고 할 수 있다. 그 복음의 내러티브를 시간 순서대로 배열하면 다음과 같다.

---

① 성육신 ⟶ ② 십자가 ⟶ ③ 장사 되심 ⟶ ④ 부활

⟶ ⑤ 부활 후 현현 ⟶ ⑥ 주 되심 ⟶ ⑦ 종말의 심판

이 내러티브는 궁극적으로 예수님의 주 되심을 향해 나아간다. 예수님이 하나님 나라의 주님이 되셔서 종말의 심판과 구원을 완성하시는 것이다. 그런데 바울은 이 내러티브를 십자가와 부활과 예수님의 주 되심이라는 세 가지 사건으로 요약하며(롬 1:4; 4:24-25; 10:9), 어떤 때는 십자가라는 단 하나의 사건으로 압축하기도 한다. 예를 들어 고린도전서 2:2에서 바울이 "예수 그리스도와 그가 십자가에 못 박히신 것 외에는 아무것도 알지 아니하기로 작정"했다고 말할 때, 그것은 십자가 외에 다른 사건은 다 무시해도 좋다는 뜻이 아니다. "예수 그리스도와 그가 십자가에 못 박히신

것"이라는 어구는 성육신, 십자가에 죽으심, 장사 되심, 부활, 부활 현현, 종말의 심판, 주 되심을 포함하는 예수 내러티브 전체를 대표하는 의미로 사용되었기 때문이다.

바울뿐만 아니라 성경의 다른 저자도 예수 내러티브 가운데 한 사건으로 복음 전체를 대표하는 방법을 사용한다. 사도행전은 예수 사건 전체를 "부활"로 대변한다. 사도행전에서 제자들은 예수님의 "증인"이다. 그런데 그들은 구체적으로 "부활의 증인"이라고 소개된다(행 1:22; 2:32; 3:15; 4:33; 5:30-32). 그럼 제자들은 여기저기 다니며 예수님의 부활만을 증언한 것일까? 그렇지 않다. 제자들이 증언한 내용을 대표하는 것은 베드로의 오순절 설교인데, 여기서 베드로는 "너희가 십자가에 못 박은 이 예수를 하나님이 주와 그리스도가 되게 하셨느니라"(행 2:36)고 선포한다. 즉 제자들이 선포한 것은 ① 십자가와 ② 부활과 ③ 예수님의 주 되심으로 구성된 하나님 나라의 복음이었다. 그런데 사도행전은 그것을 "부활의 증언"으로 압축하여 표현한 것이다.

2) 복음서와 바울 서신의 관계

그렇다면 복음서에 담긴 예수님의 하나님 나라 복음과 로마서를 비롯한 바울 서신에 담긴 바울의 하나님 나라 복음은 어떤 관계에 있을까? 두 복음의 차이는 예수님이 차지하는 위치에서 비롯한다. 복음서에서 예수님은 주로 하나님 나라의 선포자, 즉 하나님 나라의 도래를 알리는 전령으로 등장하신다. 그런데 바울 서신을 비롯한 신약성경의 다른 책들에서는 예수님 자신이 하나님 나라의 주님으로 선포되신다. 즉 복음서에서 예수님은 "선포하시는 분"(the proclaimer)이고, 바울 서신과 그 후의 책들에서 예수님은 "선포되시는 분"(the proclaimed)이라고 말할 수 있다.[1] 바울 서신과 사도행전은 예수님이 선포하시는 분에서 선포되시는 분으로 바뀐 결정적 계기가 십자가와 부활임을 보여준다. 예수님을 따르던 사람들이 십자가와 부활을 경험하며 예수님이 진정 하나님 나라의 주님이심을 확인하게 된 것이다. 그래서 바울 서신과 사도행전은 복음서에 기록된 여러 가지 예수 사건 가운데서도 십자가 이후의 사건들을 강조한다.

한편 바울이 제시한 복음 내러티브에 왜 예수의 공생애가 빠져 있는지 궁금한 독자들이 있을 것이다. 그 이유도 선포하시는 분과 선포되시는 분의 차이에서 찾을 수 있다. 공생애 기간에 예수님은 주로 하나님 나라의 선포자였다. 비록 예수님 자신이 행동으로 하나님 나라를 보여주시기도 했지만, 본격적으로 예수님이 하나님 나라의 주님으로 선포되신 것은 부활 이후였다. 무엇보다 예수님에 관한 바울의 인식이 바뀐 것은 그가 부활하신 예수님을

---

1   물론 이 구분을 단순한 이분법으로 이해하면 안 된다. 왜냐하면 복음서에서 예수님은 하나님 나라를 말씀으로 선포하실 뿐 아니라 행동으로 친히 구현해 보이심으로써 이미 하나님 나라의 주님으로 나타나시기 때문이다.

만나고 나서부터였다. 그래서 바울은 십자가와 부활에 주목할 수
밖에 없다.

하지만 이런 차이에도 불구하고 복음서와 바울 서신이 한결같
이 하나님 나라의 복음을 말한다는 사실은 공통된다. 예수님의 부
활을 전후로 하나님 나라에서 예수님이 차지하는 위치가 달라졌지
만, 복음서와 바울 서신이 선포하는 복음의 본질에는 차이가 없는
것이다. 복음서와 마찬가지로 로마서에 담겨 있는 바울의 복음은
하나님 나라의 복음이다.

2. 믿음의 재정의

앞서 밝혔듯이 나로 하여금 로마서 1:2-4에 담긴 바울의 복음이
하나님 나라의 복음이라는 사실에 주목하게 한 학자들은 김세윤
과 톰 라이트다. 나는 특히 김세윤의 책 『칭의와 성화』로부터 많은
도움을 얻었다. 바로 앞에 제시한 로마서 1:2-4의 해석은 『칭의와
성화』 그리고 『톰 라이트 바울의 복음을 말하다』에서 배운 통찰을
내 나름대로 다시 풀어쓴 것에 불과하다.

그러나 김세윤의 저술 가운데 그대로 받아들이기 어려운 내용
이 하나 있다. 그것은 "믿음"에 관한 정의다. 김세윤은 바울이 자신
의 복음을 하나님 나라의 복음으로 정의하고 있음을 설득력 있게

논증하면서도, 정작 믿음의 정의에서는 하나님 나라 복음의 패러다임으로 나아가지 못하고 다시 십자가 속죄의 복음으로 돌아가는 듯한 인상을 준다. 즉 그는 로마서 1:2-4에 제시된 바울의 복음이 하나님 나라의 복음임을 보여주는 데 성공했지만, 그것을 기반으로 하여 신앙의 패러다임을 하나님 나라 신앙으로 완전히 전환하는 데는 성공하지 못한 듯하다.

가. 믿음이란 무엇인가?

1) 믿음의 내용

김세윤은 복음이란 구원 사건에 관한 진술이며 그것을 받아들이는 것이 믿음이라고 정의한다.[2] 그렇다면 복음이 하나님의 주 되심이므로 믿음 역시 하나님의 주 되심을 받아들이는 것으로 정의되어야 한다. 그런데 김세윤은 그의 책에서 믿음을 "그리스도 예수의 우리를 위한 죽음이 우리 모두를 자신의 몸에 내포하고 우리의 죗값을 대신 치르는 대신적/대표적 죽음(즉, 내포적 죽음)임을 받아들이는 것"으로 정의한다. 그리고 그런 믿음이 "우리가 우리의 대표인 그리스도 안에 내포됨과 그와 연합됨을 실제로 발생시켜(actualize) 그의 속죄의 죽음과 부활의 덕을 입을 수 있게" 한다고

---

2   김세윤, 『칭의와 성화』, 159.

설명한다.³ 그리고 로마서 10:9-10이 말하는 것처럼 하나님이 예수님을 죽은 자들 가운데서 일으키셨다는 것을 마음으로 믿는 사람은 "예수님이 주님이시다"라고 입으로 고백함으로써 그 믿음을 나타낸다고 말한다.

> ⁹네가 만일 네 입으로 예수를 주로 시인하며 또 하나님께서 그를 죽은 자 가운데서 살리신 것을 네 마음에 믿으면 구원을 받으리라. ¹⁰사람이 마음으로 믿어 의에 이르고 입으로 시인하여 구원에 이르느니라(롬 10:9-10).

김세윤에 따르면 이 고백을 통하여 우리는 사탄의 나라에서 주 예수의 나라, 곧 하나님 나라로 이전된다. 구원을 받는 것이다. 그리고 그는 그렇게 구원받은 사람은 이제부터 우리의 구원이 완성될 때까지 하나님의 통치를 받는 삶을 살아야 한다고 권면한다.⁴

김세윤이 정의한 믿음은 다음 몇 단계 또는 몇 요소로 나누어 살펴볼 수 있다. ① 먼저 우리가 십자가의 속죄를 믿으면, ② 그 믿음이 우리의 대표인 그리스도와 연합됨을 실제로 발생시켜 우리가 그의 죽음과 부활의 덕을 입을 수 있게 된다. ③ 그리고 그 믿음은

---

3 Ibid.
4 Ibid., 160-61.

예수님이 주님이시라고 입으로 고백하는 것으로 나타난다. 여기서 예수님의 주 되심을 고백하는 것은 믿음에 자연히 따르는 결과 또는 믿음에 자연히 동반되는 것이다. ④ 이렇게 믿음을 나타낸 사람은 구원받는다. ⑤ 그리고 구원받은 사람에게는 하나님의 주 되심을 실제로 내보이는 삶을 살아야 하는 책임이 주어진다.

이에 관해 몇 가지 질문을 제기할 수 있다. 첫째, 믿음이란 곧 십자가의 속죄를 받아들이는 것인가?(①) 이는 그동안 우리가 십자가 속죄의 복음에 근거하여 당연한 것처럼 받아들인 믿음의 정의다. 그리고 신약성경에는 예수님이 우리의 죄를 해결하기 위해 우리를 대신하여 십자가에서 죽으셨다고 말하는 본문들이 적지 않다. 그러나 정작 신약성경에서 믿음이란 곧 십자가의 속죄를 받아들이는 것이라고 명백히 정식화하여 언급한 구절을 찾기는 어렵다. 물론 그렇게 해석될 수 있는 본문이 몇 있으나 달리 해석될 여지도 많은 것이 사실이다. 다시 말해 성경이 십자가의 속죄를 말하는 것은 맞지만, 성경이 우리의 믿음을 명백히 십자가의 속죄로 규정하지는 않는다는 것이다.

둘째, 바울이 십자가의 속죄를 믿는 것이 곧 믿음이라고 명백하게 말하지 않는다면, 십자가의 속죄를 믿을 때 그 믿음이 그리스도 안에 내포됨과 연합됨을 실제로 발생시킨다는 설명(②)도 설득력을 잃지 않겠는가? 그뿐 아니라 김세윤의 설명에는 부활이 아무 설명 없이 추가되어 있다. 우리가 믿은 것은 예수님의 죽음뿐인데,

제1부 • 하나님 나라의 복음

그 결과 우리는 예수님의 죽음뿐 아니라 부활의 덕도 함께 입게 된다는 것이다.

셋째, 김세윤의 정의에 따르면 십자가의 속죄를 믿는 사람은 "예수님이 주님이시다"라고 그 믿음을 입으로 고백하게 된다(③). 여기서 말하는 고백이란 그 뜻이 무엇인지도 모른 채 말로만 "주여, 주여" 하는 것이 아니라 예수님을 실제로 나의 존재와 삶의 주인으로 받아들이는 그런 고백을 말할 것이다. 그것은 사탄의 주권을 부정하며 배격하고 예수 그리스도를 의지하며 그 통치에 순종하겠다고 서약하는 행위다.[5] 그런데 십자가의 속죄를 믿으면 정말 이런 고백이 나올까? 예수님이 나를 대신해서 내 죗값을 치르기 위해 죽으셨다는 것과 예수님이 나의 주님이시라는 것은 별개의 사실이다. 한 사람이 다른 사람을 대신하여 죽는다고 해서 죽은 사람이 그 사람의 주인이 되는 것은 아니지 않은가? 예를 들어 나라를 지키기 위해 전장에서 싸우다 죽은 군인들은 온 국민을 대신해 죽은 것이다. 그러나 그렇다고 해서 그 군인들이 살아 있는 국민의 주인이 되지는 않는다. 또 고대 이스라엘에서는 사람의 죄 문제를 해결하기 위해 동물이 대신 죽임을 당했다. 그러나 그 동물이 사람의 주인이 될 수는 없다. 즉 예수님의 십자가 속죄를 믿으면 그를 주님으로 고백하게 된다는 것은 논리적인 비약이다. 십자가의 속

---

5   Ibid., 161.

죄를 믿는다고 해서 그로부터 예수님이 주님이시라는 고백이 저절로 따라 나오지는 않는다. 예수님의 주 되심은 믿음의 결과가 아니라 그 자체가 우리 믿음의 내용, 그것도 믿음의 중심적인 내용이 되어야 한다.

마지막으로 김세윤은 믿는 사람들은 예수님의 주 되심을 삶으로 드러내 보여야 한다고 말한다(⑤). 맞는 말이다. 그러나 더 정확히 말하자면 예수님의 주 되심을 삶으로 드러내는 것이 곧 예수님을 믿는 것이다. 하나님의 주 되심을 삶으로 드러내는 것이 믿는 자의 의무나 책임이라는 서술은 믿음의 정확한 정의가 아니다. 삶은 믿음에 따르는 의무인가? 아니다. 하나님의 주 되심에 따르는 삶 그 자체가 하나님을 믿는 것이다. 믿음은 예수님의 주 되심으로 다시 정의되어야 한다. 믿음이란 죽은 자들 가운데서 다시 살아나신 예수님이 나의 존재와 삶의 주인이 되시게 하는 것이다.

2) 믿음을 규정하는 방식

나는 김세윤이 하나님 나라의 복음이라는 새로운 패러다임을 제시하면서도 여전히 믿음을 규정하는 방식에서는 십자가 속죄의 복음에 머문다고 생각한다. 십자가 속죄의 복음이 믿음을 규정하는 방식은 믿음을 어떤 사실에 관한 인정으로 간주하는 것이다. 김세윤에게도 믿음이란 예수님이 십자가에 죽으시고 다시 살아나셨다는 사실, 그리고 예수님이 우리의 주님이시라는 사실을 인정하고 받

제1부 • 하나님 나라의 복음

아들이는 것에서 그친다. 이렇게 믿음을 단지 사실에 관한 인정으로 간주할 때, 예수님의 주 되심을 고백하는 것과 예수님의 주 되심에 따라 사는 것이 분리된다.

그러나 믿음이란 단지 예수님에 관한 사실을 믿는 것이 아니라 "예수님을" 믿는 것이다. 단지 예수님이 주님이시라는 사실을 받아들이는 데 그치지 않고 실제로 예수님이 내 삶의 주님이 되시게끔 해야 한다. 예수님을 주로 시인하는 것은 단지 예수님이 주님이시라는 사실을 인정하는 것이 아니라 예수님과 친밀한 인격적 관계를 맺어 그분이 실제로 나의 주님이 되시게 하는 것이다. 김세윤은 여기서 시인한다는 말이 "부르짖다"에 가까운 뜻이라고 말하며 그 시인의 강도 또는 진정성을 강조하는 듯하다.[6] 그러나 그것은 입으로 시인한다는 말을 너무 문자적으로 해석한 결과가 아닌가 생각된다. 예수님을 주로 시인하는 것은 단지 입으로가 아니라 삶으로 해야 하기 때문이다.

예수님을 주로 시인한다는 말이 나오는 로마서 10:9을 전후반부로 나누어 살펴보자.

네가 만일 네 입으로 예수를 주로 시인하며 (롬 10:9a).

---

6   Ibid., 160.

또 하나님께서 그를 죽은 자 가운데서 살리신 것을 네 마음에 믿으면 구원을 받으리라(롬 10:9b).

전반부에서 바울은 예수님을 주로 시인하는 것에 관해 말한다. 그리고 후반부에서는 그 예수님이 누구인지를 설명한다. 여기서 "시인"과 "믿음"은 별개의 행위를 가리키지 않는다. 전반부에서 신앙의 대상으로 제시된 예수님에 관한 사실을 후반부에서 말을 바꾸어 부연할 뿐이다. 다시 말해 "믿음"이란 죽으시고 다시 살아나신 그 사실의 주체이신 예수님을 우리의 주님으로 모시는 인격적인 관계 맺음이다. 복음을 십자가의 속죄로 정의할 때, 좀 더 나아가서 십자가와 부활로 정의할 때라도 우리가 할 수 있는 것은 마음과 입으로 그 사실을 인정하는 것밖에는 없다. 그러나 복음을 예수님의 주 되심으로 정의하면 상황이 달라진다. 예수님의 주 되심을 받아들이는 것은 단순히 사실을 인정하는 선에서 그칠 수 없기 때문이다. 예수님을 믿는 것은 하나님이 죽은 자 가운데서 살리신 예수님이 나의 존재와 삶에서 실제로 주님이 되시도록 하는 것이다.

나. 믿음의 순종

믿음이란 단지 사실에 관한 인정이 아니라 예수 그리스도와 맺는 관계임을 잘 보여주는 것이 "믿음의 순종"이라는 어구다. 이 어구는 복음의 정의를 담은 로마서 1:2-4에 바로 이어지는 5절에서 등장한 후 로마서의 마지막 단락에서 다시 한번 언급된다(롬 16:26). "믿음의 순종"이라는 어구가 로마서의 수미상관을 이루는 요소인 것이다.

> 그로 말미암아 우리가 은혜와 사도의 직분을 받아 그의 이름을 위하여 모든 이방인 중에서 **믿어 순종하게** 하나니(롬 1:5).

> 26이제는 나타내신 바 되었으며 영원하신 하나님의 명을 따라 선지자들의 글로 말미암아 모든 민족이 **믿어 순종하게** 하시려고 알게 하신 바 그 신비의 계시를 따라 된 것이니 이 복음으로 너희를 능히 견고하게 하실 27지혜로우신 하나님께 예수 그리스도로 말미암아 영광이 세세무궁하도록 있을지어다. 아멘(롬 16:26-27).

개역개정 성경에서 "믿어 순종하게"로 번역된 그리스어 원문 (ὑπακοὴν πίστεως)의 본뜻은 "믿음의 순종"이다. 그런데 롱네커 (Richard Longenecker)는 이 어구가 문법적으로 다섯 가지 의미를 지닐 수 있다고 말한다.[7] 이때 해석의 관건은 그리스어의 속격 형

---

7   Richard Longenecker, *The Epistle to the Romans: A Commentary on the*

태인 "믿음의"(πίστεως)라는 말을 어떻게 이해할 것인가다. 롱네커가 정리한 다섯 가지 해석의 가능성은 다음과 같다.

① 목적격적 속격: "믿음을" 순종한다는 뜻으로 이해하는 것이다. 이
   때 이 어구는 "믿음에 대한 순종", "믿음의 메시지에 대한 순종",
   "복음서에 증언된 하나님의 신실하심에 대한 순종" 등으로 해석
   된다.

② 주격적 속격: "믿음이" 하는 순종이라는 뜻으로 이해하는 것이
   다. 이때 이 어구는 "믿음이 불러일으키는 순종" 또는 "믿음에
   의해 요청되는 순종"으로 해석된다.

③ 출처의 속격: "믿음으로부터 오는 순종" 또는 "믿음으로부터 솟
   아나는 순종"

④ 형용사적 속격: "믿음의"라는 말을 "믿음"의 형용사로 간주하는
   것이다. 그러면 이 어구는 "믿는 순종" 또는 "신실한 순종"을 뜻
   하게 된다.

⑤ 동격적 속격(a genitive of apposition) 또는 정의적 속격(a
   genitive of definition): 믿음과 순종을 동의어로 보거나 믿음이
   순종의 의미를 정의한다고 이해하는 것이다. 이때 이 어구는 "순
   종으로 이루어진 믿음" 또는 "순종으로 자신을 드러내는 믿음"

Greek Text(Grand Rapids: Wm. B. Eerdmans, 2016), 79-80.

이라는 뜻이 된다.

롱네커는 오늘날 "목적격적 속격"(①)을 지지하는 학자는 많지 않다고 말한다. 왜냐하면 로마서가 말하는 믿음이란 단지 어떤 교리 체계를 받아들이는 것이 아니라 그리스도를 따르는 실제적인 행위와 관련된 것이라는 데 대다수 학자가 동의하기 때문이다. 그는 "주격적 속격"(②)과 "형용사적 속격"(④)도 적절하지 않다고 보는데, 그 이유는 두 입장이 순종을 인간의 노력으로 이룰 수 있는 덕목으로 보고 믿음을 그 덕목을 이루는 수단으로 못 박기 때문이다. 롱네커는 남아 있는 두 선택지 가운데서 "출처의 속격"을 지지한다. 왜냐하면 그는 로마서에서 바울이 "믿음의 내용으로서의 순종"(⑤)이 아니라 "순종으로 결과하는 살아 있는 믿음"(③)을 강조한다고 보기 때문이다.[8]

롱네커는 로마서가 말하는 믿음이 단지 교리 체계에 대한 동의로 끝나지 않고 순종의 삶과 밀접하게 연결된 것이라는 점을 잘 보여주고 있다. 그럼에도 그는 여전히 믿음과 순종이, 비록 서로 밀접하게 연결되어 있을지라도, 별개의 것이라 보는 한계에 머문다. 믿음이 먼저고 순종은 그 결과로서 따라온다고 보는 것이다. 십자가 속죄의 복음에 근거하여 생각하자면 그렇게 될 수밖에 없다. 그

---

8   Ibid., 80.

러나 로마서가 말하는 믿음은 그런 것이 아니다. 로마서가 말하는 믿음은 순종의 삶과 동일한 것이다. 이는 앞에 제시된 다섯 개의 관점 가운데 ⑤번, 곧 "믿음의 내용으로서의 순종"에 해당한다.

로마서에는 믿음과 순종이 동의어로 사용되고 있는 구절이 또 한 곳 있다. 로마서 10:16에서 바울은 다음과 같이 말한다. 전후반부를 비교하여 살펴보자.

그러나 그들이 다 복음을 순종하지 아니하였도다(롬 10:16a).

이사야가 이르되 "주여, 우리가 전한 것을 누가 믿었나이까?" 하였으니(롬 10:16b).

이 구절에서 후반절은 전반절을 보강하기 위한 인용문이다. 여기서 "그들이 다 복음을 순종하지 않았다"는 전반절의 서술은 "예언자가 전한 것을 아무도 믿지 않았다"는 인용문과 병행한다. 이런 병행 관계에서 전반부의 "복음"은 후반부의 "우리가 전한 것"에 상응하며, 후반부의 "믿음"은 전반부의 "순종"과 동의어로 사용된다. 믿음이란 하나님의 주 되심을 이루는 것이다. 하나님이 주님이 되신다는 말은 우리가 하나님께 순종한다는 말과 같다. 곧 순종하는 것이 믿는 것이며 믿음과 순종은 동의어다. 로마서에서 바울은 자신의 사명이 유대인과 이방인을 포함하는 모든 사람을 믿음으로, 즉 순종과 동의어로서의 믿음으로 이끄는 일이라 말하는 것이다.

3. 행위와 구원

믿음이 순종과 동의어라는 말은 믿음이 행위를 포함한다는 말이기도 하다. 순종의 삶은 당연히 선한 행위를 포함한다. 엄밀하게 말하면 믿음 뒤에 행위가 따르는 것이 아니다. 오히려 믿음 그 자체 내에 행위가 포함된다. 그것이 바울이 말하는 구원이다. 그동안 바울이 행위 없는 구원을 말했다고 생각해온 사람이 많았다. 하지만 그것은 바울에 대한 심각한 오해다. 그 이유는 바울이 우리가 믿음으로 의롭게 된다고 말할 때, 그 믿음은 본질적으로 행위를 포함하는 의미를 띠기 때문이다.

가. 행위에 따른 심판

로마서 2장에는 바울을 오해해온 많은 사람에게 충격으로 받아들여질 만한 내용이 담겨 있다. 그것은 다름 아닌 행위에 따른 심판을 말하는 내용이다. 바울은 우리가 유대인이나 이방인의 구별 없이 하나님의 심판대 앞에 서서 우리의 행위대로 심판을 받을 것이라고 말한다. 다음 인용문은 "진노의 날", 곧 종말의 심판의 날에 일어날 일에 대한 바울의 경고다.

2이런 일을 행하는 자에게 하나님의 심판이 진리대로 되는 줄 우리가 아노라.…5다만 네 고집과 회개하지 아니한 마음을 따라 진노의 날 곧 하나님의 의로우신 심판이 나타나는 그날에 임할 진노를 네게 쌓는도다. 6하나님께서 각 사람에게 그 행한 대로 보응하시되 7참고 선을 행하여 영광과 존귀와 썩지 아니함을 구하는 자에게는 영생으로 하시고 8오직 당을 지어 진리를 따르지 아니하고 불의를 따르는 자에게는 진노와 분노로 하시리라. 9악을 행하는 각 사람의 영에는 환난과 곤고가 있으리니 먼저는 유대인에게요, 그리고 헬라인에게며 10선을 행하는 각 사람에게는 영광과 존귀와 평강이 있으리니 먼저는 유대인에게요, 그리고 헬라인에게라(롬 2:2, 5-10).

악을 행하는 자에게는 하나님의 심판이 따르고, 참고 선을 행한 사람에게는 영생이 주어진다. 구원과 심판이 우리의 행위에 따라 결정된다는 것이다. 이는 행위심판론 또는 행위구원론이 아닌가? 이런 서술은 뒤에 이어지는 논의, 특히 로마서 3장에서 바울이 하는 말과 일치하지 않는 듯이 보인다. 바울은 로마서 3:21에서 하나님의 의가 율법과 관계없이 나타났다고 선언하며, 예수 그리스도 안에 있는 속량은 "하나님의 은혜로 값없이" 이루어진다고 말하기 때문이다. 그렇다면 바울은 로마서 2장과 3장에서 서로 모순된 진술을 하는 것일까?

롱네커에 따르면 그동안 로마서 해석자들은 이런 모순을 해결하기 위해 다양한 해결책을 제시해왔다.[9] 그 해결책들은 우리의 논의와 관련해 다음과 같은 세 가지 입장으로 요약할 수 있다. 첫째, 바울이 로마서 2장에서 선행 또는 율법 준수에 의해 의롭게 된다는 이론적인 혹은 가설적인 가능성을 제시한 후에 로마서 3:21 이후에서 그 가능성을 반박하고 의롭게 되는 길은 오직 믿음밖에 없음을 역설한다는 것이다. 둘째, 로마서 2장은 바울 자신의 제안이 아니라 반대자들의 견해인데, 그것을 반박하기 위해 인용했다는 주장이다. 셋째, 로마서 2장이 말하는 구원과 심판의 길은 실제로 이스라엘 백성에게 주어졌지만 인간의 윤리적 무능으로 인해 구원에 이를 자가 아무도 없었으므로, 하나님이 행위를 통한 구원과 심판의 길을 폐기하시고 믿음을 통한 새로운 길을 제시하셨다는 것이다.

이처럼 제시된 다양한 해결책은 세부적인 차이에도 불구하고 한 가지 공통점을 가지고 있다. 그것은 로마서 3:21 이하에 담긴 것이 진정한 바울의 신학이고, 로마서 2장은 그렇지 않다고 본다는 점이다. 단순한 이론적 가능성의 제시라 보든, 반박하기 위한 반대자의 생각으로 간주하든, 실현 불가능하여 폐기된 방법으로

---

9   Ibid., 260 이하를 참조하라.

치부하든 마찬가지다. 지금까지 해석자들은 로마서 2장의 가치를 부정해왔고 그 결과 사실상 로마서 2장은 읽지 않아도 되는 본문처럼 여겨왔다. 실제로 독자 중에도 로마서 2장의 심판과 관련된 내용을 진지하게 다루는 설교나 강의를 들어본 사람은 그리 많지 않을 것이다. 그동안 많은 그리스도인에게 로마서 2장은 잃어버린 본문이었다.

나. 마태복음과 야고보서

그런데 그동안 잃어버린 것은 로마서 2장만이 아니다. 우리는 신약성경에서 행위를 중요시하며 우리의 구원과 행위를 필연적으로 연관시키는 본문들을 어렵지 않게 만날 수 있다. 그러나 우리는 그 구절 대부분을 마치 성경에 없는 것처럼 다루어왔다. 예를 들어 마태복음에서 예수님은 다음과 같이 말씀하신다.

나더러 "주여, 주여" 하는 자마다 다 천국에 들어갈 것이 아니요, 다만 하늘에 계신 내 아버지의 뜻대로 행하는 자라야 들어가리라(마 7:21).

예수님의 이 말씀을 진지하게 읽는다면 어떻게 구원과 행위가 아무 관계가 없다고 주장할 수 있을까? 이 말씀뿐이 아니다. 마태복음에는 비슷한 말씀들이 가득하다. 마태복음 25:31-46에 나오는 "양과

염소의 비유"에서 구원받을 사람들과 심판받을 사람들을 구별하는 기준은 지극히 작은 자 하나를 돕는 행위를 했느냐 하지 않았느냐다. "믿음"에 관한 언급은 그 본문에서 전혀 찾아볼 수 없다.

마태복음만 그런 것이 아니다. 보통 "행함"과 관련해 쉽게 떠올리는 성경은 야고보서다. 야고보서에서는 다음과 같은 구절들이 눈에 띈다.

내 형제들아, 만일 사람이 믿음이 있노라 하고 행함이 없으면 무슨 유익이 있으리요? 그 믿음이 능히 자기를 구원하겠느냐?(약 2:14)

이와 같이 행함이 없는 믿음은 그 자체가 죽은 것이라(약 2:17).

아아! 허탄한 사람아, 행함이 없는 믿음이 헛것인 줄을 알고자 하느냐?(약 2:20)

내가 보거니와 믿음이 그의 행함과 함께 일하고 행함으로 믿음이 온전하게 되었느니라(약 2:22).

이로 보건대 사람이 행함으로 의롭다 하심을 받고 믿음으로만은 아니니라(약 2:24).

마태복음과 야고보서만 그럴까? 그렇지 않다. 공관복음서인 마가복음과 누가복음도 마찬가지로 행위를 강조한다. 예를 들어 누가복음에만 나오는 "선한 사마리아인의 비유"(눅 10:25-37)는 "영생"의 길을 묻는 율법 교사에게 예수님이 답으로 주신 말씀이다. 거기서 예수님은 영생을 얻으려면 이웃에게 자비를 행하라고 말씀하신다. 또 예수님이 한 부자(청년)에게 "네가 가진 것을 다 팔아서 가난한 자들에게 나누어주고 나를 따르라"고 하신 말씀은 어떨까? 공관복음에서 모두 나오는 이 이야기는(마 19:19-26; 막 10:17-27; 눅 18:18-27) 단순한 윤리적 명령이 아니다. 그 부자(청년)가 영생의 길에 관해 물었기 때문이다.

> 예수께서 길에 나가실새 한 사람이 달려와서 꿇어앉아 묻자오되 "선한 선생님이여, 내가 무엇을 하여야 영생을 얻으리이까?"(막 10:17; 병행. 마 19:19; 눅 18:18)

이 질문에 관한 예수님의 답을 들은 부자(청년)가 근심하며 떠난 후에 예수님은 그 부자에게 답하셨던 내용을 부연하며 구원과 행위의 관계를 다음과 같이 더 강화해 말씀하셨다.

> 29예수께서 이르시되 "내가 진실로 너희에게 이르노니 나와 복음을 위하여 집이나 형제나 자매나 어머니나 아버지나 자식이나 전토를

버린 자는 30 현세에 있어 집과 형제와 자매와 어머니와 자식과 전
토를 백 배나 받되 박해를 겸하여 받고 내세에 영생을 받지 못할 자
가 없느니라"(막 10:29-30; 병행. 마 19:29; 눅 18:29-30).

다. 바울 서신에서의 구원과 행위

성경에서 행위를 강조하는 본문들이 정당한 평가를 받지 못하는
가운데 그 본문들을 대신하여 신약성경의 중심으로 간주되어온 것
이 바울의 이신칭의론이다. 그리고 이신칭의 사상은 구원과 행위
가 무관하다는 생각의 근거가 되어왔다. 그렇다면 바울은 정말 우
리의 구원과 행위가 아무 관계 없다고 말하는가?

전혀 그렇지 않다. 이에 관해 우리는 이미 로마서 2장의 서술
을 함께 확인했다. 그뿐 아니다. 갈라디아서 전반부에서 바울은 복
음에 관한 신학적 논의를 전개한 후(갈 5:12까지), 그 이후부터는
윤리적 논의를 이어간다. 여기서 바울은 구원받은 그리스도인에게
두 가지 삶의 가능성을 제시한다. 하나는 성령을 따라 사는 것이고
다른 하나는 "육체의 욕심"을 따라 사는 것이다(갈 5:16). 무엇을
따르느냐에 따라 그 결과는 분명히 나뉜다. 성령을 따라 사는 사람
은 성령의 아홉 가지 열매를 맺지만(갈 5:22-23), 육체를 따라 사
는 사람은 육체의 일들로 결과할 것이다(갈 5:19-21). 그리고 바울

은 다음과 같이 분명히 경고한다.

> 이런 일[육체의 일]을 하는 자들은 하나님의 나라를 유업으로 받지
> 못할 것이요(갈 5:21b).

그리스도인이 성령을 따라 사는 것은 선택 사항이 아니다. 왜냐하면 그 삶이 그의 구원과 심판을 결정할 것이기 때문이다.

로마서에도 유사한 말씀이 있다. 바울은 로마서 5-7장에서 하나님의 주 되심과 죄의 지배를 비교하여 서술한 후, 8:1-4에서는 그리스도 예수 안에 있는 생명의 성령의 법이 죄와 사망의 법에서 우리를 해방했다고 선언한다. 그리고 이렇게 죄와 죽음에서 해방된 그리스도인들을 향해 바울은 로마서 8:5 이하에서 두 가지 삶의 길을 제시한다. 하나는 영을 따라 행하는 것이고, 다른 하나는 육신을 따라 행하는 것이다. 이렇게 두 길을 제시한 후 바울은 다음과 같이 선언한다.

> 너희가 육신대로 살면 반드시 죽을 것이로되 영으로써 몸의 행실을
> 죽이면 살리니(롬 8:13).

여기서도 그리스도인의 그리스도인다운 삶은 선택이 아니라 필수라는 사실을 확인하게 된다. 왜냐하면 예수님을 믿는 것은 예수님

이 주님 되시는 삶을 사는 것이기 때문이다. 그리스도인답게 사는 사람이 그리스도인이다. 그리고 그 삶에는 구원과 심판이라는 상반된 결과가 있다.

이 주제를 좀 더 상세하게 연구하기 원하는 독자들은 권연경의 책『행위 없는 구원?: 새롭게 읽는 바울의 복음』을 읽어보기 바란다.[10] 이 책은 먼저 마태복음과 야고보서를 간략히 다룬 후, 데살로니가전·후서, 갈라디아서, 로마서 본문 연구를 통해 바울이 말하는 구원이 결코 행위와 무관하지 않음을 보여주고, 그 내용을 다시 믿음과 은혜라는 두 주제 아래 종합한다. 김세윤의『칭의와 성화』와 함께 이 책은 내가 바울에 관한 생각을 바꾸는 데 매우 중요한 역할을 했다.

권연경의 책은 이번 장의 주제인 행위에 따른 심판에 관해서도 중요한 관찰을 제공한다. 그는 하나님의 심판이 각 사람의 행위에 따라 이루어질 것이라는 믿음은 "하나님께 대한 가장 근본적인 신념에 속하는 것"으로서 바울이 회심 후에도 포기하지 않고 분명히 견지한 사상이라고 말한다. 그가 제시하는 바에 따르면 바울 서신에서 이런 신념을 보여주는 구절들은 상당수다(살전 4:6; 갈 6:7-9; 고후 5:10; 롬 14:10-12; 엡 5:5-6; 골 [3]:6, 25; 딤전 5:24-25).[11]

---

10 권연경,『행위 없는 구원?: 새롭게 읽는 바울의 복음』(서울: SFC, 2006).
11 Ibid., 194.

이에 관해 로마서에서 주목할 점은 행위심판 사상이 로마서 2장에 나타났다가 3:21 이후에 사라지는 것이 아니라, 그 후에도 계속하여 언급된다는 사실이다. 로마서 14장에 나오는 다음의 경고를 눈여겨보라.

> 10네가 어찌하여 네 형제를 비판하느냐? 어찌하여 네 형제를 업신여기느냐? 우리가 다 하나님의 심판대 앞에 서리라. 11기록되었으되 "주께서 이르시되 내가 살았노니 모든 무릎이 내게 꿇을 것이요, 모든 혀가 하나님께 자백하리라" 하였느니라. 12이러므로 우리 각 사람이 자기 일을 하나님께 직고하리라(롬 14:10-12).

권연경은 이런 행위심판 사상이 "공평하신 하나님"에 관한 구약성경과 유대교의 전통에 속한 것이며, "바울의 은혜 사상을 담는 틀 혹은 바울의 복음적 사고가 뿌리를 내리고 있는 터전(matrix)"이라고 말한다.[12]

그러나 권연경의 책에서 한 가지 아쉬운 점은 그가 관찰한 결과들을 믿음과의 관련 속에서 하나로 종합할 수 있는 체계적인 설명을 제시하지 못했다는 점이다. 그 책을 출간한 후 그는 기독교 보수 진영으로부터 "행위구원론자"라는 공격을 받았다. 우리가

---

12   Ibid., 195.

제1부 • 하나님 나라의 복음

종말에 우리의 행위를 가지고 하나님의 심판대 앞에 서게 된다는 것, 그래서 우리의 행위에 따라 구원과 심판이 결정된다는 것을 말하면 곧 행위구원론자라고 생각하는 사람이 많기 때문이다. 그러나 권연경은 그것이 행위구원론이 아니라고 분명히 말한다. 그렇다면 그것은 행위구원론과 어떻게 다른가? 그리고 행위구원론이 아니면서도 행위와 구원의 필연적 연관 관계를 드러낼 수 있는 설명 체계는 무엇일까? 그 질문에 대해 분명한 답을 제시할 수 있어야 한다.

라. 행위구원론?

다시 로마서 2장으로 돌아가 보자. 로마서 2장의 행위심판 사상과 3:21 이하의 이신칭의론은 서로 충돌하는가? 그리고 그 충돌은 로마서 2장을 잠재우는 방식으로 해결할 수밖에 없는가? 그것은 진정한 해결책이 아니다. 바울은 회심 후에도 회심 전과 마찬가지로 행위에 따라 심판받는다는 생각을 변함없이 견지했기 때문이다. 그런 생각은 바울이 로마서 2장에서 잠시 운만 띄우고 폐기한 가설이나 반대자의 주장이 아니라 분명히 바울 자신의 생각이었다. 그렇다면 행위심판론과 이신칭의론을 모두 바울의 생각으로 받아들이고 양자를 조화시킬 수 있는 길을 찾는 것이 옳지 않을까?

먼저 행위구원론이 무엇인지 다시 정의해보자. 행위구원론이란 우리의 행위가 업적으로 쌓여 그 업적에 대한 보상으로 구원에 이른다는 생각이다. 일종의 "행위 마일리지" 같은 것이 있어서 그 마일리지가 쌓여 합격점을 넘으면 천국에 가고 미달하면 지옥에 간다는 식이다. 이는 합리적인 듯하지만 사실은 매우 불합리하다. 천국과 지옥의 결정은 근본적이고 극단적인 운명의 갈림인데 그것을 가르는 기준을 어떻게 설정할 것인가? 예를 들어 60점이면 천국에 가고 59점이면 지옥에 간다고 하면 말이 될까?

이와는 달리 성경은 우리의 구원이 전적으로 하나님의 은혜로 말미암는다는 사실을 반복해서 보여준다. 이것은 신약성경뿐 아니라 구약성경이 가르쳐주는 것이기도 하다. 이스라엘의 구원은 하나님의 선택과 은혜로 말미암았다. 구약의 이스라엘 백성 가운데 율법을 잘 지킴으로써 합격점을 넘어 구원받은 사람이 있는가? 하나님은 행위와 무관하게 아브라함을 선택하시고 오직 은혜로 그의 자손들을 하나님의 백성으로 삼으셨다. 이처럼 행위구원론은 논리적으로도 성경적으로도 설득력이 떨어진다.

이처럼 우리는 행위로 구원받는 것이 아니다. 그렇다면 우리의 구원은 행위와 아무 관계가 없는가? 이는 너무나도 명백한 논리적 비약이다. 잠시 생각해보자. A와 B라는 두 항 사이에는 다양한 논리 관계가 성립할 수 있다. 예를 들어 A가 원인이고 B가 결과일 수도 있고, 반대로 B가 원인이고 A가 결과일 수도 있다. 아니면 C라는 공통의 원인에서 A와 B라는 두 가지 결과가 모두 나올 수도 있다. 또 A와 B가 C라는 원칙이 옳음을 보여주는 두 가지 사례일 수도 있다. 그 외에도 얼마든지 다양한 논리 관계가 A와 B 사이에 성립할 수 있다. 그렇다면 행위가 A이고 구원이 B라고 생각해보자. 이때 행위구원론이 틀렸다는 말은 행위와 구원이 인과관계가 아니라는 것이다. 행위와 구원 사이에도 다양한 논리 관계가 존재할 수 있는데, 그 가운데 행위가 원인이 되고 구원이 결과가 되는 하나의 명제가 부정된 것이다. 그러나 그것이 행위와 구원 사이에 존재할 수 있는 모든 관계를 부정하는 근거가 될 수는 없다.

물론 우리의 행위 마일리지가 쌓여 구원에 이르는 것은 아니다. 그러나 이 말은 행위와 구원 사이에 아무 관계가 없다는 뜻이 아니다. 오히려 우리는 행위와 구원이 절대로 무관하지 않다고 말해야 한다. 왜냐하면 그것이 성경이 가르쳐주는 구원의 진리이기 때문이다. 이는 우리가 앞서 분명히 확인한 사실이다. 그렇다면 성경에서 행위와 구원은 어떤 관계로 연결되어 있을까?

마. 하나님의 주 되심과 우리의 행위

하나님 나라의 복음에 기초해서 볼 때 행위와 구원 사이에는 행위구원론의 인과관계와는 다른, 그러나 필연적인 관계가 존재한다. 우리는 갈라디아서 5-6장에서 그에 대한 단서를 찾아볼 수 있다.

바울은 갈라디아서의 윤리적 권면을 다음과 같은 말로 마무리한다.

> 7…사람이 무엇으로 심든지 그대로 거두리라. 8자기의 육체를 위하
> 여 심는 자는 육체로부터 썩어질 것을 거두고 성령을 위하여 심는
> 자는 성령으로부터 영생을 거두리라. 9우리가 선을 행하되 낙심하
> 지 말지니 포기하지 아니하면 때가 이르매 거두리라. 10그러므로 우
> 리는 기회 있는 대로 모든 이에게 착한 일을 하되 더욱 믿음의 가정
> 들에게 할지니라(갈 6:7-10).

갈라디아서 6:8에서 바울은 성령을 위하여 심는 자는 영생을
거둘 것이라고 말한다. 그리고 다음 절에서는 선을 행하는 자는 때
가 이르면 거둘 것이라고 말한다. 두 절은 서로 병행하는데, 이런
관계를 염두에 두고 본문을 읽으면 "선을 행하는 것"이 곧 "성령
을 위하여 심는 것"과 같은 말임을 알 수 있다. 즉 선을 행하는 자
는 영생을 거둔다. 이는 바울이 선행과 영생을 관련짓는 또 하나의
본문이다.

이 본문을 읽을 때 우리는 갈라디아서의 윤리적 권면 전체(갈
5:13-6:10)의 맥락을 살펴보아야 한다. 바울은 갈라디아서 5:16 이
하에서 믿음으로 의롭게 된 그리스도인들에게 두 가지 삶의 길이
열린다고 말한다. 먼저 성령을 따라 행하는 삶의 길이 있다. 이 길
을 따르는 사람은 성령의 열매를 거둘 것이다(갈 5:22-23). 그와

반대로 육체를 따라 행하는 삶의 길이 있다. 이 길을 따르는 사람은 육체의 일로 결과할 것이다(갈 5:19-21). 이렇게 시작된 두 가지 삶의 길에 관한 권면이 앞서 살펴본 갈라디아서 6:7-10에서 마무리된다. 이 본문을 그런 맥락에서 읽을 때 육체를 따라 행하는 것이 곧 육체를 위해 심는 것이며, 그런 사람은 육체로부터 썩어질 것을 거둘 것이라는 사실이 분명해진다. 반면에 성령을 따라 행하는 것, 곧 성령을 따라 심는 것은 선을 행하는 것으로서 그 길에 선 사람은 성령으로부터 영생을 거둘 것이다.

성령에 따라 행한다는 것, 곧 성령에 이끌려 산다는 것은 하나님의 주 되심을 이룬다는 말의 다른 표현이다. 그리고 바울은 다시 그것을 가리켜 선을 행하는 것이라고 말한다. 즉 선을 행한다는 말은 하나님의 주 되심을 이룬다는 말과 같은 표현이다. 여기서 "선한 행위"란 단지 어떤 윤리 조항을 지키느냐 안 지키느냐의 문제가 아니다. 선한 행위란 하나님의 주 되심을 가리키는 구체적 표현으로서 하나님의 주 되심이 삶의 열매로 맺어짐을 뜻한다. 하나님의 주 되심이 나무라면 선한 행위는 그 열매다.

예수님이 마태복음 12:33에서 하신 말씀도 같은 뜻이다.

나무도 좋고 열매도 좋다 하든지 나무도 좋지 않고 열매도 좋지 않다 하든지 하라. 그 열매로 나무를 아느니라(마 12:33).

나무가 좋으면 좋은 열매가 열리고 나무가 나쁘면 나쁜 열매가 열린다. 그래서 열매를 보면 그 나무가 좋은지 나쁜지 알 수 있다. 야고보서의 다음 비유도 같은 의미를 담고 있다.

> 내 형제들아, 어찌 무화과나무가 감람 열매를, 포도나무가 무화과를 맺겠느냐?(약 3:12a)

무화과나무는 무화과를, 올리브나무는 올리브를, 포도나무는 포도를 맺는다. 여기서 열매란 나무의 정체성을 나타내는 표지다. 열매를 보면 그 나무가 무슨 나무인지 알 수 있다. 우리의 선한 행위도 그와 같다. 그리스도인이란 믿는 사람, 곧 하나님의 주 되심을 이루는 사람이다. 그런데 하나님의 주 되심은 선한 행위의 열매를 나타낸다. 어떤 사람이 그리스도인지 어떻게 알 수 있는가? 그 사람의 선한 행위를 보면 알 수 있다. 선한 행위는 그리스도인의 정체성을 나타내는 표지다.

이때 한 가지 유의할 점이 있다. 우리가 성경에 나오는 비유들을 이해할 때 비유의 핵심을 정확히 파악하는 것이 중요하다는 사실이다. 보통 비유의 소재로 사용되는 대상은 그 자체로 여러 가지 의미가 있다. 하지만 그 모든 의미가 비유의 목적에 부합하는 것은 아니다. 따라서 우리는 그 비유가 의도하는 핵심만을 파악하여 정확히 읽어내야 한다. 성경에 등장하는 열매의 비유를 해석할 때 주의할 점은 열매가 있느냐 없느냐가 이 비유의 관심사가 아니라는 사실이다. 마태복음과 야고보서의 비유는 모두 나무에 이미 열매가 열려 있다고 전제한다. 이미 나무에 열매가 열려 있는데 그것이 좋은 열매일 수도 있고 나쁜 열매일 수도 있다는 것이다. 무화과일 수도 있고 올리브일 수도 있고 포도일 수도 있다. 그 열매를 보고 나무의 정체성을 미루어 확인할 수 있다는 사실이 중요하다.

그런데 우리가 보통 열매의 비유를 설교나 큐티에서 다룰 때는 우리 삶에 열매가 없는 상황을 말하곤 한다. 그것은 우리가 그리스도인의 삶을 어떤 특정한 선행이나 특별한 실천 프로그램과 동일시하기 때문에 벌어지는 현상이다. 하지만 믿음의 열매인 선한 행위란 지금까지 안 하던 어떤 특별한 행위를 하는 것을 말하지 않는다. 오히려 일상적으로 늘 하던 일 가운데 하나님의 주 되심을 담아낸다는 의미에 가깝다. 즉 아침에 일어나서 밤에 잠들기까지 습관적으로 반복하는 모든 일의 의미가 바뀌는 것이다. 행위가 없는 사람, 열매가 없는 사람은 아무도 없으며 살아 있는 모든 사람은 어떤 행위든 하기 마련이다. 따라서 야고보서가 "행위가 없는" 믿음은 죽은 믿음이라고 말할 때 "행위"라는 명사 앞에 "선한"이라는 관형어가 생략되었다고 보아야 한다. 살아 있는 모든 사람은 무슨 열매든 이미 맺고 있다. 문제는 그것이 어떤 열매냐. 이것이 이 열매 비유의 핵심이다.

이처럼 하나님의 주 되심과 죄의 지배가 반드시 행위의 열매로 나타난다면, (선한) 행위와 구원의 관계는 필연적이다. 행위가 없다면 우리에게 믿음이 없는 것이고 믿음이 없으면 구원받을 수 없기 때문이다. 그러므로 "행위가 없다면 구원도 없다"고 말할 수 있다. 행함이 없는 믿음은 죽은 믿음이며(약 2:17, 26), 오직 하나님의 뜻대로 행하는 자라야 천국에 들어갈 것이다(마 7:21).

물론 이는 일종의 원칙론이다. 내가 아는 어떤 교인이 도무지 그리스도인답게 살지 않는다고 하여 그가 믿음이 없는 사람이라고 함부로 평가할 수는 없다. 그 이유는 다음과 같다. 어떤 사람은 훌륭한 부모를 만나 좋은 환경에서 자라면서 교회에 다니기 전부터 심성과 행동이 바른 경우가 있다. 반면에 다른 어떤 사람은 거친 환경에서 안 좋은 것들만 배우고 자라나 회심한 후 개과천선하고자 무던히 애쓰지만 옛 습관을 버리기가 어려울 수 있다. 이런 두 사람의 특성을 고려하지 않고 겉으로 나타나는 행동만을 단순하게 비교해 선과 악을 평가해서는 안 된다. 열매가 좋은지 나쁜지에 대한 판단은 전적으로 하나님께 맡겨야 할 일이다.

4. 하나님 나라의 복음과 십자가 속죄의 복음

앞서 우리는 십자가 속죄의 복음에 몇 가지 한계가 있다는 인식에서 출발해 성경이 말하는 복음이 무엇인지를 구약성경, 복음서, 로마서의 용례들을 중심으로 살펴보았다. 그 결과 성경에 "복음"이 등장하는 용례 134개 가운데 복음을 명확히 십자가의 속죄로 규정하는 곳은 한 곳도 없으며, 복음을 언급한 본문 대부분이 일관되게 복음을 하나님 나라로 정의한다는 사실을 확인했다.

가. 언약과 하나님 나라

그렇다면 하나님 나라의 복음은 우리가 전통적으로 복음으로 여겨온 십자가의 속죄와 어떤 관계가 있을까? 이 질문에 답하기 위해서는 "언약"에 관해 살펴보아야 한다. 하나님 나라의 복음은 언약의 틀 속에 있다. 언약은 하나님이 우리의 주님이 되시고 우리는 그분의 백성 되는 것으로서 하나님 나라를 성립하게 한다. 구약의 이스라엘은 하나님과 언약을 맺은 언약 백성이었다. 먼저 언약이 무엇인지 간략하게 살펴본 후 이 언약의 틀 속에서 두 가지 복음의 관계를 고찰해보자.

언약은 언약의 주체인 쌍방 간에 맺어지며 쌍방은 언약에 따른 권리와 의무를 지게 된다. 언약은 쌍방적인 관계이기에 쌍방이 동의해야 언약이 체결되며 언약이 맺어진 후에도 한쪽이 거부하면 파기될 수 있다. 하나님과 이스라엘의 언약을 살펴보면 하나님은 이스라엘의 신으로서 그의 백성인 이스라엘을 구원하고 그들의 생존과 행복을 책임져야 할 의무가 있다. 반면에 이스라엘은 하나님의 백성으로서 오직 하나님만을 신으로 인정하고 섬겨야 할 의무가 있다. 의무를 뒤집으면 권리가 된다. 하나님은 그의 백성인 이스라엘로부터 유일신으로서 숭배받을 권리가 있고, 이스라엘은 그들의 신인 하나님으로부터 보호를 받을 권리가 있다.

구약에서 가장 먼저 하나님과 언약을 맺은 사람은 노아였다. 하나님은 노아를 통해 모든 피조물과 언약을 맺으셨는데, 그 언약의 징표가 바로 무지개였다(창 6:18; 9:9, 11, 15-17). 다음으로 하나님은 아브라함과 언약을 맺으셨다(창 15:18; 17장). 그런데 하나님이 아브라함과 맺으신 언약은 아브라함의 후손인 이스라엘과 맺을 언약을 미리 체결하는 성격을 띠고 있었다. 오랜 시간이 흐른 후 그 언약은 이스라엘과 맺은 출애굽 언약을 통해 구체화한다.

출애굽 언약은 하나님과 그의 백성이 맺는 언약이 무엇인지를 가장 포괄적이면서도 상세하게 보여준다. 출애굽한 이스라엘은 시내 광야에 이르러 장막을 쳤다. 모세가 하나님의 명령에 따라 산에 올라갔을 때 하나님은 먼저 당신이 어떻게 이스라엘을 이집트의 압제로부터 구해주셨는지를 환기시키신다. 그러면서 만일 이스라엘이 하나님과의 언약을 지키면 그 구원의 상태가 지속되어 그들이 하나님의 백성이 되고 거룩한 제사장 나라가 될 것이라고 제안하신다(출 19:3-6). 여기서 언약의 성격이 분명히 드러난다. 곧 언약은 언제나 하나님이 먼저 제안하신다는 것이다. 그리고 하나님은 언약을 제안하시기 전에 이미 언약의 의무 사항을 모두 지키신다. 하나님이 자신의 의무를 먼저 전부 행하신 후에 이스라엘에게 언약 백성이 되겠느냐고 물으시는 것이다.

십계명이 기록된 출애굽기 20장은 그 언약이 맺어지는 장면을 구체적으로 보여준다. 출애굽기 20:2에서 하나님은 자신을 소개하며 "나는 너를 애굽 땅, 종 되었던 집에서 인도하여낸 네 하나님 여호와"라고 말씀하신다. 이 한 구절에는 출애굽기 1-19장의 내용이 모두 요약되어 있다. 하나님이 먼저 이스라엘을 찾아가서 그들을 노예 상태로부터 구원하셨다. 이처럼 하나님의 구원 행동이 먼저 이루어진 후 언약 조건이 제시된다. 십계명과 율법은 그 언약을 대표하는 조항들이다. 이스라엘이 십계명을 지키는 것은 언약을 받아들이고 그 언약 관계 안에 머문다는 증거다. 그 언약의 핵심은 십계명의 제1계명, 즉 오직 하나님만을 신으로 섬기라는 명령에 집약된다. 이 계명에 모든 율법이 다 요약되어 있다.

나. 언약의 역사

이런 언약의 관점으로 구약과 신약의 역사 전체를 단순화하여 정리해보자. 하나님 나라 복음과 십자가 속죄의 복음이 맺는 관계도 언약의 역사라는 맥락에서 적절히 설명될 수 있다.

㉠ 먼저 성경의 역사는 하나님의 주도하에 맺어진 언약으로부터 시작한다. 구약성경에서 "언약"이라는 용어가 처음 등장하는

것은 노아의 홍수 이야기에서지만, 그에 앞서 에덴동산에서 맺어진 하나님과 아담의 관계 역시 언약의 맥락에서 이해할 수 있다. 하나님은 에덴에 동산을 만들어 아담과 하와가 살기 좋은 최적의 환경을 만들어놓으신 후 아담에게 동산 중앙에 있는, 선악을 알게 하는 나무의 열매만은 따 먹지 말라고 명하신다. 이는 언약의 제안이다. 즉 아담이 피조물로서 창조주 하나님을 인정하면 에덴의 복락을 보장하시겠다는 언약의 제안이다. 아담은 그 제안을 받아들일 수도 있고 받아들이지 않을 수도 있었다. 아담이 그 이후 에덴에 계속해서 살았다는 것은 그 제안을 받아들였다는 의미다. 적어도 선악과를 따 먹기 전까지는 말이다.

ⓒ 그런데 안타깝게도 아담과 하와는 그 언약에 끝까지 머물지 못했다. 그들은 선악과를 따 먹음으로써 하나님의 주 되심을 거부하고 죄의 지배를 선택했다. 이런 언약의 제정과 파기는 그 후 이스라엘 역사에서 반복된다. 이스라엘 백성은 시내산에서 하나님과 언약을 맺었지만, 그 후에도 계속해서 불평하며 파라오의 지배 아래로 돌아갈 것을 고집했다. 또 이스라엘 백성은 가나안에 들어간 후에는 바알을 선택했고, 왕정 시대에는 하나님보다 강대국에 의존했다. 언약의 불이행이 반복된 것이다. 하나님은 그런 이스라엘 백성에게 끊임없이 예언자들을 보내 돌아오라고 촉구하셨지만 그들은 끝내 돌이키지 않았다. 그리고 결국에는 하나님도 언약의 의무 사항을 포기하실 수밖에 없었다. 그 결과 이스라엘은 강대국이 지배

제1부 • 하나님 나라의 복음

하는 냉엄한 약육강식의 국제 정세 속에 무방비로 내던져졌고, 그들이 하나님처럼 떠받들던 강대국들에 의해 멸망하고 말았다.

ⓒ 이스라엘이 하나님을 거부하고 떠났다. 하나님도 그들을 떠나셨다. 그러나 부모가 자식을 버리고 떠나지 못하는 것처럼 하나님도 그들을 영영 버릴 수 없으셨다. 그래서 하나님이 돌아오셨다. 그것이 바로 이사야 40:9-10과 52:7에 나오는 "네 하나님이 오셔서 통치하신다"라는 선언의 의미다. 하나님이 오신다는 말은 떠났던 하나님이 다시 돌아오신다는 뜻이다. 하나님은 당신의 백성을 기억하고 돌아오셔서 그들을 바벨론의 압제로부터 건져내고 새 언약을 세우셨다.

ⓓ 이처럼 하나님과의 언약 관계는 회복되고 하나님이 선택하신 백성 안에는 하나님의 통치가 다시 이루어진다. 이것이 성경이 보여주는 언약의 역사인데 이를 요약하면 다음과 같다. 이는 곧 하나님 나라 복음의 역사이기도 하다.

---

① 본래 우리는 하나님과 언약을 맺은 백성

② 우리가 하나님을 떠나 죄의 노예가 됨

③ 하나님이 언약을 기억하시고 돌아오셔서 죄의 지배로부터 해방시키심

④ 언약 관계 회복: 주님의 영원한 통치

이런 언약의 역사 가운데 십자가 속죄의 복음은 둘째와 셋째

단계에 해당한다. 십자가 속죄의 복음은 우리가 하나님을 떠난 죄인이라는 사실로부터 시작해 다음과 같이 구원의 내러티브를 전개한다.

> ② 우리는 죄인이다. 그 죄에는 반드시 형벌이 있다. 하나님은 공의의 하나님이시기 때문이다. 그러나 우리에게는 그 죄를 해결할 능력이 없다.
>
> ③ 그래서 하나님이 친히 사람이 되어 오셔서 십자가에 죽으심으로써 죄의 문제를 해결하셨다.

앞에 정리한 언약의 역사에서 ②번과 ③번은 옛 언약의 파기와 새 언약의 체결에 해당하는 부분으로서 언약 역사의 핵심이라 할 수 있다. 그런 점에서 십자가 속죄의 복음은 언약 역사의 중심에 관련된다. 그러나 이는 언약 역사의 일부일 뿐 전부는 아니다. 즉 십자가 속죄의 복음은 하나님 나라 복음의 일부로서 하나님 나라 복음에 포함된다.

십자가 속죄의 복음이 언약의 일부만을 담고 있다는 사실은 많은 사람이 복음의 내러티브를 받아들이는 데 어려움을 겪는 이유가 되기도 한다. 십자가 속죄의 복음은 우리가 모두 죄인이며 그 죄로 인해 죽을 수밖에 없다는 정죄와 함께 시작하기 때문이다. 죄가 무엇인지, 우리가 무슨 죄를 지었는지 설명되지 않은 채 뜬금없이 사형 선고가 내려진다. 그래서 복음을 처음 접하는 사람들은 당황하게 된다. 이런 정죄에는 심판하고 형벌을 내리시는 하나님이 전제된다. 그래서 하나님은 처음부터 율법적이고 무서우신 분으로 소개된다. 그런데 우리가 십자가 속죄의 교리를 받아들이는 순간 그 하나님이 절대적인 은혜의 하나님으로 바뀌면서 무서운 심판과 형벌은 일거에 사라져 버린다. 모든 과정이 급작스럽다. 갑자기 눈 앞에 나타난 무서운 하나님이 무조건적인 은혜의 하나님으로 갑자기 바뀌어버린다. 십자가 속죄의 복음이 이렇게 급하고 당황스럽게 느껴지는 이유는 성경이 말하는 언약의 모든 역사를 온전히 반영하지 못하기 때문이다.

다. 「사영리」와 하나님 나라의 복음

재미있는 것은 이런 언약의 역사가 한국대학생선교회(CCC)의 전도용 소책자인 「사영리」에 고스란히 담겨 있다는 사실이다. 「사영리」 즉 4개의 영적 원리는 다음과 같다.

> ① 하나님은 당신을 사랑하시며 당신을 위한 놀라운 계획을 가지고 계십니다.
> ② 사람은 죄에 빠져 하나님으로부터 떠나 있습니다. 그러므로 하나님의 사랑과 계획을 알 수 없고, 또 그것을 체험할 수 없습니다.

③ 예수 그리스도는 사람의 죄를 해결할 수 있는 하나님의 유일한 길입니다. 당신은 그를 통하여 당신에 대한 하나님의 사랑과 계획을 알게 되며, 또 그것을 체험하게 됩니다.

④ 우리 각 사람은 예수 그리스도를 "나의 구주, 나의 하나님"으로 영접해야 합니다. 그러면 우리는 우리 각 사람에 대한 하나님의 사랑과 계획을 알게 되며 또 그것을 체험하게 됩니다.

자세히 읽어보면 언약의 역사, 하나님 나라 복음의 역사가 「사영리」 안에 고스란히 녹아 있지 않은가? 제1영리는 하나님과 우리의 관계가 언약 관계, 즉 사랑의 관계로 시작되었음을 보여준다. 제2영리는 인간이 죄를 지어 하나님을 떠났다는 사실을 말한다. 제3영리는 인간이 해결할 수 없는 죄를 하나님이 예수 그리스도를 통해 해결하셨음을 보여주고, 제4영리는 하나님과의 회복된 관계를 말한다.

그런데 이 네 가지 영리 가운데서도 「사영리」의 강조점은 십자가의 속죄를 담은 둘째와 셋째 원리에 찍혀 있다. 반면에 제1영리는 그 자체로 특별한 의미가 있다기보다는 인간의 죄악을 설명하기 위한 배경 정도로 간단히 다루어진다. 그리고 「사영리」는 전도 받은 사람이 그리스도를 영접하게 하는 데 초점을 맞추며 끝나기 때문에 영접한 후에 어떻게 살아야 할지의 문제에 대해서는 자세히 다루지 않는다. 넷째 영리가 온전한 기능을 부여받지 못하는 것이다.

그러나 큰 틀에서 보면 「사영리」는 하나님 나라 복음의 네 가지 요소를 고스란히 가지고 있다. 어떻게 이런 현상이 나타났을까? 「사영리」를 만든 사람들이 하나님 나라의 복음을 염두에 두었을 것이라고 보기는 힘들다. 「사영리」는 십자가 속죄의 복음에 기초해 있는 것이 분명하기 때문이다. 그런데도 「사영리」에는 성경이 말하는 내용을 포괄적으로 담으려 한 노력이 엿보인다. 그 결과 비록 첫째 영리는 배경으로 흐릿하게 다루어지고 넷째 영리는 선택 사항으로 남겨졌다 하더라도 하나님 나라 복음에 해당하는 내용이 십자가 속죄의 복음과 함께 고스란히 담기게 된 것이다.

그런 점에서 「사영리」는 새로운 패러다임으로 조금만 보완하면 성경의 하나님 나라 복음을 온전히 전달하는 영적 원리들로 거듭날 가능성을 가지고 있다. 이를 위해서는 먼저 첫째 영리를 배경(background)으로 두지 말고 전경(foreground)으로 끌어올려야 한다. 그래서 복음을 제시할 때 "당신은 죽을 수밖에 없는 죄인"이라고 말하며 율법적 정죄로부터 시작하지 말고, 인류와 하나님은 본래 친밀한 언약 관계로 맺어졌다는 은혜의 사실로부터 시작해야 한다.

또 한 가지 「사영리」에서 보완되어야 할 중요한 주제는 영접한 후의 삶이다. 십자가 속죄의 복음은 영접을 믿음과 동일시하고, 예수님을 영접한 후에 벌어지는 모든 일을 선택적인 것으로 간주한다. 그러나 영접은 믿음의 시작일 뿐, 영접으로 믿음이 완성되는 것은 아니다. 그런 점에서 「사영리」의 마지막에 제시되는 다음 그림이 매우 중요하다.

내가 나의 주인인 사람　　　**예수 그리스도가 나의 주인인 사람**

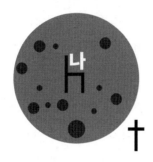 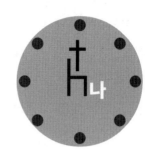

　　왼쪽 그림은 나 자신이 자기 삶의 주인인 사람을 나타낸다. 예수님은 문밖에 계시고 내 인생의 왕좌에는 내가 앉아 있다. 그런 사람의 삶은 무질서와 혼란에 빠져 있다. 오른쪽 그림은 예수 그리스도가 나의 주인인 사람을 나타낸다. 그의 인생의 보좌에는 예수님이 앉아 계시고 나는 그분의 발치에 조용히 앉아 있다. 이 사람은 아름답게 질서가 잡힌 풍요로운 삶을 살고 있다. 이렇게 설명한 후 「사영리」는 "당신은 어떤 삶을 누리길 원하는가?"라는 질문으로 마무리된다.

　　그러나 이렇게 오른쪽 그림을 선택 사항으로 제시하고 끝내면 안 된다. 왜냐하면 오른쪽 그림은 우리의 믿음이 지향하는 궁극적인 목표, 즉 하나님의 주 되심이 온전히 이루어진 상태를 형상화한 것이기 때문이다. 우리의 믿음은 그런 궁극적인 상태를 향해 변화해가는 과정을 포함한다. 예수님을 영접한 사람은 그런 목표를 향해 나아가는 여정을 이제 막 시작한 사람이다. 즉 오른쪽 그림은 우리 신앙생활의 궁극적 목표라고 할 수 있다. 이렇게 하나님 나라 복음으로 「사영리」를 보완하면 앞의 그림을 다음과 같이 수정할 수 있다. 앞의 그림이 믿기 전과 믿음이 완성된 후를 비교한다면, 다음 그림은 믿음의 "시작"과 완성을 대조한다. 우리의 믿음은 왼쪽 그림으로부터 오른쪽 그림으로 나아가는 과정이라 할 수 있다.

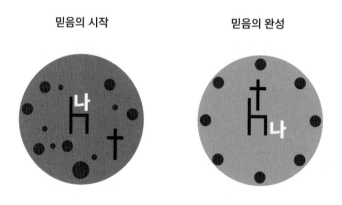

믿음의 시작　　　　　　믿음의 완성

왼쪽 그림에서 예수 그리스도는 이제 우리 삶에 들어오셨다. 그러나 예수님은 아직 온전히 우리의 주님이 되지는 못하셨다. 여전히 내가 내 삶의 주인이다. 비유하자면 주님은 아직 현관문 앞에 서 계실 뿐이다. 우리는 때때로, 예를 들어 기도나 찬양 중에 주님이 내 삶의 주님이 되셔서 나의 중심에 있는 보좌에 좌정하시는 종교적 경험을 하곤 한다. 그러나 그 상태가 오래 이어지지는 않는다. 다음 날 아침 일어나 보면 다시 주님이 현관문 앞에 서 계신 것을 보게 된다. 우리는 평생 그런 일을 반복하며 오른쪽 그림에 접근해간다. 그것이 신앙생활이다. 그러므로 우리가 문득문득 다시 왼쪽 그림으로 돌아와 있음을 발견하더라도 좌절할 필요는 없다. 그런 자신을 돌아볼 수 있다는 것은 우리가 여전히 구원의 완성을 지향하고 있다는 증거이기 때문이다.

그러나 이것으로 모든 것이 완성된 것은 아니다. 「사영리」에 보완되어야 할 중요한 요소가 하나 더 있다. 그것은 그리스도인의 자유에 관한 고려다. 「사영리」의 모든 내용은 하나님과 인간이라는 두 가지 요소를 중심으로 전개된다. 여기서 우리가 취할 수 있는 선택의 폭은 하나님의 뜻을 따를 것인지 아니면 내 뜻을 따를 것인지의 두 가지로 제한된다. 그러나 이런 양자택일의 구도로는 인간의 자유를 설명할 수 없다. 하나님의 뜻을 따르려면 나의 자유를 포기해야 하고, 나의 자유를 내세우면 하나님의 뜻을 거부하게 되는 배타적 구도만 허용되기 때문이다.

그러나 성경은 하나님과 우리의 관계를 그런 방식으로 설명하지 않는다. 성경은 하나님과 인간 외에 또 다른 요소를 설정하는 삼각 구도로 하나님과 우리의 관계를 설명한다. 그 제3요소는 바

제1부 • 하나님 나라의 복음

로 사탄이다. 우리의 숭배를 받기 위해 하나님과 겨루는 존재로서의 사탄은 성경에서 "다른 신", "이 세대", "죄", "사망", "육체" 등 다양한 이름으로 나타난다. 다음 장에서는 이에 관해 좀 더 깊이 생각해보기로 하자. 그리스도인의 자유에 관해서는 제6장 제4절 "그리스도인의 자유"에서 더 자세히 논의할 것이다.

제3장

이 세대와 하나님 나라

지금까지 우리는 공관복음서에 담긴 예수 그리스도의 복음과 로마서에 담긴 바울의 복음이 공히 하나님 나라의 복음임을 확인했다. 그리고 하나님 나라의 복음이 무엇인지 그 내용을 자세히 살펴보았다. 그런데 성경은 여러 부분에서 하나님 나라를 그에 대립하는 다른 지배 체제와 대조하여 보여준다. 이런 대조를 통해 하나님 나라는 추상적인 것이 아니라 구체적이고 현실적인 실재임이 잘 드러난다. 바울도 로마서에서 하나님 나라를 그런 방식으로 대조하며 보여준다. 이번 장에서는 그 대립 구조를 상세히 살펴봄으로써 하나님 나라를 좀 더 세밀하게 이해해보자.

1. 죄의 지배

성경에서 많은 경우 하나님 나라는 "○○○이 아니라 하나님 나라"라는 방식으로 표현된다. 하나님 외에 다른 신을 섬기지 말라는 십계명의 첫 계명이 그렇고, 하나님과 재물을 겸하여 섬길 수 없다는 예수님의 말씀 역시 그런 사례다. "네 하나님이 통치하신다"는 이사야의 선포도 그 역사적 배경을 알고 읽으면 "바벨론이 아니라" 하나님이 다스리신다는 뜻임을 알 수 있다. 하나님이 에덴동산에서 아담과 하와에게 내리셨던 "선악을 알게 하는 나무의 열매를 따 먹지 말라"는 명령도 맥락이 같다. 우리의 섬김을 받기 위해 하나님과 겨루는, 하나님 아닌 어떤 존재가 항상 전제되는 것이다. 그래서 예수님은 "회개하고 복음을 믿으라"고 촉구하신다. 하나님을 주님으로 받아들이기 위해서는 먼저 다른 신을 떠나야 한다. 로마서 12:2에 기록된 "이 세대를 본받지 말고 하나님의 뜻을 분별하라"는 권면도 같은 맥락에서 이해할 수 있다.

다른 신을 따르지 않고 하나님만 섬긴다는 것은 단지 종교적 선택의 문제만은 아니다. 그 명령이 단지 종교에 관한 것이라면 그것은 지키기에 그리 어렵지는 않을 것이다. 하지만 실상은 그 "다른 신"이 교회 안에도 존재한다. 따라서 이 문제는 단순히 종교의 영역을 넘어 더 복합적인 맥락에서 세밀하게 다루어야 한다. 이런 문제의식 속에서 로마서로 한 걸음 더 들어가 보자. 로마서에는 우

제1부 • 하나님 나라의 복음

리의 숭배를 받기 위해 하나님과 겨루는 존재, 즉 십계명이 "다른 신"이라 부르는 존재가 몇 개의 다른 이름으로 등장한다. 그 가운데 가장 두드러지는 것은 "죄"(특히 롬 5, 7장에서)와 "이 세대"(롬 12장)다.

로마서 전체의 구조를 살펴보면 바울이 죄의 지배에 관해 지대한 관심을 두었다는 사실을 알게 된다. 로마서의 신학-윤리적 논의는 로마서 1:16-17의 주제문부터 시작해 총 4부로 구성된다. 그 가운데 제1부의 첫 단락(롬 1:18-3:20)은 죄의 지배와 그에 따른 심판의 보편성에 관한 내용을 다룬다. 또한 죄의 지배에 관한 논의는 언약 백성의 삶의 원리를 서술하는 제2부(롬 5-8장)에서 심화한다. 로마서 5-8장은 하나님 나라와 죄의 지배를 대조하며 그 중간에 끼인 그리스도인의 실존 문제를 다룬다.

더 자세히 살펴보면 로마서 5:12-21은 "죄의 지배의 기원과 그 해결책"을 아담과 그리스도의 대조를 통해 보여준다. 그리고 로마서 6장으로 넘어가면 "죄의 지배로 돌아가지 말라"는 권면이 반복되며, 은혜를 통한 하나님의 주 되심이 "율법을 통한 죄의 지배"와 대조되어 다루어진다. 이어지는 로마서 7장은 죄가 율법을 통해 어떻게 우리를 지배하는지 그 메커니즘을 보여준다. 또한 제4부(롬 12:1-15:13)는 제2부에 담긴 삶의 원리를 발전시킨다. 특히 제4부의 전반부(롬 12-13장)는 하나님 백성의 윤리적 삶을 "이 세대(죄의 지배)와 하나님의 뜻의 분별"이라는 견지에서 설명한다.

가. 로마서 5-8장의 "통치 용어"들

이처럼 로마서에 죄의 지배에 관한 논의가 많이 담겨 있다는 사실
은 로마서의 주제가 하나님 나라의 복음임을 반증한다. 죄의 지배
와 대조되는 하나님 나라를 보여주려는 노력의 흔적이기 때문이
다. 십계명이 하나님만 섬기라는 명령을 하나님 외에 다른 신을 섬
기지 말라는 조항으로 대신하듯, 로마서는 죄의 지배를 경고하는
방식으로 하나님 나라를 드러낸다. 이는 로마서의 구조에서도 잘
나타나는데, 바울은 로마서 1:16-17에서 주제문을 제시한 후 가장
먼저 죄의 지배에 관해 논함으로써 하나님 나라가 절박하게 필요
하다는 사실을 보여준다(롬 1:18-3:20).

특히 로마서의 제2부(롬 5-8장)에서는 하나님 나라와 죄의
지배를 대조하면서 무려 열다섯 가지에 이르는 다양한 통치 용
어들을 활용한다. 먼저 "왕노릇하다"를 뜻하는 동사 "바실류
오"(βασιλεύω)는 "왕"을 뜻하는 명사 "바실류스"에서 나왔다. 그
와 비슷한 동사가 "주인노릇하다"를 뜻하는 "퀴리유오"(κυριεύω)
인데, 이 동사는 "주"를 뜻하는 명사 "퀴리오스"에서 왔다. 두 단
어는 모두 통치 행위를 뜻하는 동사로서 "다스리다", "통치하다"
로 옮길 수 있다. 이런 통치 행위와 대조되는 동사는 "종노릇하다"
라는 의미의 자동사 "둘류오"(δουλεύω)와 종으로 만든다는 의미
의 타동사 "둘로오"(δουλόω)다. 두 동사는 "종"을 뜻하는 명사 "둘

로스"(δοῦλος)에서 나온 것이다. 똑같은 어근을 가진 명사 "둘레이아"(δουλεία, 종살이)도 사용된다.

왕노릇하다(βασιλεύω)	불순종(παρακοή)
주인노릇하다(κυριεύω)	해방하다(ἐλευθερόω)
종노릇하다(δουλεύω)	자유로운(ἐλεύθερος)
종으로 만들다(δουλόω)	자유(ἐλευθερία)
종(δοῦλος)	속량(ἀπολύτρωσις)
종살이(δουλεία)	양자삼음(υἱοθεσία)
순종하다(ὑπακούω)	~아래에(ὑπό)
순종(ὑπακοή)	

　　주인과 종의 관계를 서술하는 어휘들도 다양하게 등장한다. 종이 주인을 향하는 태도는 "순종"(ὑπακοή[휘파코에])과 "불순종"(παρακοή[파라코에])으로 대조된다. 이와 관련해 "순종하다"라는 뜻의 동사 "휘파쿠오"(ὑπακούω)도 사용된다. 그리고 종의 상태로부터의 해방, 또는 자유를 가리키는 용어로서 같은 어근을 가진 동사 "엘류테로오"(ἐλευθερόω, 해방하다), 형용사 "엘류테로스"(ἐλεύθερος, 자유롭다), 명사 "엘류테리아"(ἐλευθερία, 자유) 등도 등장한다. 더 나아가 노예의 주인이 바뀜을 의미하는 "아포뤼트로시스"(ἀπολύτρωσις, 속량), "양자 삼음" 또는 "입양"을 뜻하는 "휘오테시아"(υἱοθεσία) 등의 용어들도 종의 상태와 대조되는 자녀의 자

유로운 상태를 보여주기 위해 사용된다. 하나님 나라를 서술하는 데는 이런 명사, 동사, 형용사 외에 전치사도 한몫한다. 그리스어 전치사 "휘포"(ὑπὸ, ~아래에)는 사람들이 누구의 통치를 받고 있는지를 나타낼 때 사용된다. 앞의 표를 참조하라.

나. 통치 용어가 사용된 용례들

로마서 제2부(롬 5-8장)에서 하나님 나라와 죄의 지배를 대조하기 위해 이렇게 많은 종류의 다양한 용어들이 한꺼번에 사용된다는 사실은 참으로 놀랍다. 이는 로마서에서 두 가지 통치, 즉 하나님 나라와 죄의 지배가 이루는 대조가 얼마나 중요하게 다루어지는지를 보여주는 일면이라 할 수 있다. 그렇다면 이 단어들이 구체적으로 어느 구절에서 어떻게 사용되고 있을까? 하나씩 살펴보려면 분량이 상당하지만 이 작업은 로마서의 분위기를 좀 더 세밀하게 파악하는 데 큰 도움이 될 것이다.

1) 로마서 5장에 나오는 통치 용어들

로마서 5:14, 17은 아담으로 인해 시작된 죄의 지배와 예수 그리스도로 인한 새로운 통치를 대조한다.

그러나 아담으로부터 모세까지 아담의 범죄와 같은 죄를 짓지 아니한 자들까지도 사망이 왕노릇하였나니(βασιλεύω) 아담은 오실 자의 모형이라(롬 5:14).

한 사람의 범죄로 말미암아 사망이 그 한 사람을 통하여 왕노릇하였은즉(βασιλεύω) 더욱 은혜와 의의 선물을 넘치게 받는 자들은 한 분 예수 그리스도를 통하여 생명 안에서 왕노릇하리로다(βασιλεύω)(롬 5:17).

바울은 이 두 절에서 동사 "바실류오"(왕노릇하다)를 반복해 사용함으로써 두 통치를 대립시킨다. 한쪽에서는 사망이 왕노릇하고(죄의 지배), 다른 쪽에서는 예수 그리스도와 함께 성도들이 왕노릇한다(하나님 나라). 여기서 "사망"이 지배의 주체로 서술되는 모습도 눈길을 끈다. "사망의 지배"는 "죄의 지배"를 가리키는 다른 표현이다.

로마서 5:19에서 아담과 그리스도의 차이는 하나님의 주 되심에 어떻게 응답하느냐에 달려 있다.

한 사람이 순종하지 아니함(παρακοή)으로 많은 사람이 죄인 된 것 같이 한 사람이 순종하심(ὑπακοή)으로 많은 사람이 의인이 되리라(롬 5:19).

아담은 하나님의 주 되심을 거부했지만 그리스도는 하나님의 주 되심을 이루셨다. 로마서 5장은 그것을 불순종(παρακοή)과 순종 (ὑπακοή)으로 대조한다. 우리는 로마서가 믿음과 순종을 동일시한 다는 사실에 유의해야 한다(롬 1:5; 10:16; 16:26). 믿음이란 하나님 의 주 되심에 순종하는 것이며, 하나님께 불순종하고 죄의 지배를 따르는 것은 곧 불신이다.

이어서 로마서 5:21은 다시 동사 "바실류오"를 사용해 두 통치를 대조한다.

이는 죄가 사망 안에서 왕노릇한(βασιλεύω) 것 같이 은혜도 또한 의 로 말미암아 왕노릇하여(βασιλεύω) 우리 주 예수 그리스도로 말미 암아 영생에 이르게 하려 함이라(롬 5:21).

이 구절에서 바울은 특히 하나님 나라를 "은혜의 통치"로 서술하면 서 죄의 지배와 대조한다. 은혜란 방종이 아니라 하나님의 통치를 이루는 매개로서 율법과는 다른 삶의 규범이다. 이에 관해서는 이 책 제6장의 제2절 "하나님의 은혜"에서 더 자세히 다룰 것이다.

2) 로마서 6-7장에 나오는 통치 용어들

로마서 5장에서 죄의 지배와 하나님의 주 되심을 그 기원과 해결 책이라는 견지에서 원론적으로 대조한 바울은 이어지는 6장과

7장에서는 동일한 대조에 기초해 죄의 지배로 다시 돌아가지 말라고 촉구한다. 이때 로마서 6-7장에는 5장에 나오지 않은 새로운 통치 용어들이 등장한다. 특히 로마서 6장은 하나님 나라와 죄의 지배 사이에 놓여 선택의 기로에 선 우리의 태도에 주목하기 때문에, 누구에게 종노릇하느냐가 매우 중요한 주제로 떠오른다. 로마서 6:6을 살펴보자.

> 우리가 알거니와 우리의 옛 사람이 예수와 함께 십자가에 못 박힌 것은 죄의 몸이 죽어 다시는 우리가 죄에게 종노릇하지($\delta o u \lambda \epsilon \acute{u} \omega$) 아니하려 함이니(롬 6:6).

바울은 옛 사람의 특징으로 죄에게 종노릇한다는 것을 지적한다. 이때 동사 "둘류오"(종노릇하다)가 로마서에서 처음으로 사용된다. 그리고 죄의 지배와 하나님 나라는 과거와 현재의 시간적 대조 속에서 기술된다.

로마서 5:14, 17에 이어 6:9에서 사망이 다시 통치의 주체로 등장한다. 앞서 로마서 5장에서 "바실류오"(왕노릇하다)가 사용되었다면 6장에서는 "퀴리유오"(주인노릇하다)가 처음으로 등장한다. 하지만 문맥을 살펴보면 바실류오와 퀴리유오 사이에 의미 차이가 없다는 사실을 알게 된다.

이는 그리스도께서 죽은 자 가운데서 살아나셨으매 다시 죽지 아니
하시고 사망이 다시 그를 주장하지(κυριεύω) 못할 줄을 앎이로라(롬
6:9).

죄의 지배를 받아들이는 것은 죄에 종노릇하는 것이며(롬 6:6),
동시에 죄에 순종하는 것이기도 하다. 그런 뜻을 담아 로마서
6:12은 몸의 사욕에 순종하지(휘파쿠오) 말라고 권면한다.

그러므로 너희는 죄가 너희 죽을 몸을 지배하지(βασιλεύω) 못하게
하여 몸의 사욕에 순종하지(ὑπακούω) 말고(롬 6:12).

개역개정 성경에서 "지배하다"로 번역된 그리스어 동사는 "바실
류오"(왕노릇하다)다. 이 구절에서 지배자 자리에 하나님이 올 수
있다는 사실을 기억하면 로마서에서 믿음과 순종이 동의어로 사용
됨을 다시 한번 확인할 수 있다. 믿음이란 하나님의 왕 되심(바실류
오)을 받아들이는 것이며, 그것은 하나님의 왕 되심에 순종하는(휘
파쿠오) 것이기도 하다.

지금까지 바울은 주로 동사와 명사를 사용해 하나님 나라와 죄
의 지배를 대조했다. 그러나 로마서 6:14은 동일한 대조를 전치사
를 사용해 표현한다.

죄가 너희를 주장하지(κυριεύω) 못하리니 이는 너희가 법 아래에 (ὑπὸ νόμον) 있지 아니하고 은혜 아래에(ὑπὸ χάριν) 있음이라(롬 6:14).

죄의 지배를 받을 때 우리는 "법 아래에"(ὑπὸ νόμον) 있고, 하나님 나라 백성이 될 때 우리는 "은혜 아래에"(ὑπὸ χάριν) 있다. 여기서 율법과 은혜는 통치의 주체라기보다는 매개체라 할 수 있다. 율법이 아니라 은혜가 그리스도인의 삶의 규범이 된다.

한편 로마서 6:16은 하나님 나라와 죄의 지배를 좀 더 구체적으로 대조하기 위해 "순종"이라는 개념을 도입한다. 누구의 종이 되느냐, 누구에게 순종하느냐 하는 선택의 문제가 명사 "둘로스"와 "휘파코에", 동사 "휘파쿠오" 등을 통한 대조로 제시된다. 다음 인용문을 살펴보면 후반부에 "종으로"로 번역되었으나 그리스어로 표시되지 않은 곳이 두 군데 있다. 이는 원문에 없는 어휘가 번역 과정에서 덧붙은 것이다.

너희 자신을 종(δοῦλος)으로 내주어 누구에게 순종(ὑπακοή)하든지 그 순종함(ὑπακούω)을 받는 자의 종(δοῦλος)이 되는 줄을 너희가 알지 못하느냐? 혹은 죄의 종으로 사망에 이르고 혹은 순종(ὑπακοή)의 종으로 의에 이르느니라(롬 6:16).

로마서 6:17-20에는 "해방하다"를 의미하는 동사 "엘류테로오"(ἐλευθερόω)와 자유로움을 의미하는 형용사 "엘류테로스"(ἐλεύθερος)가 처음으로 사용된다.

17하나님께 감사하리로다. 너희가 본래 죄의 종(δοῦλος)이더니 너희에게 전하여준 바 교훈의 본을 마음으로 순종하여(ὑπακούω) 18죄로부터 해방되어(ἐλευθερόω) 의에게 종이 되었느니라(δουλόω)(롬 6:17-18).

19너희 육신이 연약하므로 내가 사람의 예대로 말하노니 전에 너희가 너희 지체를 부정과 불법에 [종으로(δοῦλος)] 내주어 불법에 이른 것 같이 이제는 너희 지체를 의에게 종으로(δοῦλος) 내주어 거룩함에 이르라. 20너희가 죄의 종(δοῦλος)이 되었을 때에는 의에 대하여 자유로웠느니라(ἐλεύθερος)(롬 6:19-20).

죄로부터 해방되었는데 다시 의에게 종이 되었다는 로마서 6:18의 서술은 한번에 이해하기가 쉽지 않다. 이에 관한 자세한 내용은 이 책의 제6장 제4절 "그리스도인의 자유"에서 다시 다룰 것이다. 로마서 6:19에 "[종으로]"로 표시한 부분은 원문에 있으나 개역개정 성경에 드러나지 않은 부분을 나타낸 것이다.

그 외에 다음 구절들에서도 통치와 관련한 용어들이 사용된다.

제1부 · 하나님 나라의 복음

그러나 이제는 너희가 죄로부터 해방되고(ἐλευθερόω) 하나님께 종이 되어(δουλόω) 거룩함에 이르는 열매를 맺었으니 그 마지막은 영생이라(롬 6:22).

형제들아, 내가 법 아는 자들에게 말하노니 너희는 그 법이 사람이 살 동안만 그를 주관하는(κυριεύω) 줄 알지 못하느냐?(롬 7:1)

그러므로 만일 그 남편 생전에 다른 남자에게 가면 음녀라. 그러나 만일 남편이 죽으면 그 법에서 자유롭게(ἐλεύθερος) 되나니 다른 남자에게 갈지라도 음녀가 되지 아니하느니라(롬 7:3).

3) 로마서 8장에 나오는 통치 용어들

로마서 8장은 이상의 논의를 종합하는 성격을 띤다. 여기에 새로 등장하는 용어는 "양자 삼음" 즉 입양을 뜻하는 "휘오테시아", 그리고 "속량" 즉 노예의 주인이 바뀜을 의미하는 "아폴뤼트로시스"(ἀπολύτρωσις)다. "양자"는 종과 대조를 이루며 그리스도인의 자유를 묘사하는 개념이다. "속량"은 죄의 지배로부터 해방되어 하나님 나라의 백성이 되는 모습을 설명해준다. 한편 자유를 뜻하는 명사 "엘류테리아"(ἐλευθερία)는 로마서에서 8:21에만 단 한 번 사용된다.

이는 그리스도 예수 안에 있는 생명의 성령의 법이 죄와 사망의 법에서 너를 해방하였음이라(ἐλευθερόω)(롬 8:2).

너희는 다시 무서워하는 종(δουλεία, 종살이)의 영을 받지 아니하고 양자(υἱοθεσία)의 영을 받았으므로 우리가 아빠, 아버지라고 부르짖느니라(롬 8:15).

그 바라는 것은 피조물도 썩어짐의 종노릇(δουλεία, 종살이)한 데서 해방되어(ἐλευθερόω) 하나님의 자녀들의 영광의 자유(ἐλευθερία)에 이르는 것이니라(롬 8:21).

그뿐 아니라 또한 우리 곧 성령의 처음 익은 열매를 받은 우리들까지도 속으로 탄식하여 양자 될 것(υἱοθεσία), 곧 우리 몸의 속량(ἀπολύτρωσις)을 기다리느니라(롬 8:23; 참조. 롬 3:24).

지금까지 확인했듯이 로마서는 "죄의 지배"를 하나님 나라와 대조하며 큰 비중으로 다룰 뿐 아니라, 다양한 어휘를 동원해 공들여 설명한다. 죄의 지배를 이렇게 세밀하고 비중 있게 다루는 것은 로마서가 하나님 나라의 복음을 분명하게 서술하는 한 방법이기도 하다. 죄의 지배를 바로 알지 못하고서는 하나님 나라 역시 바로 알기 어렵기 때문이다.

2. 죄의 지배의 기원과 해결

지금까지 통치와 관련한 다양한 용어가 사용된 많은 사례에서 확인한 것처럼 로마서에서 죄는 단지 우리가 저지르는 악행을 가리킬 뿐 아니라, 우리를 지배하는 하나의 거대한 세력 또는 통치자로 서술된다. 즉 로마서는 그냥 죄에 관해 말하는 것이 아니라 죄의 지배에 관해 말한다. 그렇다면 그 죄의 지배는 어디에서 시작되었을까? 로마서 5:12은 아담으로부터 죄의 지배가 시작되었다고 말한다.

> 한 사람으로 말미암아 죄가 세상에 들어오고…(롬 5:12).

여기서 "죄"(ἁμαρτία)라는 말은 우리를 지배하는 세력으로서의 죄를 의미하며 동시에 우리가 짓는 죄를 뜻할 수도 있다. 죄라는 어휘 자체에 그런 복합적인 의미가 모두 있기 때문이다. 그 결과 죄를 언급하는 로마서 본문을 읽을 때 어떤 구절에서는 둘 중 한 가지 뜻임을 분별할 수 있지만, 다른 곳에서는 정확히 어떤 뜻으로 쓰였는지 구별하기 어렵다.

가. "죄"란 무엇인가?

그렇다면 죄가 어떤 함의를 가질 수 있는지 좀 더 상세하게 살펴보자. "죄"(ἁμαρτία)라는 말은 먼저 우리를 지배하는, 우리에게 왕 노릇하고(βασιλεύω) 주인노릇하는(κυριεύω) 죄의 세력을 가리킨다. 이런 의미로 사용될 때 "죄"는 사탄의 다른 이름이라 할 수 있다. 죄는 사망을 지배의 도구로 사용한다(롬 5:21). 어떤 때는 사망 자체가 지배자로 서술되기도 한다(롬 5:14, 17; 6:9). 죄는 이처럼 우리를 지배하는 하나의 세력 또는 통치자를 가리키며, 한 걸음 더 나아가서 우리가 짓는 죄 곧 범죄를 뜻하기도 한다. 범죄에 관해 말할 때 바울은 "하마르티아"(ἁμαρτία) 외에 "파라바시스"(παράβασις)나 "파라프토마"(παράπτωμα)와 같은 다양한 그리스어 어휘들을 함께 사용한다.

범죄란 무엇일까? 그 의미를 다시 둘로 나눌 수 있다. 먼저 하나님의 주 되심을 거부하고 죄의 지배를 따르는 것이 범죄다. 그리고 그에 따라 우리가 저지르는 악한 행위들 역시 범죄다. 전자가 근본적인 범죄라면 후자는 근본적인 범죄의 열매라 할 수 있다. 우리가 하나님의 주 되심을 따를 때 선행의 열매가 맺히는 것과 마찬가지로, 죄의 지배를 따를 때는 악행의 열매가 맺힌다. 지금까지 살펴본 내용을 간략하게 정리해보자.

> **1. 죄**(ἁμαρτία)
>
> ① 죄의 세력(Sin)[1] / 사탄의 다른 이름
>
> **2. 범죄**(ἁμαρτία; παράβασις; παράπτωμα)
>
> ② 근본적 범죄: 하나님의 주 되심을 거부하고 죄의 지배를 따름
>
> ③ 그 열매로서의 악한 행위들

우리는 보통 "죄" 하면 대개 ③에 해당하는 악한 행위들을 떠올린다. 그리고 예수님은 그 죄를 해결하기 위해 십자가에서 죽으셨다고 생각한다. 그러나 앞서 살펴본 것처럼 로마서는 죄를 범죄뿐 아니라 우리를 지배하는 죄의 세력으로, 그리고 열매로 나타나는 악행뿐 아니라 우리가 자신을 죄의 지배에 넘겨주는 더 근본적인 범죄로 서술한다. 우리가 복음을 온전히 이해하기 위해서는 죄의 이런 복합적인 의미를 함께 고려해야 한다. 그리고 이와 같은 구조가 하나님 나라를 이해할 때도 적용된다. 죄의 지배를 설명하는 구조와 비교해 하나님 나라와 관련된 요소들을 간략하게 나타내보면 다음과 같다.

---

1   우리의 범죄와 구별하여 우리를 지배하는 하나의 세력으로서의 죄를 기술할 때, 영어에서는 종종 대문자 "S"로 시작하는 "Sin"을 사용하곤 한다.

1. 복음

　　① 하나님 나라

2. 믿음

　　② 하나님의 주 되심을 따름

　　③ 선행의 열매

나. 아담과 그리스도

로마서 5:12-21로 돌아가 보자. 아담의 범죄는 무엇이었을까? 아담의 범죄를 한마디로 요약하면 하나님의 주 되심을 거부하고 죄의 지배를 선택한 것이다. 물론 에덴동산에는 죄가 없었지만 아담이 선악과를 따 먹음으로써 하나님의 주 되심을 거부하는 순간 죄가 세상에 들어왔다. 아담이 결과적으로 죄의 지배를 선택한 것이다. 그리고 로마서 5장은 그 죄로 말미암아 사망이 들어와 모든 사람에게 이르렀다고 말한다(롬 5:12, 14). 그런데 여기 등장하는 "사망"도 복합적인 의미가 있다. 로마서에서 사망은 생물학적 죽음을 뜻하기도 하고 그보다 더 근원적인 죽음 곧 하나님과의 단절을 의미하기도 한다(롬 5:12). 사망 역시 한편으로는 이런 죽음이라는 현상을 가리키면서 다른 한편으로는 우리를 지배하는 하나의 세력으로서의 죽음을 가리킨다(롬 5:14, 17; 6:9). 그 경우 "사망"은 "죄"와 함께 사탄의 또 다른 이름으로 사용된다고 할 수 있다.

모든 사람을 죽음의 운명 아래 놓이게 한 것이 아담이라면 아담의 범죄를 해결하신 분은 예수 그리스도다. 로마서 5:19에서 아담과 그리스도는 불순종과 순종의 구도에서 대조된다.

한 사람이 순종하지 아니함으로 많은 사람이 죄인 된 것 같이 한 사람이 순종하심으로 많은 사람이 의인이 되리라(롬 5:19).

로마서에서 믿음과 순종은 동의어로 사용된다(롬 1:5; 10:16; 16:26). 그리고 여기서 믿음은 언약적 신실함을 가리킨다. 아담은 선악과를 따 먹지 말라는 하나님의 명령에 불순종하고 죄의 지배를 끌어들였다. 언약에 신실하지 못했던 것이다. 그러나 예수 그리스도는 순종하심으로써 언약적 신실함의 모범 곧 믿음의 모범이 되셨다. 예수 그리스도의 순종을 결정적으로 드러낸 사건은 십자가에서의 죽음이다. 빌립보서 2장의 그리스도 찬가가 그것을 잘 보여준다.

사람의 모양으로 나타나사 자기를 낮추시고 죽기까지 복종하셨으니(ὑπήκοος) 곧 십자가에 죽으심이라(빌 2:8).

여기서 "복종하셨다"로 번역된 그리스어 "휘페쿠스"는 순종을 뜻하는 명사 "휘파코에" 및 동사 "휘파쿠오"와 연관된 형용사다. 예수님의 신실하심과 십자가 죽음의 관계에 관해서는 이신칭의를 다루는 제5장의 제3절 "예수 그리스도의 신실하심"에서 상세하게 살펴볼 것이다.

　　로마서에서 바울은 죄의 보편성을 강조한다. 그는 이미 제1부의 첫 단락(롬 1:18-3:20)에서 죄의 보편성 문제를 다루었다. 그리고 로마서 5장에서 이를 다시 명문화한다. 모든 사람이 죄를 지었으므로 사망이 모든 사람에게 이르렀다는 것이다(롬 5:12). 이는 아우구스티누스(Aurelius Augustinus, 354-430)가 펼친 원죄론의 근거가 되었다. 그러나 로마서 5장은 죄가 유전된다거나 전가된다고 말하지는 않는다. 오히려 로마서가 말하는 죄의 지배란 우리를 둘러싸고 있는 어떤 환경에 가깝다. 우리가 그 속에서 태어나 그 속에서 살다가 죽기 때문에 그 영향을 벗어날 수 없는 환경 말이다. 그 환경은 사회적·문화적 요소들을 갖춘 외적 환경과 우리 안에 내면화된 심리적 환경을 모두 포함한다.

3. 그리스도인의 실존: "이미"와 "아직"

하나님 나라와 죄의 지배가 보여주는 대조는 두 통치 체제의 대조이면서 동시에 두 시대의 대조이기도 하다. 바울은 두 시대의 대조를 묵시종말론의 토대 위에서 전개한다. 먼저 묵시종말론에 관해

간략히 알아본 후 그 틀 안에서 로마서의 하나님 나라 복음이 어떻게 전개되는지 살펴보자.

가. 묵시종말론과 "사람의 아들"

묵시종말론은 역사를 "이 세대"(this age)와 "오는 세대"(the age to come)의 두 시기로 나눈다. 여기서 "세대"란 생물학적인 한 세대가 아니라, 인류 역사 전체를 둘로 나눈 시간 단위를 가리킨다. 두 세대의 이름은 묵시종말론을 따르던 당시 유대인들의 시점을 기준으로 만들어졌다. 그들이 살고 있던 시대가 곧 "이 세대"다. 그리고 "오는 세대"는 그들의 시점에서 아직 오지 않은 시대, 즉 앞으로 올 시대다. "이 세대"는 사탄의 지배가 힘이 있는 세대로서, 로마서의 용어를 사용하자면 죄의 지배가 영향력을 발휘하는 시대다. 그리고 "오는 세대"란 곧 하나님 나라다. 이때 두 세대를 나누는 분기점은 인자(사람의 아들)의 도래다. 인자의 오심과 함께 "이 세대"가 끝나고 "오는 세대" 곧 하나님 나라가 시작된다.

바울의 종말론은 이런 묵시종말론의 토대 위에 있다. 이때 종말은 모든 것이 끝난다는 의미가 아니라는 사실이 중요하다. 여기서 "종말"이라고 불리는 그 사건은 끝과 시작을 동시에 포함한다. 다시 말해 종말에는 끝나는 것이 있고 시작되는 것도 있다. 무엇이 끝나고 무엇이 시작되는지를 정확히 구별하는 것이 기독교의 종말론을 이해하는 핵심이다. 종말은 한마디로 이 세대가 끝나고 하나님 나라가 시작되는 것을 말한다. 이 세대가 끝난다는 것은 하나님의 창조세계가 파괴되어 사라진다는 뜻이 아니다. 오히려 창조세계에 악한 영향을 미치고 있던 이 세대 즉 사탄의 세력이 종말을 맞이하는 것이다. 그리고 거기에 하나님의 통치가 온전히 이루어진다.

그 끝과 시작의 분기점에 인자의 도래가 자리한다. "인자"(人子)란 문자 그대로 "사람의 아들"을 가리키는데, 이는 "사람"과 같은 뜻의 평범한 용어로서 구약성경에 자주 등장한다. 예를 들어 에스겔서에서 하나님은 예언자 에스겔을 "인자", "사람의 아들"이라고 부르신다. 특별한 의미가 아니라 그냥 "사람아!" 하고 부르신 것이다. 많은 사람에게 익숙한 시편 8:4에서도 인자는 사람과 동의어로 사용된다.

사람이 무엇이기에 주께서 그를 생각하시며
인자가 무엇이기에 주께서 그를 돌보시나이까?(시 8:4)

이 인용문에서 평행하는 두 행은 대구를 이루며 같은 의미를 반복해서 전달한다. 즉 "인자"와 "사람"이 동의어로 사용된다는 사실을 확인할 수 있다.

묵시종말론에서 기준이 되는 "인자"도 일차적으로는 사람을 의미한다. 그런데 이 용어가 구약의 묵시문학서인 다니엘 7:13의 독특한 맥락으로 인해 특별한 의미를 지니게 되었다. 다니엘 7:13은 다니엘이 그리는 종말의 절정에 해당하는 장면, 곧 하나님 나라가 이루어지는 장면을 기술한다. 다니엘은 환상을 통해 하나님 나라가 이루어지는 그 순간에 누군가가 하늘 구름을 타고 오는 장면을 보았다. 그는 바로 하나님 나라를 가져오는 묵시문학의 주인공이었다. 다니엘이 자세히 보니 그는 "사람의 아들 같이", 즉 그냥 사람 같이 생긴 인물이었다. 하나님 나라를 가져오는 위대한 인물이 하늘에서 나타났으니 어떤 특별한 형상을 지녔을 법도 한데, 그게 아니라 보통 사람과 같은 평범한 외모를 하고 있었다는 것이다. 그리고 바로 이 장면이 예수님이 자신을 가리켜 "인자"라 부르시는 그 "인자"의 출처다.

구약성경에서 "인자"는 관사 없이 사용된다. 그래서 어떤 특정 존재를 가리키는 것이 아니라 그냥 일반적 의미의 한 사람을 가리킨다. 그런데 신약성경에서 예수님이 자신을 가리켜 "인자"라 하실 때는 관사가 붙는다. 즉 예수님은 자신을 가리켜 "그" 사람의 아들(ὁ υἱὸς τοῦ ἀνθρώπου)이라 칭하신다. 이는 예수님이 "내가 다니엘서에 나오는 바로 그 사람의 아들, 즉 하나님 나라를 가져오는 묵시종말론의 주인공이다"라고 말씀하시는 것이다.

사람의 아들이 오는 사건과 함께 하나님 나라가 시작된다. 그런데 예수님이 바로 그 사람의 아들이시다. 그러므로 예수님의 오심과 함께 하나님 나라는 이미 시작되었다. 예수님과 함께 이미 종말이 시작되었고 우리는 종말의 때를 살아가고 있다. 이것이 신약성경의 종말론이며 기독교 신앙의 근간이 되는 역사관이기도 하다. 의외로 많은 그리스도인이 예수님과 함께 하나님 나라가 이미 시작되었다는 사실을 낯설어한다. 그러나 이를 잘 이해하지 못하면 신약성경의 중요한 메시지들을 손쉽게 놓치게 된다.

나. "이미"와 "아직"의 긴장

이렇게 "그 사람의 아들"이신 예수 그리스도와 함께 하나님 나라가 시작되었다. 그런데 한 가지 문제가 있다. 유대교 묵시종말론에 따르면 하나님 나라의 시작과 함께 이 세대가 끝나야 하기 때문이다. 이 세대가 끝나야 완전한 하나님 나라가 이루어진다. 그러나 예수님이 오신 후에도 이 세대는 끝나지 않고 여전히 힘을 떨치고 있는 듯하다. 어찌 된 일일까? 예수님과 함께 하나님 나라가 "이미" 시작되었음에도 불구하고 이 세대가 "아직" 끝나지 않은 채 지속되고 있으니 말이다. 사실 이런 긴장이 바로 공관복음서와 바울 서신의 근저에 자리한 역사관을 형성한다. 다시 말해 그리스도인들의 실존은 "이미"(already)와 "아직"(not yet)의 긴장 속에 있다.

이 세대는 언제 끝나는가? 주님이 다시 오실 때 끝날 것이다. 신약성경은 그 사건을 가리켜 "파루시아"라 부르는데, 주님이 다시 오시는 파루시아의 때까지 우리는 하나님 나라와 이 세대를 함께 경험하며 살 수밖에 없다. 우리는 하나님 나라가 "이미" 시작되었으나 이 세대는 "아직" 끝나지 않은 과도기, 하나님 나라가 "이미" 시작되었으나 "아직" 완성에 이르지는 않은 그 긴장의 기간을 살고 있다. 이것이 우리 그리스도인의 실존이다.

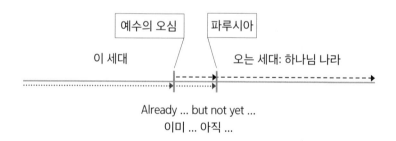

구원받은 우리의 상황은 마치 출애굽하여 광야를 걷는 이스라엘의 상황과 같다. 우리는 이미 이집트를 떠났으나 아직 가나안에 도착하지 않았다. 노예 상태에서 이미 해방되었으나 아직 완전한 하나님 나라의 자유를 맛보면서 살아가지는 못한다. 구원의 확신을 강조하는 한국교회는 구원의 "이미"에만 집중하고 "아직"을 소홀히 하는 경향이 있다. 그것은 바울이 말하는 바가 아니다. 우리는 "이미"와 "아직"의 긴장 속에 살아가는 존재다. 이 주제에 관해서는 제6장의 제1절 "'이미'와 '아직'"에서 좀 더 상세히 다룰 것이다.

4. 이 세대란 무엇인가?

그런데 "아직"의 상황에 있는 그리스도인의 실존을 대변하는 "이 세대"라는 용어는 신약성경에서 다양한 의미로 사용된다. "호 아이온 후토스"(ὁ αἰών οὖτος) 또는 "헤 게네아 하우테"(ἡ γενεά αὕτη)라는 그리스어 어구로 표현되는 이 말의 함의를 파악하는 것은 하나님 나라를 이해하는 데도 매우 중요하다.

가. "이 세대"의 정의

"이 세대"는 기본적으로 시간을 가리키는 용어다. 그런데 이런 기본적인 의미로부터 그와 관련된 다양한 의미가 다음과 같이 파생되었다.

제1부 • 하나님 나라의 복음

① 이 세대의 기간

② 이 세대의 통치자들

    a. 공중의 권세 잡은 자(엡 2:2)

    b. 현실 통치자들(고전 2:6, 8)

③ 이 세대의 통치자들을 따르는 사람들(마 11:16-19; 눅 7:31-35)

④ 그 사람들의 삶의 방식(롬 12:2)

"이 세대"란 어떤 기간일 뿐 아니라 그 기간 동안 이 세상에 영향력을 행사하는 통치자들을 가리키기도 한다. 그런데 이 통치자들은 두 가지로 이해해야 한다. 먼저 "이 세대"는 "공중의 권세 잡은 자" 곧 사탄을 가리킨다.

그때에 너희는 그 가운데서 행하여 이 세상 풍조를 따르고 공중의 권세 잡은 자를 따랐으니 곧 지금 불순종의 아들들 가운데서 역사하는 영이라(엡 2:2).

여기서 "이 세상 풍조"로 번역된 그리스어를 직역하면 "이 세상의 세대"(ὁ αἰὼν τοῦ κόσμου τούτου)다. 이는 "이 세대"라는 말에 "세상의"라는 수식어를 더한 것으로 "이 세대"와 같은 말이다. 이 본문에서 "이 세상의 세대"를 따른다는 말과 "공중의 권세 잡은 자"를 따른다는 말은 전치사 "카타"(κατά)를 통해 동격 어구로 연결된다. 다시 말해 이 세대와 공중의 권세 잡은 자는 같은 존재다. 즉 이 세대란 공중의 권세 잡은 자, 지금 불순종의 아들들 가운데서 역사하는 영, 곧 사탄이다. 이 세대라는 기간에 막강한 영향력을 행사하며 하나님의 자녀들을 하나님의 주 되심으로부터 멀어지게 하려고 유혹하는 사탄을 가리켜 "이 세대"라 하는 것이다.

이처럼 "이 세대"란 눈에 보이지 않는 영적 존재를 가리킨다. 하지만 동시에 눈에 보이는 현실 세계의 통치자들을 가리키기도 한다. 고린도전서 2:6, 8을 살펴보자.

그러나 우리가 온전한 자들 중에서는 지혜를 말하노니 이는 이 세상의 지혜가 아니요 또 이 세상에서 없어질 통치자들의 지혜도 아니요(고전 2:6).

이 지혜는 이 세대의 통치자들이 한 사람도 알지 못하였나니 만일 알았더라면 영광의 주를 십자가에 못 박지 아니하였으리라(고전 2:8).

고린도전서 2:6에는 "이 세상"이라는 말이 두 번 나온다. 이는 모두 그리스어 "호 아이온 후토스"(ὁ αἰών οὗτος)의 번역으로서 "이 세대"로 옮기는 것이 더 정확하다. 고린도전서 2:8에는 같은 어구가 "이 세대"로 정확히 번역되어 있다. 여기서 "이 세대의 지혜"는

제1부 • 하나님 나라의 복음

"이 세대에서 없어질 통치자들의 지혜"와 동일시된다. 그런데 "이 세대의 통치자들"이란 "영광의 주를 십자가에 못 박은 자들"로서 로마의 권력자들과 유대의 지배층을 가리킨다. 다시 말해 성경은 이 세대 동안 세상을 다스리는 현실 세계의 통치자들을 가리켜서도 "이 세대"라고 부르는 것이다.

더 나아가 "이 세대"라는 말은 이 세대의 통치자들을 따라 살아가는 사람들을 가리키기도 한다. 누가복음에서 바리새인과 율법교사들을 포함한 유대 지도자들은 예수님이 선포하시는 하나님 나라를 거부하고 "어둠의 권세"(눅 22:53)를 따르는 자들로 묘사된다. 어둠의 권세란 "공중의 권세 잡은 자"이며 동시에 현실 세계를 지배하는 "이 세대의 통치자"들이기도 하다. 그런데 누가복음 7장에서 예수님은 요한의 세례를 거부하는 바리새인들과 율법교사들을 가리켜 "이 세대의 사람들"이라 지칭하신다.

31또 이르시되 "이 세대의 사람을 무엇으로 비유할까? 무엇과 같은가? 32비유하건대 아이들이 장터에 앉아 서로 불러 이르되 '우리가 너희를 향하여 피리를 불어도 너희가 춤추지 않고 우리가 곡하여도 너희가 울지 아니하였다' 함과 같도다"(눅 7:31-32; 참조. 마 11:16-17).

이 본문과 병행하는 마태복음 본문은 "이 세대의 사람들"을 가리켜 그냥 "이 세대"라고 부르기도 한다. 즉 이 세대를 따르는 사람들을 통틀어 "이 세대"로 지칭하는 것이다.

마지막으로 "이 세대"는 이 세대 사람들의 삶의 방식을 가리키기도 한다. 로마서 12:2에서 사도 바울은 "이 세대를 본받지 말고" 하나님의 뜻을 분별하라고 권면한다. 로마서 제4부(롬 12:1-15:13)의 주제문이라 할 수 있는 이 구절에서 이 세대란 바로 이 세대 사람들이 살아가는 삶의 방식이다. 앞서 인용한 에베소서 2:2에서 개역개정 성경이 "이 세대"를 이 세상의 "풍조"라고 번역한 이유도 이 세대라는 말을 사람들의 삶의 방식으로 해석했기 때문일 것이다.

나. 이 세대의 복합적 성격

신약성경에서 "이 세대"라는 말은 이처럼 복합적인 의미로 사용된다. 특히 앞에 제시한 ②번 의미를 염두에 둘 때 이 세대란 영적이면서 동시에 현실적이고, 초월적이면서 동시에 내재적인 실재임을 알 수 있다. 공중의 권세 잡은 자 곧 사탄과 이 세상의 통치자들이 모두 이 세대에 해당하기 때문이다.

1) 사탄은 현실적 존재다

이 세대에 관한 성경의 가르침은 사탄이 현실 세계를 뛰어넘어 저 멀리 초월 세계에서 움직이는 것이 아니라 바로 우리가 살아가는 현실의 심층에서 현실을 움직이는 존재임을 보여준다. 월터 윙크 (Walter Wink)는 그의 책『사탄의 체제와 예수의 비폭력』에서 고대 사회와 종교에 관한 흥미로운 통찰을 제시한다. 성경에도 비슷하게 반영된 고대의 세계관에 따르면 "땅에 있는 모든 것은 하늘에 그 상대편이 있고, 하늘에 있는 모든 것에 대응하여 땅 위에 그 상대편이 존재한다."[2]

다시 말해 성경에서 영적 존재로 묘사되는 "정사와 권세" (Principalities and Powers)가 사실은 현실에 존재하는 어떤 것의 모상이라는 것이다. 이는 고대인들이 현실에 존재하는 집단이나 기구나 제도들의 영적인 성격을 문자적으로 묘사하기보다는 그 영적 특성을 "우주의 스크린에 투사"하여 그것을 천상 세계를 지배하는 우주적인 힘으로 그려냈기 때문이다.[3] 신약성경을 읽어보면 귀신들이 사람 속에 들어가 자리를 잡기 전에는 힘을 쓰지 못하는 것을 볼 수 있는데(마 12:43-45; 눅 11:24-26), 이것이 그런 영적 세계의 성격을 잘 보여준다. 거라사의 군대 귀신이 돼지에게 들어갈 수 있게 해달라고 예수님께 간청한 것도 좋은 사례이며(막 5:1-20; 병행. 마 8:28-34; 눅 8:26-39), 요한계시록이 로마 제국을 붉은 용의 하수인으로 묘사하는 내용도(계 12-13장) 그런 배경에서 이

---

2 Walter Wink, 한성수 옮김,『사탄의 체제와 예수의 비폭력』(서울: 한국기독교 연구소, 2013), 28.

3 Ibid., 32-33.

해할 수 있다.[4]

현대인들의 사탄에 관한 견해는 대개 양극으로 나뉜다. 한편에는 성경에 서술된 사탄의 모습을 문자적으로 받아들이는 사람들이 있고, 다른 한편에는 사탄의 존재 자체를 신화적인 것으로 여기며 무시해버리는 사람들이 있다. 윙크의 연구는 이런 두 개의 극단적인 견해로는 영적 세계의 진실에 다가가기 어렵다는 것을 알게 해준다. 우리는 성경에 나오는 사탄에 관한 기술들을 문자적으로 받아들여 사탄이 바로 그런 모습으로 존재하며 활동한다고 생각하면 안 된다. 하지만 반대로 그것이 신화적인 서술에 불과하다고 판단해 현대인의 상식에 부합하지 않는 것으로 치부하며 무시해서도 안 된다.

사탄은 존재한다. 그러나 신화적인 언어로 그려진 그 모습으로 존재하지는 않는다. 왜냐하면 사탄은 저 멀리 우주 어딘가에 존재하는 것이 아니라 바로 우리가 살아가는 현실의 심층에서 현실을 움직이기 때문이다. 사탄은 신화적인 존재가 아니라 매우 현실적인 존재다. 그런데 인간의 언어로 사탄을 그려낼 방법이 없기에 그것을 우주의 스크린에 투사한 것뿐이다. 그러므로 우리의 뇌리에 박혀 있는 사탄의 신화적인 그림에 갇히지 말고, 우리가 살아가는 현실에 관한 경험과 분석을 반영하여 사탄에 관한 이해를 새롭게 해야 한다.

---

4   Ibid., 35.

제1부 • 하나님 나라의 복음

2) 사탄은 숙주가 필요하다

그러나 성경에 담긴 사탄의 이미지를 가볍게 무시하는 것도 곤란하다. 왜냐하면 성경이 묘사하는 그림에는 사탄의 본질과 그 경험에 관한 깊은 통찰이 담겨 있기 때문이다. 그 가운데 우리가 주목해야 할 사실은 마치 바이러스가 숙주 없이는 활동할 수 없듯이 사탄도 숙주가 있어야 한다는 것이다. 사탄은 사람 속에 들어가든 돼지 속에 들어가든 어떤 대상 속에 들어가야 살아 움직일 수 있다. 이것이 바로 사탄이 존재하는 방식이다. 사탄은 사탄의 지배를 인정하고 받아들이는 사람들에 의해 비로소 실제적인 힘을 가지게 된다. 아담의 범죄에 의해 비로소 죄가 세상에 들어왔듯이(롬 5:12), 사탄은 사탄의 지배를 승인하고 그 지배를 따르는 사람들을 통해 현실에서 힘을 발휘한다.

실제로 수많은 사람이 사탄과 하나님이 대등한 존재인 것처럼 느끼면서 거기에 굴복하며 살아간다. 그래서 십계명의 첫째 계명은 하나님 외에 다른 신을 섬기지 말라고 명령하며, 예수님도 하나님과 재물을 겸하여 섬길 수 없다고 가르치신 것이다. 다른 신들은 정말 하나님과 겨룰 만한 존재일까? 재물이 하나님과 겨룰 만한 존재일까? 전혀 그렇지 않다. 그런데 어떻게 그런 것들이 하나님과 같은 반열에 놓일 수 있는가? 모두 사람이 그렇게 만들어낸 결과다. 사람이 하나님의 주 되심을 거부하고 사탄을, 다른 신을, 죄의 지배를 따를 때 그것들이 하나님과 동등한 힘을 가진 존재로 경험

되는 것이다. 사탄을, 다른 신을, 죄의 지배를 이 세상에 끌어들이는 것은 다름 아닌 사람이다.

3) 악의 현실

이렇게 사탄은 현실의 심층에서 움직이기에 "이 세대"란 공중의 권세 잡은 자이면서 동시에 현실 세계의 통치자들과도 연결된다. 공중의 권세 잡은 자란 문자 그대로 저 하늘 어딘가에서 활동하는 존재가 아니다. 그것은 현실의 심층에서 움직이는 존재인데, 그것을 우주의 스크린에 투사해서 그리다 보니 "공중의 권세 잡은 자"로 표현되었을 뿐이다.

현실의 심층에서 움직이는 악, 우리는 살아가면서 종종 그런 악의 현실에 부딪히지 않는가? 예를 들어 함께 신앙생활하는 교우가 어려운 일을 당했을 때 우리는 종종 "우리가 모르는 하나님의 뜻이 있겠지요" 하면서 위로하곤 한다. 그러나 차마 그렇게 말할 수 없는 상황이 존재하지 않는가? 예시를 드는 것조차 마음 아프고 조심스러운 일이지만 한 가지 사례만 들어보자. 유괴되어 잔인하게 살해당한 아이의 부모에게 "우리가 모르는 하나님의 뜻이 있겠지요" 하고 말할 수 있을까?

그것은 하나님의 뜻이 아니다. 그런 사건이 어떻게 하나님의 뜻에 따라 일어날 수 있겠는가? 그런 사건들은 하나님이 아닌 악이 실재하며 현실에서 작동하고 있다는 말로밖에는 설명할 길이 없다. 그 악이 무엇인지, 실체가 있는 것인지 없는 것인지에 관해서는 신학자들의 논의가 이어지고 있다. 그러나 그 실체가 무엇이든 악이 우리의 현실의 심층에서 움직이며 경험된다는 사실은 분명하지 않은가? 악의 문제는 매우 중요하다. 왜냐하면 그것이 바로 하나님 나라와 대립하며 하나님의 주 되심을 가로막는 어떤 것이기 때문이다. 성경은 "이 세대", "다른 신", "어둠의 권세", "죄", "사망"과 같은 다양한 표현을 사용해 그것을 지목한다. 우리가 하나님 나라에 관해 알기 원한다면 하나님 나라와 대립하는 그 악의 존재에 관해서도 제대로 알아야 한다. 그래야만 다른 신을 따르지 않고 오직 하나님만 섬길 수 있다.

5. 파라오의 질서

그렇다면 성경은 이렇게 현실의 심층에서 움직이는 사탄의 활동을 어떤 방식으로 드러내 보여줄까? 우리는 출애굽기에서 그런 방식의 한 자락을 엿볼 수 있다. 출애굽기 초반부의 내용을 떠올려 보자. 호렙산에서 하나님의 명령을 받고 이집트로 돌아온 모세는 아론과 함께 파라오를 찾아가 이스라엘 백성을 내보내라고 촉구한다. 이로 인해 하나님을 대변하는 모세와 이집트 제국의 통치자 파라오 사이에는 대립 구도가 형성된다. 이후에 기록된 모든 사건은 바로 그 대립 구도 속에서 전개된다. 하나님 나라와 파라오의 제국이 날카롭게 맞서는 상황에서 이스라엘 백성은 무엇을 선택했을까?

이스라엘을 내보내라는 모세와 아론의 촉구를 듣고도 파라오는 꿈쩍도 하지 않는다. 그는 이스라엘의 노예들이 일하기 싫어 꿍꿍이를 벌인다고 협박하며 오히려 노역량을 늘린다. 파라오는 평소에 벽돌의 재료로 제공하던 짚의 공급을 중단하고 같은 양의 벽돌을 만들어내라고 다그친다. 뜻밖의 조치에 놀란 이스라엘의 작업반장들은 파라오를 찾아가 무슨 일인지 묻는다. 그들은 곧 그 곤란한 상황이 모세와 아론에게서 비롯했음을 알게 된다. 분노하고 절망한 채로 돌아오던 그들은 길에 서 있는 모세와 아론을 발견한다. 그리고는 두 사람을 원망하며 다음과 같이 말한다.

그들에게 이르되 "너희가 우리를 바로의 눈과 그의 신하의 눈에 미운 것이 되게 하고 그들의 손에 칼을 주어 우리를 죽이게 하는도다. 여호와는 너희를 살피시고 판단하시기를 원하노라"(출 5:21).

가. 파라오의 질서란 무엇인가?

이스라엘의 작업반장들은 하나님을 믿은 것일까 안 믿은 것일까? 하나님께 모세와 아론에게 벌을 내려달라고 비는 모습을 보니 하나님을 믿기는 하는 듯하다. 그러나 그들이 정말 하나님을 믿었다면 하나님이 그들의 고난을 끊으시고 파라오의 압제에서 해방시켜주시길 빌었을 것이다. 그러나 그들은 그것을 기대하지 않는다. 파라오가 지배하는 현실 그 자체는 움직일 수 없다고 판단했기 때문이다. 그런데 모세와 아론이 하룻강아지 범 무서운 줄 모르고 감히 파라오의 심기를 건드려 그들을 파라오의 눈 밖에 나게 했다. 그 결과 그들의 고통은 더 심해졌다. 그러니 그 두 사람이 벌을 받아야 한다고 기도한 것이다.

여기서 그들의 신앙이 여실히 드러나지 않는가? 그들이 승인하며 당연하게 받아들이는 어떤 질서가 분명하게 그 모습을 드러낸다. 그것은 파라오를 정점으로 돌아가는 질서, 온 세상의 지배자인 파라오를 중심으로 하는 질서다. 이때 하나님마저 그 질서의 일부로 치부된다. 굳이 비유하면 그들이 받아들이는 세계에서 하나님은 지배자 파라오 밑에서 파라오를 돕는 왕실의 각료 또는 한 지방을 맡은 방백 정도에 불과하다. 파라오가 지배하는 이 질서는 하나님도 어찌할 수 없다. 하나님이 하실 수 있는 역할은 그저 그들이 파라오의 질서 속에서 잘되도록 도와주시는 것뿐이다. 그러니 그들의 기도는 파라오에게 인정받아 성공하고, 파라오의 눈 밖에 나지 않고 편안하게 살며, 그 질서 속에서 경쟁에 이겨 출세하기를 바라는 간구에 머물 수밖에 없다.

혹시 오늘 우리가 믿는 하나님도 그런 하나님은 아닌가? 왜 교회에 나오는가? 파라오의 질서 속에서 잘되기 위해 교회에 나오는 것은 아닌가? 우리의 기도는 파라오의 질서 속의 경쟁에서 남보다 앞서기 위해 하나님의 도움을 구하는 것이 아닌가? 교회가 이미 파라오의 질서 속으로 깊이 들어가 파라오의 질서에 이바지하고, 파라오의 질서가 교회 안으로 깊이 들어와 교회가 파라오의 질서에 따라 유지되는 것은 아닌가? 파라오의 질서에서 잘된 사람이 교회의 지도자로 인정되고, 목회도 파라오의 질서에 따라 평가하며 소위 성공한 목회자가 되기를 추구하지 않는가?

이것이 바로 사탄이 현실의 심층에서 현실을 움직이는 방식이다. 파라오의 질서에서 사탄은 교회의 적대자보다는 오히려 하나님으로 가장하여 나타나기 쉽다. 광야에서 이스라엘 백성이 금송아지를 하나님이라 부르며 섬겼듯이(출 32:1-6), 오늘 우리도 하나님의 이름으로 파라오의 질서를 추구하며 그것을 신앙이라 착각하고 있지 않은지 돌아보아야 한다. 사탄이 사탄 복장으로 나타나지 않는다는 사실을 잊지 말아야 할 것이다.

나. 파라오의 질서가 작동하는 방식

파라오의 질서는 우리의 현실에서 구체적으로 어떤 모습으로 나타날까? 성경에서 해답의 단서들을 찾아볼 수 있다. 산상수훈에서 예수님은 다음과 같이 말씀하신다.

한 사람이 두 주인을 섬기지 못할 것이니 혹 이를 미워하고 저를 사랑하거나 혹 이를 중히 여기고 저를 경히 여김이라. 너희가 하나님과 재물을 겸하여 섬기지 못하느니라(마 6:24; 병행. 눅 16:13).

이 말씀에서 재물은 우리의 소유물이나 통장의 잔액을 말하는 것이 아니다. 여기서 재물은 우리의 섬김을 받으려고 하나님과 겨루는 존재, 즉 사탄이다. 돈이 전지전능함을 자랑하며 최고의 가치가 되어 있는, 자본이 욕망을 통해 사람을 지배하는 오늘의 현실이 이 말씀을 뒷받침한다. 오늘날 많은 신앙인의 마음속에도 돈이 없으면 살 수 없고, 돈을 많이 벌어야 행복할 것이라는 집단 무의식이 강하게 작용하고 있다. 자칫하면 돈이 목적이고 하나님은 그 목적에 봉사하는 존재로 전락해버린다. 출애굽기 5:21에 암시된 파라오의 질서가 오늘날 돈의 지배를 통해 여전히 그 존재를 입증하는 것이다.

오늘날 돈의 절대적인 위력에 조금 밀려나긴 했지만 돈과 함께 파라오의 질서를 잘 특징짓는 것이 바로 권력욕이다. 권력은 묘한 속성을 가지고 있어서 사람들은 그것을 얻으려고 모든 수단을 다 동원하게 된다. 하지만 막상 권력을 잡았다고 생각하는 순간 그 사람은 권력의 노예가 되어버린다. 그 노예 상태는 권력이 클수록 심화한다. 그러다가 대개 권력은 그 자체의 원심력에 의해 무너져 버린다. 사탄은 광야에서 40일간 금식하신 예수님께 나타나 자신에

게 엎드려 절하면 천하만국을 주겠다고 말하며 시험했다(마 4:8-
10). 이 구절에는 권력을 얻기 위해서는 사탄에게 절해야 한다는
경험적 지혜가 암시되어 있다. 권력을 잡으면 모든 사람 위에 군림
하는 듯하지만 실상 그것은 사탄에게 자기 자신을 넘기는 지름길
이다. 이 역시 파라오의 질서가 작동하는 방식이다.

한편 이처럼 파라오의 질서가 돈과 권력을 통해 작동하니 권력
과 돈이 사탄이라고 말할 수 있을까? 권력의 집합체인 국가는 사
탄의 하수인이며 자본주의는 사탄의 지배 시스템인가? 그렇게 단
순하지는 않다. 돈과 권력 자체가 사탄은 아니기 때문이다. 단지
사탄이 돈과 권력을 이용해 파라오의 질서를 구축할 수 있을 뿐이
다. 돈과 권력은 중립적이고 꼭 필요하기까지 하다. 고도로 문명화
된 오늘날 사회가 돈과 정부라는 매개 없이 유지되는 것은 사실상
불가능하다. 가치 척도와 교환의 매개인 돈을 사용하지 않는다면
우리는 모든 물품을 직접 시장에 내놓고 물물교환을 해야 할 것이
다. 권력도 마찬가지다. 국가는 권력의 집합체다. 오늘날 민주주의
사회에서 국민은 합의에 따라 국가에 권력을 부여하고 그것을 공
공의 이익을 위해 사용하게 한다. 권력 자체를 부정한다면 사회는
무질서에 빠지기 십상일 것이다. 따라서 중립적인 도구로서의 돈
과 권력을 파라오의 질서로서의 그것들과 구별하는 지혜가 필요하
다. 돈과 권력은 중립적이고 우리의 삶에 유익을 주지만, 그 돈과
권력이 언제든 사탄의 도구로 전락할 수 있다는 사실에 경각심을

가지는 것이 중요하다.

6. 파라오의 질서를 식별하기

"파라오의 질서"는 내가 새로 만든 용어다. 나는 2014년 8월부터 그루터기교회에서 출애굽기를 본문으로 하는 설교를 이어서 한 적이 있다. 그때 "신들의 전쟁"이라는 제목의 셋째 설교에서 출애굽기 5장을 다루었는데, 그 본문을 해설하는 과정에서 "파라오의 질서"라는 신조어를 사용했다. 그 후 그 용어의 취지에 공감하는 교우들이 많이 생겨나면서 얼마 지나지 않아 "파라오의 질서"는 그루터기교회의 기도와 대화에 자주 등장하는 일상적인 용어가 되었다.

많은 교우가 "파라오의 질서"라는 용어에 공감하게 된 이유는 그것이 일상의 경험에 부합하기 때문이다. 그리스도인이라면 누구나 종종 뉴스를 타고 들려오는 비극적 사건이나 반인륜적 범죄에 관한 소식들을 들으며 현실에 존재하는 악의 문제를 고민해보았을 것이다. 또한 일상과 일터에서 경험하는 "갑질"이나 부당 행위들이 구조화된 사회 현실을 접하며 그런 문제를 신앙적으로 어떻게 이해하고 대처해야 할지 질문해보았을 것이다. 나의 설교를 들은 교우들 역시 그런 경험을 토대로 성경을 다시 읽으며 사탄이 신화 속의 존재가 아니라 우리 현실의 심층에서 움직이는 매우 가까운 존재라는 사실에 공감했을 듯하다. 그래서 "파라오의 질서"라는 용어가 더 피부에 와 닿았을지도 모른다.

그러나 "파라오의 질서"라는 용어가 빠른 속도로 공감을 얻으면서 이 용어에 관한 오해도 함께 생겨났다. 그것은 우리가 살아가며 경험하는 현실의 질서 자체를 파라오의 질서와 동일시하는 것이었다. 예를 들어 하급자의 관점에서는 갑질하는 직장의 상급자들이, 하도급 업체의 관점에서는 원청 업체들이 파라오의 질서로보인다. 또한 부정한 방식으로 이익을 취하는 고용주들과 기업들을 파라오의 질서로 보기도 한다. 더 나아가 국가라는 제도 또는 사회주의나 자본주의와 같은 경제 시스템 자체를 파라오의 질서와동일시하기도 한다. 그러나 앞서 언급한 것처럼 파라오의 질서는현실의 심층에 존재하는 영적인 시스템이지 눈에 보이는 현실 그자체가 아니다.

가. 로마서 제4부와 파라오의 질서

그리스도인의 삶의 실제를 다루며 로마서의 신학-윤리적 논의를마무리하는 로마서의 제4부(롬 12:1-15:13)는 우리가 현실 속에서파라오의 질서를 식별할 때 참조할 만한 중요한 지침을 제공한다. 로마서 제4부는 제1부와 함께 여러 겹의 수미상관 구조로 연결되어 로마서 전체의 논의를 통일된 하나로 묶어준다. 먼저 그 구조를 살펴본 후 우리의 관심사인 파라오의 질서에 주목해보자.

로마서 제4부는 우리 몸을 산 제물로 드리는 영적 예배에 관한 권면으로 시작해서(롬 12:1), 유대인과 이방인이 함께 드리는 종말의 예배를 서술하며 끝난다(롬 15:7-13). 윤리적 권면을 다루는 로마서 제4부 전체가 "예배"라는 주제로 수미상관을 이루는 것이다. 범위를 조금 좁혀 로마서 제4부의 전반부만 떼어놓고 보면, 이 세대와 하나님의 뜻을 분별하라는 권면으로 시작해서(롬 12:2), 이 세대의 종말이 가까웠다는 선포로 끝난다는 사실을 알 수 있다(롬 13:11-14). 물론 로마서 13:11-14은 "이 세대"를 언급하지 않고 그냥 종말에 관해서만 말한다. 그러나 앞서 설명했듯이 종말이란 곧 이 세대의 종말이므로 종말을 언급하는 것은 곧 이 세대를 언급하는 것과 같다. 지금까지 설명한 구조를 도표로 정리하면 다음과 같다.

거룩한 삶의 예배(롬 12:1)

> 이 세대를 본받지 말고 하나님의 뜻 분별하라(롬 12:2)
> 이 세대의 종말이 가까왔다(롬 13:11-14)

유대인과 이방인이 함께 드리는 예배(롬 15:7-13)

반대로 범위를 넓혀 로마서의 신학-윤리적 논의 전체를 함께 조망해보자. 로마서는 복음이 유대인과 이방인을 포함한 모든 믿는 사람을 구원하는 능력이라는 주제문으로 시작하고(롬 1:16), 유대인과 이방인이 함께 드리는 예배를 서술하며 마무리된다(롬 15:7-13). 즉 로마서 전체는 "유대인과 이방인"이라는 주제로 수미상관을 이룬다고 말할 수 있다. 이처럼 로마서 제4부의 마지막 문단(롬 15:7-13)은 로마서 전체의 신학-윤리적 논의에 대해서, 그리고 제4부의 내용에 대해서 이중의 수미상관을 이루며 논의를 매듭짓는다.

이제 본문으로 좀 더 들어가 로마서 제4부의 전반부(롬 12-13장)에 주목해보자. 로마서 12-13장은 "이 세대"로 수미상관을 이룰 뿐 아니라 다음과 같은 교차대칭 구조를 이루고 있다.

> A. 이 세대와 하나님의 뜻을 분별하라(롬 12:2)
>
>   B. [하나님의 뜻] 서로 사랑하여 한 몸을 이루라(롬 12:3-13)
>
>   C. [이 세대] 원수를 갚지 말라(롬 12:14-21)
>
>   C′. [이 세대] 국가에 관한 권면(롬 13:1-7)
>
>   B′. [하나님의 뜻] 사랑이 율법의 완성이다(롬 13:8-10)
>
> A′. 이 세대의 종말이 가까웠다(롬 13:11-14)

이 표에서 드러나듯이 로마서 제4부의 전반부는 이 세대, 곧 파라오의 질서와 하나님의 뜻을 분별하라는 권면으로 시작한 후 그 분별의 원칙을 상세하게 보여준다. 먼저 하나님의 뜻은 한마디로 사랑이다. 사랑에 관한 권면이 각각 B와 B′에서 대칭을 이룬다. 그렇다면 파라오의 질서는 어떻게 식별할 수 있을까? 앞의 표에서 C와 C′는 파라오의 질서를 식별하는 원칙을 보여주는데, 원수와 국가에 대한 태도를 사례로 들어 "이것은 아니다"라는 식의 부정적인 방식을 사용한다.

나. 파라오의 질서 식별하기

파라오의 질서란 무엇일까? "파라오의 질서" 하면 보통 사람들이 가장 먼저 떠올리는 것은 나에게 피해를 입힌 가해자들이다. 나에게 권력을 휘두른 사람, 내 것을 빼앗은 사람, 내 자리를 가로채고 출셋길을 막은 사람, 거짓말로 나를 궁지에 빠뜨린 사람, 나를 욕하고 다니는 사람, 돈을 떼먹고 안 갚은 사람, 내 가족을 해코지한 사람 등 원수 같은 사람들을 떠올리며 그들이 곧 파라오의 질서라 생각하기 쉽다. 또 거시적으로는 우리나라와 대립각을 세우는 적성 국가를 파라오의 질서라 생각하기 쉽다. 그러나 로마서는 원수들도 사람일 뿐 그들이 곧 파라오의 질서는 아니라고 말한다. 물론 그 원수들이 파라오의 질서에 지배당하거나 이용당할 수는 있다. 그러나 그들도 파라오의 질서에 희생당한 사람들일 뿐이다. 죄는 미워하되 죄인은 사랑하라는 말이 바로 여기에 적용되어야 한다. 그래서 로마서는 원수를 갚지 말라고 권면한다(롬 12:14-21).

신약성경 시대 유대인들이 "파라오의 질서" 하면 가장 먼저 떠올린 것은 무엇이었을까? 아마도 그것은 로마 제국이었을 것이다. 묵시종말론은 팔레스타인이 그리스 제국과 로마 제국의 통치를 받은 기원전 3세기부터 기원후 3세기 사이에 활발하게 펼쳐졌다. 그런 역사적 배경은 묵시문학의 내용에도 반영되었다. 예를 들어 다니엘서와 요한계시록에서 종말을 맞이할 이 세대의 통치자들은 각각 그리스 제국과 로마 제국을 상정하여 기록되었다.

그것은 바울에게서도 마찬가지다. 데살로니가전서 5:3에서 바울은 평화와 안전을 외치는 자들에게 갑자기 멸망이 임할 것이라고 경고한다. 여기서 "평화"(pax)와 "안전"(securitas)은 그 당시 로마 제국의 정치 구호로서, 로마가 발행한 수많은 동전에 이 어휘들이 새겨졌다.[5] 그런 맥락에서 바울 당시 그리스도인들은 로마 제국을 바로 이 세대 곧 파라오의 질서라고 여겼을 가능성이 크다. 그리고 아마도 그런 생각으로 인해 그리스도인들은 로마 제국에 대해 어떤 태도를 보여야 할지 혼란스러웠을 것이다.

로마서 13장에서 바울은 그런 독자들을 향해 로마 제국도 하

---

5   "평화"와 "안전"을 외치는 자들이 누구였느냐 하는 논쟁의 흐름은 다음 글에 잘 정리되어 있다. Daniel Yencich, "Peace, Security, and Labor Pains in 1 Thessalonians 5.3," *Leaven* 23.1, Article 8(2015), 37-42.

나의 정치 체제일 뿐 그 자체가 파라오의 질서는 아니라는 사실을 보여준다. 국가는 하나님을 대신해 선한 사람에게 상을 주고 나쁜 일을 하는 사람에게 벌을 주는 역할을 하도록 만들어진 기구이며, 로마 제국도 국가 가운데 하나일 뿐이라는 것이다. 그러므로 국가의 제도와 법에 순응하고 조세를 바치는 것은 국민으로서 감당해야 할 당연한 행위이지 사탄에게 협조하는 것이 아니다(롬 13:3-7). 그러나 만일 국가가 본연의 임무를 벗어나 오히려 악한 사람들과 결탁하여 선한 사람들을 억압하면 어떻게 될까? 그처럼 본연의 역할에서 벗어난 국가가 어떤 운명을 맞을지는 그다음에 이어지는 단락에 암시된다. 종말이 멀지 않았다! 그들의 문제는 하나님이 친히 해결하실 것이다(롬 13:8-14).

지금까지 살펴본바 파라오의 질서를 식별하는 원칙은 다음과 같이 한마디로 요약할 수 있다.

파라오의 질서는 저 멀리 초월 세계에 있지 않고 우리가 살아가는 현실 속에 있다. 그러나 파라오의 질서는 현실의 심층에서 작동하는 것이기 때문에 표면적인 현실 그 자체를 파라오의 질서와 동일시하면 안 된다.

이와 같은 원칙은 하나님 나라에도 적용할 수 있다. 바리새인들이 하나님 나라가 언제 오느냐고 물었을 때 예수님은 다음과 같이 대답하셨다.

20…예수께서 대답하여 이르시되 "하나님의 나라는 볼 수 있게 임하는 것이 아니요, 21또 여기 있다 저기 있다고도 못하리니 하나님의 나라는 너희 안에 있느니라"(눅 17:20-21).

이 말씀과 관련해 많은 그리스도인이 오해하는 부분이 있다. 예수님의 말씀을 하나님 나라가 "너희 마음속에" 있다는 것으로 잘못 기억하는 것이다. 심지어 그렇게 암기하고 있는 사람도 적지 않은 듯하다. 그러나 예수님은 그렇게 말씀하시지 않고 하나님 나라가 "너희 안에" 있다고 말씀하셨다. 이는 하나님 나라가 우리가 살아가는 현실 속에 있다는 뜻이다. 그렇다면 우리의 현실을 하나님 나라와 동일시할 수 있을까? 그럴 수는 없다. 왜냐하면 하나님 나라는 볼 수 있게 임하는 것이 아니기 때문이다. 하나님 나라는 현실속에 있다. 그러나 표면적인 현실이 하나님 나라는 아니다. 하나님 나라는 현실의 심층에 있다. 파라오의 질서가 존재하는 바로 그 층위에 말이다.

제 2 부

하나님 나라 복음의 전개

제4장

하나님 나라와 하나님의 의

앞서 제1부에서는 로마서가 말하는 하나님 나라의 복음을 십자가 속죄의 복음과 비교하여 살펴보고, 하나님 나라의 성격을 죄의 지배와 대조하여 규명해보았다. 이제부터 시작되는 제2부에서는 로마서의 주요 주제들이 하나님 나라 복음과 관련해 어떻게 이해될 수 있는지 살펴보면서, 세부적인 논의들이 로마서에서 어떻게 전개되는지 확인해보자. 여기서는 로마서의 제1-2부(롬 1:18-8:31)를 집중적으로 다룰 것이다.

로마서의 중심 주제를 다루며 로마서 제1부를 개괄하는 내용이 왜 이제 나오는지 의아해하는 독자들이 있을 것이다. 그것은 앞서 설명한 대로 로마서가 말하는 하나님 나라가 "이 세대"와의 대립 구조 속에서 분명히 드러나기 때문이다. 하나님 나라라는 주제가 로마서에서 어떻게 전개되는지 살펴보기 전에 하나님 나라의 개념을 분명히 파악하는 것이 더 중요하기에 제3장 "이 세대와 하나님 나라"를 앞에 두었다.

한편 로마서는 모두 4부로 구성되지만 이 책은 로마서 제2부 (롬 5-8장)를 마지막으로 다루면서 마무리된다. 이는 이 책의 목표로서 로마서의 하나님 나라 복음을 드러내는 일이 그것으로 충분하다고 판단했기 때문이다. 앞서 "들어가는 말"에서 밝힌 대로 이 책은 로마서 제3부(롬 9-11장)를 논의에서 제외했으며, 제4부(롬 12:1-15:13)의 일부를 제3장 "이 세대와 하나님 나라"에서 이미 다루었다.

1. 로마서의 중심 문제와 주제

이번 장에서는 먼저 로마서의 중심 주제가 무엇인지 확인해보자. 오랫동안 로마서의 중심 주제는 "이신칭의"라고 알려져 왔다. 이신칭의란 "믿음으로 의롭게 된다"는 말인데, 일반적으로 이 말은 "예수님을 믿으면 죄를 용서받고 천국에 간다"는 뜻으로 이해되어왔다. 만일 이것이 로마서가 제시하는 핵심적인 답이라면 그 답을 끌어낸 질문은 무엇이겠는가? 아마도 그 질문은 "우리는 어떻게 천국에 갈 수 있는가?" 또는 "우리는 종말의 심판에서 어떻게

제2부 • 하나님 나라의 복음

죄의 문제를 해결할 수 있는가?"일 것이다. 그렇다면 우리는 로마서 여기저기에서 그 질문과 관련된 문제들을 확인할 수 있어야 한다. 그런 질문을 제기하고 이신칭의라는 답을 내놓은 책이 로마서라면 말이다.

그러나 로마서에서 "어떻게 천국에 갈 수 있느냐?" 하는 질문이나 그와 관련된 문제 제기는 거의 찾아보기 어렵다. 또 종말의 심판에 관한 내용이 없는 것은 아니지만 그 맥락은 이신칭의와 관련이 없다. 게다가 로마서 2장에서 제기되는 종말의 행위심판의 관점은 오히려 이신칭의와 대립하는 것으로 이해되어왔다. 단편적으로 말해 로마서에서 이신칭의를 말하는 본문 자체가 얼마 되지 않으며, 로마서의 많은 부분은 이신칭의와 거의 관련이 없다. 이런 관찰 결과는 여러 학자의 연구를 통해 입증되었으며, 그 결과 최근에는 이신칭의를 로마서의 중심 주제로 보기 어렵다고 말하는 학자들이 많아졌다. 그렇다면 로마서의 중심 주제는 무엇이고 이신칭의는 무엇일까? 이신칭의에 관해서는 다음 장에서 상세히 다루기로 하고, 여기서는 중심 주제에 관한 논의를 계속 이어가기로 하자.

가. 로마서 개괄

로마서의 중심 주제를 찾기 위해 먼저 로마서 전체의 구조와 내용을 개괄하면서 어떤 주제들과 문제들이 다뤄지는지 살펴보자. 로마서의 구조를 간략하게 도식으로 표현해보면 다음과 같다.

편지 형식의 서두(롬 1:1-12)

로마 방문 계획(롬 1:13-15)

주제문(롬 1:16-17)
제1부(롬 1:18-4:25)
제2부(롬 5:1-8:39)
제3부(롬 9:1-11:36)
제4부(롬 12:1-15:13)

로마 방문 계획(롬 15:14-33)

편지 형식의 끝맺음(롬 16:1-27)

로마서는 마치 겉껍질과 속껍질로 덮인 수박과 같은 3층의 구조로 되어 있다. 로마서는 서신이므로 수박의 겉껍질에 해당하는 바깥층은 편지의 형식을 띤다. 로마서 1:1-12이 편지의 서두에 해당하고, 마지막 16:1-27은 편지의 끝맺음에 해당한다. 다른 바울 서신을 포함하는 대다수 서신서는 그런 틀 속에 본론을 담고 있다. 그러나 로마서는 한 가지 층을 더 가지고 있다. 이는 말하자면 수박의 속껍질에 해당하는 중간층인데(롬 1:13-15; 15:14-33), 여기서 바울은 로마 방문 계획을 밝히고 스페인 선교를 위한 후원을 요청한다. 그리고 그 층보다 더 안쪽에, 수박의 과육에 해당하는 부분에는 로마서의 신학-윤리적 논의가 담겨 있다(롬 1:16-15:13).

로마서의 중심층에 해당하는 신학-윤리적 논의의 구조를 좀 더 상세하게 정리해보면 다음과 같다.

주제문: 하나님 나라 복음 안에서 하나님의 의가 계시된다(롬 1:16-17)

제1부. 누가 어떻게 언약 백성인가?(롬 1:18-4:25)

- 죄의 지배와 심판: 유대인과 이방인 모두(롬 1:18-3:20)

- 하나님의 의: 예수님의 신실하심을 통해 모든 믿는 자를 의롭게 하심(롬 3:21-31)

- 아브라함 언약의 성격과 우리의 믿음(롬 4:1-25)

제2부. 언약 백성의 삶의 원리(롬 5-8장)

- 영광의 소망과 성령의 이끄심(롬 5:1-11)

- 죄의 지배의 기원과 은혜의 통치: 아담과 그리스도(롬 5:12-21)

- 죄의 지배와 하나님의 주 되심 사이(롬 6-7장)

- 영광의 소망과 성령의 이끄심(롬 8장)

제3부. 언약 백성 이스라엘은 어떻게 되는가?(롬 9-11장)

제4부. 언약 백성의 삶의 실제(롬 12:1-15:13)

- 죄의 지배와 하나님의 주 되심 사이(롬 12-13장)

- 공동체 내의 차이와 하나 됨(롬 14:1-15:13)

---

1) 로마서 제1부(롬 1:18-4:25): 누가, 어떻게 언약 백성인가?

앞의 도표를 참조하면서 로마서 전체의 내용을 개괄해보자. 바울은 로마서 제1부에서 누가 언약 백성이며 어떻게 언약 백성이 되는지의 문제를 다룬다. 그런데 그는 이 문제로 넘어가기에 앞서 죄의 지배가 인류에 편만함을 보여준다(롬 1:18-3:20). 하나님 나라를 말하기 위해서 먼저 그와 대조되는 사탄의 나라가 어떻게 작동하는지를 드러내는 것이다. 이 편만한 죄의 지배에는 유대인도 예외가 되지 않는다. 그리고 하나님의 의로우심은 죄의 지배로부터 인류를 구원하시는 것으로 나타난다. 그 결과 유대인과 이방인을 포함하는 모든 믿는 자들이 의롭게 된다. 이것이 곧 이신칭의다(롬 3:21-31).

그러나 이처럼 유대인과 이방인이 동등한 자격으로 구원을 받는다면 유대인 측에서 문제를 제기할 수 있다. "그렇다면 하나님이 아브라함에게 하신 약속은 무엇인가?" 하고 말이다. 하나님은 아브라함에게 그의 자손을 하나님의 백성으로 만드시겠다고 약속하셨다. 그 약속은 어떻게 되는가? 그 질문에 대한 답이 바로 로마서 4장이다. 여기서 바울은 하나님이 아브라함에게 하신 약속은 육신의 자손들이 아니라 약속의 자손들 곧 믿는 사람들을 위한 것이었다고 대답한다(롬 4:1-25).

2) 로마서 제2부(롬 5-8장): 언약 백성의 삶의 원리

로마서의 제2부를 이루는 로마서 5-8장은 의롭게 된 언약 백성이 어떻게 살아야 하는지를 다루면서 구원의 완성을 향해 나아가는 그리스도인이 견지해야 할 삶의 원리를 보여준다. 이때 성령은 영광의 소망을 향해, 구원의 완성을 향해 나아가는 삶을 이끄는 분으로 소개된다(롬 5:1-11). 그러나 그 가운데 격렬하게 저항하며 작용하는 죄의 지배가 부각된다. 로마서는 먼저 그 죄의 지배가 아담에게 기원을 두고 있음을 밝히고 예수님이 그것을 해결하셨음을 보여준다. 우리는 이미 여기서 말하는 "죄"란 단순히 우리가 짓는 죄뿐만이 아니라 우리를 지배하는 하나의 거대한 세력으로서의 죄를 가리킨다는 점을 충분히 알고 있다(롬 5:12-21).

그런데 우리의 실존은 죄의 지배와 하나님의 주 되심 사이에 끼어 있다. 그 이유는 예수 그리스도와 함께 이미 새 시대가 시작되었으나 죄의 지배가 여전히 영향력을 발휘하기 때문이다. 마치 출애굽한 이스라엘 백성이 이집트로 돌아가려 하듯이 죄의 지배로 되돌아가려는 관성이 우리의 실존에 강하게 작용한다. 이에 대해 바울은 우리가 이미 죄의 지배로부터 해방되었으니 다시 그리로 돌아가지 말자고 촉구한다(롬 6:1-7:6). 그리고 그 죄의 지배가 율법을 매개로 작동하는 메커니즘을 상세히 해설한다(롬 7:7-25). 로마서의 제2부를 마무리하는 로마서 8장은 5:1-11과 수미상관을 이루며 영광의 소망을 향해 성령에 이끌려 나아가는 그리스도인의 삶을 보여주고, 하나님이 끝내 우리를 지키시리라는 확신을 피력한다.

3) 로마서 제3부(롬 9-11장): 언약 백성 이스라엘은 어떻게 되는가?

로마서 제3부는 앞서 제1부 끄트머리에서 제기되었던 질문으로 다시 돌아간다. 로마서 4장에서 바울은 하나님이 아브라함과 맺으신 언약은 육신의 자손을 위한 것이 아니라 믿음의 자손을 위한 것이라고 말했다. 그러나 여전히 의문이 남는다. 그렇다면 아브라함의 실제 자손인 유대인은 어떻게 되는가? 유대인이 본래 언약의 대상이 아니었다는 말인가? 아니면 유대인은 이제 언약에서 제외되는가? 바울은 앞에서 제대로 해결되지 않은 이 질문을 로마서 제3부인 9-11장에서 집중적으로 다룬다.

4) 로마서 제4부(롬 12:1-15:13): 언약 백성의 삶의 실제

로마서의 제3부가 제1부에서 해결되지 않은 질문을 다루었다면, 제4부(롬 12:1-15:13)는 언약 백성의 삶의 원리를 다룬 제2부의 논의를 이어받아 그 삶의 원리가 실제로 어떻게 적용되는지 상세하게 서술한다. 그런 점에서 로마서는 교리적인 내용(제1-3부)과 윤리적인 내용(제4부)으로 간단히 나눌 수 없다는 사실을 기억해야 한다. 로마서 제2부에서 이미 윤리적인 가르침이 시작되었기 때문이다.

나. 로마서의 중심 문제와 주제

지금까지 살펴본 로마서의 전체 구조를 염두에 두고 로마서의 주제에 접근해보자. 로마서에서 이신칭의를 직접 다루는 본문은 로마서 3:21-31이고, 그 외에 믿음으로 의롭게 된다는 내용은 로마서 9:30에 한 번 더 나올 뿐이다. 물론 이신칭의라는 말 자체의 의미를 어떻게 이해하느냐에 따라 관련된 내용의 범위가 달라질 수는 있지만, 어떻게 이해하든 이신칭의가 로마서 전체의 주제라고 말하기는 어렵다.

1) 중심 문제: 유대인과 이방인의 관계

로마서를 읽다 보면 반복하여 제기되는 하나의 질문이 있음을 알게 된다. 그것은 유대인과 이방인의 관계에 관한 것이다. 로마서의 주제문(롬 1:16-17)은 복음이 유대인과 이방인을 포함하여 모든 믿는 사람을 구원하는 하나님의 능력이라고 말한다(롬 1:16-17). 바울은 로마서 제1부 첫머리에서부터 유대인과 이방인이 모두 죄의 지배 아래 있음을 강조한다(롬 1:18-3:20). 이신칭의를 해설하는 로마서 3:21-31에서도 마찬가지이고, 이어지는 로마서 4장도 유대인과 이방인의 관계 문제를 다룬다. 이 문제는 로마서 제1부에서 논의된 후 제2부에서는 잠시 사라지는 듯하다가 제3부(롬 9-11장)에서 집중되는 조명을 받는다. 그리고 윤리 문제를 다루는 로마서 제4부의 후반부(롬 14:1-15:6)는 유대인의 율법관에서 비롯했을 가능성이 큰 공동체 내의 갈등 문제를 다룬다. 더 나아가 로마서 제4부의 마지막 문단(롬 15:7-13)은 유대인과 이방인이 함께 드리는 예배를 조망하며 끝을 맺는다. 즉 로마서 전체가 유대인과 이방인의 관계라는 주제에 집중하는 것이다.

유대인과 이방인을 포함하는 모든 믿는 사람의 구원(롬 1:16)

- 유대인과 이방인이 모두 죄 아래 있고 심판을 받음
  (롬 1:18-3:20)
- 아브라함의 언약은 무엇인가?(롬 4장)
- 유대인의 구원(롬 9-11장)
- 율법과 관련된 공동체 내의 갈등 해결(롬 14:1-15:6)

유대인과 이방인이 함께 드리는 예배(롬 15:7-13)

이처럼 유대인과 이방인의 관계 문제가 로마서에서 집중적으로 다루어지는 이유는 무엇일까? 그것은 바울이 로마서를 통해 해결하고자 한 과제가 유대인과 이방인의 경계를 뛰어넘는 보편적인 교회를 수립하는 일이었기 때문이다. 이신칭의라는 주제마저 이런 맥락을 살펴야 제대로 이해할 수 있다. 이신칭의의 가르침은 우리가 죽은 후에 어떻게 천국에 갈 수 있느냐 하는 질문에 대한 해답이 아니라, 이방인이 유대인과 동일한 자격으로 하나님의 백성이

제2부 • 하나님 나라의 복음

될 수 있음을 옹호하는 논거로 나온 것이다.

"이신칭의"란 신자가 "율법의 행위가 아니라 예수 그리스도의 믿음으로 의롭게 된다"는 바울의 명제를 한자어로 요약한 것이다. 우리는 전통적으로 이 명제를 읽을 때 "율법의"와 "예수 그리스도의"라는 두 수식어를 빼고 "행위가 아니라 믿음으로"로 요약해왔다. 그리고 여기서 행위란 윤리를, 믿음이란 교리를 대표하는 것으로 간주해왔다. 그래서 이신칭의란 곧 "윤리적 행위가 아니라 교리를 믿음으로 구원받는다"는 뜻으로 이해한 것이다. 그러나 이런 이해 속에서 이신칭의는 로마서 전체의 내용과 어울리지 않는 명제가 되어버린다.

그러나 이 명제를 다른 방식으로 읽을 수도 있다. 방점을 "율법"과 "예수 그리스도"에 두면 어떻게 될까? 다시 말해 이신칭의를 "율법이 아니라 예수 그리스도를 통해 의롭게 된다"는 뜻으로 읽자는 것이다. 그렇게 읽을 때 이신칭의는 로마서에서 반복되는 유대인과 이방인의 관계 문제와 관련성을 갖게 된다. 만일 사람이 율법으로 의롭게 된다면 유대인은 구원의 특권을 누리게 되고, 이방인은 유대인보다 불리한 위치에 놓이게 될 것이다. 그러나 사람이 예수 그리스도를 통해 의롭게 된다면 그것은 유대인과 이방인 모두를 위한 공평한 길이 될 수 있다. 이것이 로마서에서 이신칭의를 말한 바울의 본래 의도에 더 가깝다.

2) 로마서의 주제: 하나님의 의

유대인과 이방인의 관계가 로마서의 중심 문제라면 그 문제에 대해 답으로 제시되는 로마서의 중심 주제는 무엇일까? 로마서 1:16-17에 담긴 주제문(thesis statement)에서 바울은 "하나님의 의가 유대인과 이방인을 포함하는 모든 믿는 사람에게 계시된다" 고 말한다. 이에 근거해 많은 로마서 해석자들이 "하나님의 의"가 로마서의 주제라는 데 생각을 모은다.

그렇다면 "하나님의 의"란 무엇일까? 로마서의 주제가 이신칭의라고 생각하는 해석자들은 "하나님의 의"가 "이신칭의"를 가리키는 다른 표현이라고 이해한다. 이신칭의란 믿음으로 사람이 의롭게 된다는 것이므로 "하나님의 의"라는 말은 사실 하나님 자신의 의로우심이 아니라 사람에게 주어지는 의로움을 가리킨다는 것이다. 실제로 그리스어에서 속격으로 표현되는 "하나님의"라는 말은 여러 가지 의미로 해석될 수 있다. 예를 들어 하나님의 의는 "하나님으로부터 온 의"일 수도 있고, "하나님이 보실 때의 의"일 수도 있다.

그러나 앞서 설명한 것처럼 이신칭의를 로마서의 주제라고 하기는 어렵다. 이에 관해 최근 들어 많은 해석자가 로마서에서 말하는 하나님의 의를 문자 그대로 하나님 자신의 의로우심으로 보아야 로마서를 더 잘 이해할 수 있다고 주장하기 시작했다. 여기서 "하나님의 의"는 하나님의 의로우신 속성을 가리킬 수도 있고, 하나님의 의로우신 구원 행위를 가리킬 수도 있다. 실제로 이 두 의미는 서로 밀접하게 연결되어서 분리하기 어렵다. 간단히 정리하면 로마서가 말하는 하나님의 의란 언약에 대한 하나님의 신실하심과 그 신실하심이 구체화된 하나님의 의로운 구원 행위를 가리킨다. 언약에 관해서는 다음 절 "하나님과 그 백성의 언약"에서 좀 더 상세히 다룰 것이다.

3) 하나님의 의와 이신칭의

그런데 "하나님의 의"라는 주제는 그 안에 이신칭의를 포함한다. 로마서 3:26을 살펴보자.

> 곧 이때에 자기의 의로우심을 나타내사 자기도 의로우시며 또한 예수 믿는 자를 의롭다 하려 하심이라(롬 3:26).

이 구절은 이신칭의를 다루는 핵심 단락이라 할 수 있는 로마서 3:21-31에 포함되어 있다. 이 단락에서 바울은 하나님의 의가 율법과 관계없이 예수 그리스도의 신실하심을 통해 나타났다고 역설하며, 하나님의 의가 계시된 데는 두 가지 목적이 있다고 말한다. 로마서 3:26에 따르면 하나님이 자기의 의를 계시하신 목적은 한편으로 자기의 의로우심을 드러내기 위함이고, 다른 한편으로는 예수님을 믿는 자들을 의롭다 하시기 위함이다. 이때 후자가 바로 이신칭의에 해당한다. 즉 이신칭의는 하나님의 의가 계시된 두 가지 목적 가운데 하나로서 하나님의 의라는 주제에 자연스럽게 포함된다.

2. 하나님과 그 백성의 언약

지금까지의 논의에 따라 로마서의 중심 문제는 유대인과 이방인의 관계이고 중심 주제는 하나님의 의라고 잠정적으로 정리할 수 있다. 다시 말해 유대인과 이방인의 관계를 어떻게 설정할 것인가 하는 문제에 대해 "하나님의 의"라는 답이 주어진 것이다. 얼핏 들어서는 어울리지 않는 듯한 조합이다. 이 둘이 서로 어떻게 연결되는 것일까? 실마리가 되는 공통 맥락은 바로 하나님과 그 백성의 "언약"에서 찾을 수 있다.

가. 언약의 개념들: 신실함과 의로움

앞서 살펴보았듯이 언약의 내용은 하나님이 이스라엘의 주님이 되시고 이스라엘은 그분의 백성이 되는 것이다. 그리되기 위해서는 언약의 요구 사항을 충족해야 하는데, 그것은 다름 아닌 쌍방의 "신실함"이다. 신실함이란 언약을 규정하는 용어로서 하나님의 주님다우심과 이스라엘의 백성다움을 각각 의미한다. 하나님이 주님다우셔서 이스라엘의 주님노릇을 잘하시는 것을 가리켜 "하나님이 신실하시다"라고 표현한다. 반대로 이스라엘이 백성다워서 하나님의 백성노릇을 잘하는 것을 가리켜 "이스라엘이 신실하다"고 표현한다. 그렇게 쌍방이 각각 언약에 신실할 때 쌍방은 의롭게 된다.

이처럼 "의(로움)"와 "신실함"은 원만한 언약 관계를 가리키는 용어다. 엄밀하게 말하면 신실함은 언약의 요구 사항이고 의로움은 언약의 결과이므로 양자는 구별된다. 그러나 두 개념은 하나가 다른 하나를 정의해주는 관계에 있으므로 로마서에서 의로움과 신실함은 동의어처럼 사용된다. 하나님이 의로우시다는 말은 곧 하나님이 언약에 신실하시다는 뜻이기에 하나님이 신실하시다는 말은 곧 그분이 의로우시다는 말과 같은 뜻이 된다. 따라서 로마서에서 두 용어나 개념 중 하나가 나올 때는 나머지 용어나 개념도 함께 염두에 두고 본문을 대해야 한다.

여기서 한 가지 미리 언급해둘 것은 우리말 성경에서 "신실함"과 "믿음"은 같은 단어의 다른 번역이라는 사실이다. "믿음/신실함"에 해당하는 히브리어는 "에매트"(אֱמֶת)와 "에무나"(אֱמוּנָה)이며 그리스어는 "피스티스"(πίστις)다. 우리말 성경은 이 단어를 때로는 "믿음"으로 때로는 "신실함"으로 옮긴다. 이 점에 관해서는 "이신칭의"를 다루는 다음 장에서 더 자세히 살펴보기로 하자.

그렇다면 이 언약이 유대인과 이방인의 관계에 어떻게 연결될까? 다음과 같은 방식으로 설명해볼 수 있다. 하나님이 아브라함과 언약을 맺으시고 그의 자손들을 하나님의 백성으로 삼기로 약속하셨다. 그 언약에 따라 혈통에 따른 아브라함의 자손들은 태어날 때부터 구원받은 하나님의 백성이 된다. 그런데 바울은 아브라함의 혈통이 유대인을 하나님의 백성으로 만들어주지 못한다고 말한다. 아브라함의 육신에 따른 자손이 아니라 믿음의 자손, 곧 예수님을 믿는 사람이 하나님의 백성이 된다는 것이다(롬 4장). 그러나 그것은 하나님이 아브라함에게 하신 약속과 다르지 않은가? 다시 말해 그것은 하나님이 아브라함과의 언약에 불신실하신 것이 아닌가? 불신실하다는 말은 불의하다는 뜻이다. 그렇다면 하나님은 불의하신가? 바로 이 질문이 로마서를 추동한 것으로 보인다. 그리고 그 질문에 대해 로마서는 "아니다. 하나님은 의로우시다"라고 대답한다.

"하나님의 의"라는 질문을 이런 방식으로 이해할 때 로마서의 중심 문제가 유대인과 이방인의 관계를 다시 세우는 것임을 알게 된다. 이런 관점은 "천국에 어떻게 가느냐?" 하는 질문에 대한 답으로 로마서를 읽어온 전통적인 관점보다 더 많은 것을 설명해줄 수 있다. 그러나 이 관점으로도 로마서를 모두 설명하기는 어렵다. 왜냐하면 로마서의 제2부(롬 5-8장)에서는 유대인과 이방인의 관계 문제가 나타나지 않기 때문이다. 물론 로마서 7장이 "율법"이라는 주제를 다루기는 하지만, 이는 율법이 죄의 지배에 어떻게 사용되는지를 보여주기 위한 것이지 유대인과 이방인의 관계를 설명하기 위한 것은 아니다. 따라서 로마서의 중심 주제가 유대인과 이방인의 관계 문제에 대한 답으로 제시된 "하나님의 의"라 한다면, 로마서 5-8장은 주제에서 벗어난 내용이 되어버린다.

나. 로마서의 주제: 하나님 나라의 복음

그렇다면 우리는 로마서 제2부를 포함하여 로마서 전체를 대변할 수 있는 더 큰 주제를 찾아야 한다. 로마서의 큰 맥락을 이어주는 "언약"으로 돌아가 다시 생각해보자. 언약은 하나님이 주님이 되시고 이스라엘은 그분의 백성이 되는 관계를 형성한다. 그 관계를 한마디로 줄이면 "하나님의 주 되심" 곧 하나님 나라라고 할 수 있다. 하나님 나라는 로마서에 담긴 복음의 내용이기도 하다. 바울은 로마서의 서두에서 발신자를 소개하는 가운데 자신이 전하는 "복음"을 주 예수 그리스도를 통해 이루어진 하나님 나라로 정의한다(롬 1:2-4). 그리고 바울은 다시 로마서 전체의 주제문인 1:16-17에서 "복음"을 부각한다. 앞으로 자세히 다루겠지만 로마서의 주제문을 구성하는 세 문장은 모두 "복음"에 관한 것이다. 로마서의 주제는 복음 곧 하나님 나라의 복음이다.

복음의 맥락에서 "하나님의 의"도 새롭게 이해할 수 있다. 언약에 따라 하나님이 의로우시다는 말은 하나님이 주님노릇을 잘하신다는 뜻이다. 하나님이 자기 백성을 구원하시는 의로운 행동을 통해 "하나님의 의"를 드러내시기 때문이다. 이는 유대인과 이방인의 관계 문제를 포함하지만 그보다 더 큰 차원의 문제다. 유대인과 이방인의 관계 문제가 언약의 구성원에 관한 것이라면, 이것은 언약의 본질적인 내용에 관련된다. 언약의 내용은 하나님의 주 되심이다. 하나님은 그 언약에 따라 백성을 구원하심으로써 "하나님의 의"를 보여주신다. 다음 장에서 상세히 논의하겠지만 바울은 하나님의 의로우심을 입증하는 로마서 3:21-31에서 속죄와 함께 속량을 언급한다. 속량이란 노예의 주인이 바뀌는 것을 말한다. 죄의 지배로부터 하나님 나라로 주권이 이전되는 것이다. 이렇게 하나님의 의에 관한 로마서의 논의는 하나님 나라에 관한 논의에 포함된다.

이처럼 언약과 하나님 나라라는 틀에서 읽으면 로마서의 내용을 다음과 같이 이해할 수 있다. 즉 로마서의 제1부는 누가 언약 백성인지 그리고 어떻게 언약 백성이 될 수 있는지를 다루고, 제2부는 하나님의 주 되심이 완성되어가는 과정에서 언약 백성이 어떻게 살아야 하는지를 보여준다. 하나님과 언약을 맺은 백성이 그 언약을 심화해나가는 것이다. 로마서 제3-4부는 제1-2부로부터 이어진다. 로마서 제3부는 제1부의 마지막 부분(롬 4장)에서 이어지는 질문, 즉 언약과 이스라엘의 관계를 깊이 있게 다루고, 제4부는 제2부에서 제시한 언약 백성의 삶의 원리를 실천적으로 구체화한다.

3. 바울 신학의 옛 관점과 새 관점

로마서의 중심 문제와 주제가 무엇이냐에 관한 지금까지의 논의는 바울의 신학을 바라보는 관점의 문제와 긴밀하게 얽혀 있다. 이런 논의는 바울 학계에 소위 "새 관점"(New Perspective on Paul and Pauline Studies)이 등장하면서 본격화했다.

가. 유대교에 관한 이해

먼저 새 관점과 대조되는 전통적인 관점 또는 옛 관점이라 할 수 있는 견해에 관해 정리해보자. 신약 시대의 유대교는 율법주의 종교였다는 인식이 한동안 지배적이었다. 유대교는 율법에 따른 윤리적 행위를 통해 구원에 이를 수 있다고 믿었던 반면, 바울은 그에 반대하여 예수 그리스도의 십자가 속죄를 구원의 길로 제시했다는 것이 옛 관점의 요지다. 그런데 여기서 상정하는 유대교의 모습은 역사 연구의 결과라기보다는 바울의 복음에 관한 이해로부터 거꾸로 유추된 것이었다. 바울의 복음을 "율법 준수가 아니라" 교리를 믿음으로써 구원받는다는 이신칭의의 복음으로 이해한 결과 자연스럽게 그 "아니라"에 해당하는 것이 그 당시 유대교였다고 가정하게 된 것이다. 이로 인해 바울 당시의 유대교는 율법 준수를 통해 구원받으려 하는 율법주의 종교였다는 인식이 형성되었다.

바울 신학의 새 관점은 바울 당시의 유대교에 관해 달라진 이해로부터 출발했다. 그 계기를 제공한 것은 샌더스(E. P. Sanders)가 1977년에 출간한 『바울과 팔레스타인 유대교』(*Paul and Palestinian Judaism*)였다. 이 책은 사람들이 생각하던 신약 시대 유대교의 모습을 완전히 바꾸어놓았다. 샌더스는 기원전 200년경부터 기원후 200년경까지의 유대교 문헌들을 연구했다. 그 결과 그는 당시 유대교가 율법을 철저히 준수해서 구원에 이르려 하는 율법주의 종교가 아님을 밝혀냈다. 오히려 유대인들은 구원이 철저히 하나님의 은혜로 말미암아 이루어지는 것이고, 율법은 이미 구원받은 유대인들이 그 구원에 머무는 수단이라고 이해했다. 언약을 기준으로 말하자면 율법은 언약에 들어가는 수단이 아니라 언약 관계를 지속시키는 수단이었다는 것이다. 그는 이런 유대교의 특성을 설명하기 위해 "언약적 율법주의"(Covenantal Nomism)라는 개념을 제안했다.[1]

이처럼 유대교에 관한 이해가 바뀌고 나니 바울에 관한 이해에 혼란이 일어났다. 유대교와 바울이 하나님의 은혜로 구원받는다는 점에서 같은 구원관을 가지고 있었다면 바울은 누구랑 싸운 것인가? 이 질문에 대해 새 관점 학파 안에서도 서로 다른 다양한 답이 제안되었다. 그 가운데 새 관점의 대표자로 알려진 제임스 던

---

[1]   E. P. Sanders, 박규태 옮김, 『바울과 팔레스타인 유대교』(서울: 알맹e, 2018).

(James D. G. Dunn)과 톰 라이트는 유대인의 정체성을 드러내는 표지로서의 율법이 갖는 배타적 기능에 주목했다. 바울은 율법의 행위로 의롭게 될 수 없다고 말하는데, 이 "율법의 행위"란 율법을 준수하는 윤리적 행위가 아니라 유대인들이 율법을 지킴으로써 자신들을 이방인과 구별하는 분리적 기능을 가리킨다는 것이다. 다시 말해 "율법의 행위"란 율법을 유대인의 정체성의 외적 표지(identity marker)로, 또는 유대인과 이방인을 나누는 경계 표지(boundary marker)로 사용하는 것을 가리키며, 바울은 유대인들의 그런 배타적 선민의식에 대항해 싸웠다는 것이다.[2]

복음서에 따르면 예수님은 유대 지도자들과 종종 대립각을 세우셨다. 그중에는 율법이 문제가 되는 경우들이 있었다. 그런데 그때 논쟁점이 되는 율법 조항은 제한적이었다. 우선 안식일 규정이 문제였다. 유대 지도자들은 예수님이 안식일에 병자를 고치시거나

---

2 James D. G. Dunn, *The New Perspective on Paul*(Grand Rapids: Wm. B. Eerdmans, 2005)에는 새 관점에 관한 Dunn의 글들이 모여 있다. 이 책의 제1장과 제2장이 우리말로 번역되어 각각 출간되었는데 책 이름이 같다. 제1장은 최현만 옮김, 『바울에 관한 새 관점』(서울: 에클레시아북스, 2012)이고, 제2장은 김선용 옮김, 『바울에 관한 새 관점』(서울: 감은사, 2018)이다. 우리말로 옮겨진 다음 책들도 새 관점에 관해 논하고 있다. James D. G. Dunn, 김철·채천석 옮김, 『WBC 성경주석 로마서(상)』(서울: 솔로몬, 2003), 80-92; "5. 바울 신학의 새 관점", James Beilby, Paul Eddy 엮음, 문현인 옮김, 『칭의 논쟁: 칭의에 대한 다섯 가지 신학적 관점』(서울: 새물결플러스, 2015), 267-303. 이와 관련한 Wright의 글도 참조하라. N. T. Wright, "The Paul of History and the Apostle of Faith," *Tyndale Bulletin* 29(1978), 61-88.

제자들이 안식일에 밀 이삭을 잘라 먹는 등의 일을 문제 삼았다.

다른 하나는 정결법, 특히 음식 규정이었다. 예수님의 제자들이 손을 씻지 않고 식사를 하거나 예수님이 부정한 사람들, 즉 세리나 죄인들과 함께 음식을 드시는 문제, 아니면 예수님이 부정한 사람들과 접촉하는 문제에 대해 유대 지도자들은 집요하게 따지고 들었다. 이처럼 예수님이 율법을 부정하시는 것처럼 보일 때 항상 그 이슈는 안식일 규정과 정결법 두 가지뿐이었다.

그렇다면 바울은 어떤가? 바울이 율법 문제로 유대주의자들과 충돌할 때 그 이슈는 주로 할례에 관한 것이었다. 그리고 음식 규정과 절기 준수 문제가 쟁점이 될 때도 있었다. 정리하면 예수님과 바울에게서 율법을 부정하는 모습이 나타날 때 그 이슈는 정결법(음식법 포함), 절기 문제(안식일 규정 포함), 할례 세 가지뿐이다.

여기서 정결법, 안식일, 할례의 공통점은 무엇일까? 단적으로 말해 이 조항들은 모두 윤리적인 행위를 규정하기보다는 유대인의 정체성을 규정하는 일과 관련된다. 즉 윤리적으로 선과 악을 판가름하는 기준으로서가 아니라 유대인과 이방인을 구분하는 경계 표지로서 기능한다는 것이다. 유대인들은 할례를 받고 부정한 사람이나 음식이나 사물에 접촉하지 않으며 안식일과 절기들을 지킴으로써 자신이 유대인임을 확인하며 스스로를 이방인과 구별했다. 따라서 바울이 "율법의 행위"로 의롭게 될 수 없다고 말할 때, 그것은 윤리적인 행위가 구원과 관계없다는 주장이 아니라 유대인들의 선민의식에 대한 부정이었다. 바울은 유대인들이 주장하는 구원의 특권을 부정하고 유대인과 이방인이 똑같은 자격으로 하나님의 백성이 된다는 사실을 보여주고자 했다.

지금까지 정리한 새 관점 학파의 주장은 신약학계에서 바울 연구의 패러다임을 바꾸는 큰 사건이었다. 앞서 언급한 대로 새 관점에 기초한 연구는 바울이 말하는 "율법의 행위"를 달리 이해하게 했고 "로마서의 중심 주제가 과연 이신칭의인가?" 하는 질문에 무게를 더해주었다. 물론 로마서의 주제에 관한 질문은 새 관점이 등장하기 전부터 제기되어왔다. 그러나 새 관점을 통해 로마서의 중심 문제가 유대인과 이방인의 관계 문제임이 드러남으로써 "하나님의 의"가 로마서의 주제라는 사실이 분명해졌다.

나. 옛 관점과 새 관점을 넘어서

새 관점 학파의 주장에 대한 반론과 비판도 있다. 그 가운데는 충분한 근거 없이 단지 교리적인 입장에서 전통적인 관점을 고수하려는 시도들도 있으나, 역사 연구와 성경 본문 연구에 기초한 설득력 있는 반론들도 적지 않다. 먼저 제2성전 시대 유대교에 관한 연구가 깊어지면서 드러난 사실은 그 시대 유대교에는 단 하나의 정통이 있었던 것이 아니라 다양한 분파들이 백가쟁명하고 있었다는 것이다. 따라서 제2성전 시대 유대교의 특징을 "언약적 율법주의"

라는 하나의 틀로 획일화하면 안 된다.

이런 반론의 의미를 이해하기 위해서는 제2성전 시대 유대교의 상황에 관한 개략적인 이해가 필요하다. 그 시대 유대인들은 나라를 잃고 수백 년간 여러 제국의 연이은 지배를 받는 가운데 그들 자신을 하나로 묶어줄 만큼 신뢰받는 어떤 기구나 조직을 갖추지 못했다. 남 왕국 유다가 멸망한 후 유대인들은 바벨론 제국, 바사 제국, 그리스 제국, 로마 제국의 연이은 지배를 받아야 했다. 그런 와중에 유대인 다수의 지지를 받으며 강력한 구심력을 가지고 그들을 대표할 만한 정통 유대교가 세워지기는 어려웠다. 다윗 왕조는 이미 몰락했으며, 대제사장 가문 역시 잦은 분쟁에 휩싸이는 가운데 그 역할을 제대로 해내지 못했다. 그런 상황 속에서 수많은 유대교 분파들이 일어나 저마다 자신들의 주장을 펼치고 있었다. 이런 배경 이해가 합리적이라면 제2성전 시대 유대교를 "언약적 율법주의"라는 하나의 우산 아래 모으려 하는 것은 다소 무리하다고 할 수 있다.

그와 함께 "율법의 행위"에 관한 새 관점의 이해도 비판의 대상이 된다. 바울이 말한 "율법의 행위"가 윤리적인 행위를 가리키는 것이 아니라 유대인을 이방인과 구별하는 경계 표지로서의 율법의 기능을 가리킨다는 해석은 나름의 설득력이 있을 뿐 아니라 바울 해석에 중요한 통찰을 제공한다. 전통적인 해석은 바울이 윤리를 부정한 것으로 이해함으로써 신자의 삶을 복음과 믿음으로부터 단절시켰다. 이에 반해 새 관점은 믿음과 삶을 분리하지 않고 복음의 실천성과 현실성을 회복할 수 있는 중요한 실마리를 제공한다. 그런데도 율법의 행위를 단지 율법의 분리 기능으로만 해석하는 것은 무리가 있다. 바울은 율법의 분리 기능뿐 아니라 윤리적 기능에 대해서도 강한 어조로 비판하기 때문이다. 바울은 특히 고린도전서 15장에서 율법이 "죄의 권세"라고 말한다. 또 로마서 7장에서는 율법의 윤리적 무능성을 세밀하게 분석하며 율법은 죄를 드러내는 데는 뛰어나지만 정작 그 죄를 해결할 능력은 없다고 말한다. 따라서 바울이 율법의 분리 기능만을 문제 삼았다고 보는 것은 설득력이 충분하지 않다.

이렇듯 새 관점 학파의 주장에도 분명한 한계가 있다. 그러나 그렇다고 해서 옛 관점으로 다시 돌아갈 수는 없다. 왜냐하면 옛 관점의 문제점들은 이미 분명해졌기 때문이다. 더군다나 옛 관점으로 돌아간다고 해서 새 관점의 한계가 극복되는 것도 아니다. 따라서 옛 관점과 새 관점을 함께 뛰어넘을 수 있는 정반합의 대안이 필요하다. 김세윤과 톰 라이트는 각각 옛 관점과 새 관점의 대표자로서 서로 격렬한 논쟁을 벌여왔다. 그런 토론 가운데 두 사람은 각각 자기 진영의 문제점도 인식하며 서로의 장점을 받아들이기도 했다. 그리고 각각 자신의 관점을 보완하고 상대편의 장점을 더하여 새로운 대안을 마련하려 애쓰고 있다.

그러나 나는 두 관점의 종합이 단지 두 관점의 장단점을 취사 선택함으로써 이루어지기는 어렵다고 생각한다. 그보다는 두 관점의 장점을 함께 품을 수 있는 더 큰 패러다임이 필요하다. 나는 그것이 하나님 나라 복음의 패러다임이라고 생각한다. 앞서 로마서의 전체 구조를 다루며 설명했듯이 하나님 나라의 복음은 로마서제1-4부 가운데 어느 한 부분도 빼놓지 않고 모두 담아낼 수 있는가장 포괄적인 패러다임이다.

4. 로마서의 주제문(롬 1:16-17)

이런 포괄적인 이해를 토대로 로마서의 주제문(롬 1:16-17)을 함께읽어보자. 주제문(thesis statement)은 대개 글의 앞부분에 배치되며, 그 글 전체의 내용을 요약해 미리 보여주는 역할을 한다. "내가이 글에서 하고자 하는 말은 이것이다" 하고 저자의 논지(thesis)를먼저 밝힌 후에, 이어지는 본론에서 그 논지를 자세히 설명하거나입증해나가는 것이다. 따라서 로마서의 주제문에는 바울이 로마서에서 말하려는 내용의 핵심이 들어 있다고 볼 수 있다.

　이는 오늘날 학문적 글쓰기의 원칙이기도 한데, 이런 논의 전개 방식은 고대 그리스-로마의 수사학(rhetoric)에서 기원한다. 수사학이란 웅변을 통해(오늘날로 말하자면 글을 통해) 청중을 설득하는 방법을 체계화한 것이다. 신약성경의 저자들도 그 시대에 널리 퍼진 수사학의 원칙에 따라 글을 썼다는 사실은 어렵지 않게 확인할 수 있다. 수사학은 그 당시 기본 교육 과정의 일부였으므로, 책을 저술할 정도의 지성인이라면 당연히 수사학 훈련을 받은 사람이었기 때문이다. 바울도 마찬가지였다.

앞서 로마서 전체의 구조를 설명할 때 밝혔듯이 바울의 신학-윤리적 논의는 로마서 1:16에서 본격적으로 시작된다. 로마서 1:16-17에서 바울은 먼저 주제문을 제시한다. 다음 인용문은 이 주제문을 그리스어에서 직접 번역한 것이다. 그리스어의 어순과 구조를 드러내는 데 집중하느라 완성된 문장으로 번역하지 않은 점에 관해서는 양해를 구한다.

[도입문]	왜냐하면(γάρ) 나는 복음을 부끄러워하지 않기 때문이다(롬 1:16a).
[주제문 ①]	왜냐하면(γάρ) 복음은 구원에 이르게 하는 하나님의 능력이기 때문이다. 모든 믿는 사람에게, 먼저 유대인에게 그리고 헬라인에게(롬 1:16b).
[주제문 ②]	왜냐하면(γάρ) 복음 안에서 하나님의 의가 계시되기 때문이다. 신실함으로부터 신실함으로(롬 1:17a).
[인용문]	이는 "의인은 신실함으로 살리라" 기록된 바와 같다(롬 1:17b).

가. 로마서의 주제: 하나님 나라의 복음

로마서의 주제문에서 눈에 띄는 핵심 단어는 "복음"이다. 앞서 로마서의 서두(롬 1:2-4)에서 복음을 포괄적으로 정의하며 하나님 나라를 언급한 바울은 이어서 로마에 복음을 전하고자 하는 자신의 계획을 소개하고(롬 1:8-15), 주제문을 통해 복음에 관해 자세히 설명한다.

주제문에는 "복음"이라는 단어가 반복된다. 바로 앞의 로마서 1:15에서 복음을 언급한 바울은 곧이어 16a절에서 다시 복음을 부끄러워하지 않는다고 말한다(롬 1:16b의 "복음"은 이해를 돕기 위해 덧붙여진 번역이다). 그리고 로마서 1:17a에서는 대명사를 사용하여 다시 한번 복음에 관해 말한다. 바울은 이렇게 짧은 구절 안에 "복음"을 세 번이나 연이어 반복해 말함으로써 이 주제문이 복음에 관한 것임을 강조해서 보여준다. 복음이 무엇인가? 바울이 이미 서두(롬 1:2-4)에 분명히 밝힌 것처럼 복음이란 예수님의 십자가와 부활과 주 되심을 통해 이루어진 하나님 나라다.[3]

---

3 주제문에 "복음"이라는 단어가 반복됨에도 불구하고 많은 해석자가 거기에 큰 의미를 부여하지 않는다. 그러나 최근 영미 학계에서 가장 정평을 얻고 있는 Jewett의 로마서 주석은 글의 앞부분에 주제를 제시하는 수사학의 관례에 비추어 로마서의 주제인 "복음"에 주목한다. 그의 주석은 고대 그리스-로마의 수사학을 본문 연구에 심도 있게 적용한 대표적 저술이다. Robert Jewett, *Romans; A Commentary*(Minneapolis: Fortress, 2007), 96, 135.

로마서의 주제문에는 그리스어 접속사 "가르"(γάρ)로 시작하는 세 개의 종속문이 있고 마지막에는 한 개의 인용문이 뒤따른다. 바울이 복음을 부끄러워하지 않는다고 말하는 첫 번째 종속문은 "도입문"으로서 주제문을 그 앞의 로마서 1:15까지의 내용과 연결한다. 로마서 1:8-15에서 바울은 로마에 복음을 전하고자 하는 자신의 소망과 계획을 밝혔다. 바울은 여기에 이어 자신이 왜 로마에 복음을 전하려 하는지 그 이유를 설명하는 방식으로 주제문을 시작한다. 그 이유는 바울이 복음을 부끄러워하지 않기 때문이다. 이어지는 나머지 두 개의 "가르" 문장, 즉 "주제문 ①"과 "주제문 ②"는 바울이 왜 복음을 부끄러워하지 않는지 그 이유를 설명한다.

나. 복음을 부끄러워하지 않는 이유

"복음을 부끄러워하지 않는다"는 말의 의미에 관한 해석은 다양하다. 그러나 이 구절을 읽으며 나에게 가장 먼저 떠오른 것은 고린도전서 1:18-31의 내용이다. 십자가의 지혜와 이 세대의 지혜를 대조하는 이 본문에서 바울은 십자가에 못 박힌 그리스도가 유대인에게는 거리끼는 것이고 그리스인에게는 미련한 것이지만 구원을 받는 사람들에게는 하나님의 능력이라고 말한다. 고린도전서에 나타나는 "거리끼는 것/미련한 것"과 "능력"의 대조가 로마서의 주제문에서 "부끄러운 것"과 "능력"의 대조로 다시 나타난다. 신약 시대에 십자가가 지혜와 반대되는 미련한 것으로 인식된 이유 가운데 하나는 그리스-로마 사회에서 가장 수치스럽고 부끄러운 형벌이 바로 십자가형이었기 때문이다. 그리고 유대인들에게 십자가는 저주의 상징으로서 거리낌의 대상이었다.

그러나 바울은 복음을 부끄러워하지 않는다. 그 이유는 첫째, 복음은 구원에 이르는 하나님의 능력이기 때문이다(롬 1:16b). 둘째, 복음 안에서 하나님의 의가 계시되기 때문이다(롬 1:17a). 바울이 복음을 부끄러워하지 않는 이유를 설명하는 이 구문은 세밀하게 읽으면 서로 다른 특징적인 의미가 있지만, 크게 보면 하나의 같은 사실을 서술한다. 복음이란 하나님 나라 곧 하나님이 그 백성을 구원하신다는 소식이다. 이 구원은 그 백성에 대한 하나님의 언약적 신실하심, 곧 하나님의 의의 계시다. 하나님의 의의 계시로서 구원이 예수 그리스도의 십자가를 통해 이루어졌다. 그 당시 유대인의 기준으로 보든 그리스인의 기준으로 보든 십자가는 부끄러운 것이 분명했다. 그러나 믿는 이들에게 십자가는 우리를 구원하시는 하나님의 능력이다.

다. "주제문 ①"의 수식어구

이처럼 두 개의 주제문은 기본적으로 동일한 사실을 서술하지만, 두 문장을 수식하는 부사어구에 담겨 있는 세부 사항에는 차이가 있다.

왜냐하면(γάρ) 복음은 구원에 이르게 하는 하나님의 능력이기 때문이다. 모든 믿는 사람에게, 먼저 유대인에게 그리고 헬라인에게.

먼저 "주제문 ①"의 후반부는 구원의 능력이 누구를 위한 것인지를 보여준다. 그 구원은 유대인과 이방인을 포함하는 모든 믿는 사람을 위한 것이다. 이는 로마서의 중심 문제 가운데 하나로서 유대인과 이방인을 아우르는 보편적인 교회를 세우는 일과 연관된다. 그리고 여기서 "믿는 사람"이라는 어구는 하나님의 구원을 받는 대상이 육신의 혈통에 따라 정해지지 않고 믿음에 따라 정해진다는 바울의 주장, 특히 로마서 3-4장에서 전개할 논의를 미리 보여준다. 여기서 바울은 유대인과 그리스인(헬라인)을 "모든 믿는 사람" 안에 포괄하면서도 "먼저는 유대인에게 그리고 헬라인에게"라고 말함으로써 두 집단 사이에 순서를 둔다. 이는 이스라엘과의 언약에 대한 하나님의 신실하심을 보여주기 위함이다. 바울은 나중에 이 주제를 로마서 제3부(롬 9-11장)에서 집중적으로 다룬다. 이처럼 "주제문 ①"은 유대인과 이방인의 관계 문제가 로마서에서 중요하게 다루어질 것을 예고한다.

라. "주제문 ②"의 수식어구와 인용문

왜냐하면(γάρ) 복음 안에서 하나님의 의가 계시되기 때문이다.
신실함으로부터 신실함으로(롬 1:17a).

이번에는 "주제문 ②"의 후반부 "신실함으로부터 신실함으로"(ἐκ πίστεως εἰς πίστιν)를 살펴보자. 로마서의 모든 논의가 그런 것처럼 이 어구 역시 하나님과 그 백성의 언약이라는 맥락에서 이해되어야 한다. 여기에 담겨 있는 두 개의 신실함은 각각 무엇을 의미할까? 이것은 다음에 이어지는 "인용문"과 관련되므로 그 내용을 먼저 살펴본 후에 다시 여기로 돌아오자.

이는 "의인은 신실함으로 살리라" 기록된 바와 같다(롬 1:17b).

바울은 주제문을 제시한 후에 성경적 근거로 하박국 2:4을 인용한다. 여기서 먼저 "살리라"라는 동사에 주목해야 한다. 우리가 "산다"고 말할 때 그것은 "죽느냐 사느냐?"의 문제일 수도 있고 "어떻게 사느냐?"의 문제일 수도 있다. 기독교 신앙의 맥락에서 죽느냐 사느냐의 문제는 죽은 후에 천국에 가느냐 지옥에 가느냐의 문제다. 반면에 어떻게 사느냐의 문제는 우리가 죽기 전 이 땅에 살아 있을 때 그 삶을 어떻게 영위하느냐의 문제다. 이 인용문에서 "살리라"는 전자에 해당할까 아니면 후자에 해당할까?

전통적으로 우리는 이 말을 주로 죽느냐 사느냐의 문제로 읽어 왔다. "의인은 믿음으로 말미암아 살리라"는 말을 의인이 믿음으로 말미암아 천국에 간다는 뜻으로 이해해온 것이다. 그러나 로마서에는 죽은 후에 천국에 가는 것에 관한 내용이 그리 많지 않다. 오히려 로마서의 주된 관심은 어떻게 하나님의 백성이 될 것이냐에, 또 하나님의 백성이 이 땅에서 어떻게 살아가야 할 것이냐에 있다. 그것이 하나님 나라의 복음이다. 의인은 신실함으로 하나님의 백성이 되지만, 동시에 하나님의 백성으로서 이 땅에서 신실함으로 살아간다.

그렇다면 의인이 살아가는 삶의 매개가 되는 신실함이란 무엇일까? 재미있게도 그리스어 성경인 70인역(LXX)의 하박국 2:4은 히브리어 성경(MT)과 형태가 다르다.

[MT] 의인은 그의 신실함으로 살리라.

[LXX] 의인은 나의 신실함으로 살리라.

히브리어 성경과 70인역은 공통되게 의인이 신실함으로 살 것이라고 말한다. 그런데 히브리어 성경은 의인을 살게 하는 신실함이 "그의" 신실함, 즉 의인 자신의 신실함이라 말한다. 반면 70인역은 의인을 살게 하는 신실함이 "나의" 신실함, 즉 이 구절을 말씀하고 계시는 하나님의 신실하심이라고 말한다.

그렇다면 바울은 히브리어 성경과 70인역 가운데 어느 책의 내용을 인용했을까? 흥미롭게도 바울의 인용문은 인칭대명사가 생략되어 "의인은 신실함으로 말미암아 살리라"는 내용만 제시했다. 그 신실함은 "나의" 신실함 곧 하나님의 신실함을 가리키는 것일까, 아니면 "그의" 신실함 곧 의인의 신실함을 가리키는 것일까? 바울이 그의 서신서에서 구약성경을 사용한 예들을 살펴보면 그는 히브리어 성경과 70인역 모두에 익숙했던 것으로 보인다. 그렇다면 이 인용문에서 바울은 의도적으로 선택을 피함으로써 두 가지 의미를 한 문장에 함께 담으려 한 것이 아닐까?

지금까지의 논의를 정리해보자. 의인이 "산다"는 말은 죽음의 지배를 벗어나 하나님의 백성이 된다는 뜻(죽느냐 사느냐의 문제)이기도 하고 이 땅에서 하나님의 백성으로서 살아간다는 뜻(어떻게 사느냐의 문제)이기도 하다. 또 의인을 살게 하는, 그리고 의인이 살아가는 그 신실함은 하나님의 신실하심("나의" 신실함)인 동시에 의인 자신의 신실함("그의" 신실함)이기도 하다. 의인은 하나님의 신실하심으로 말미암아 생명을 얻고 신실하게 살아감으로써 거기에 응답하는 것이다.

이런 이해를 염두에 두고 "주제문 ②"를 다시 살펴보자. 복음 안에서 하나님의 의가 "신실함으로부터 신실함으로" 계시된다. 여기서 앞에 나오는 신실함은 하나님의 신실하심이다. 그리고 뒤에 나오는 신실함은 우리의 신실함이다. 따라서 이 구절을 다음과 같이 다시 옮길 수 있다.

하나님의 신실하심으로부터 우리의 신실함으로.

여기서 "~으로부터"로 번역된 전치사 "에크"(ἐκ)는 출처를 표시할 때 사용한다. 그리고 "~으로"로 번역된 전치사 "에이스"(εἰς)는 목표를 나타낼 때 사용한다. 즉 하나님의 의가 하나님의 신실하심으로부터 기원하여 우리의 신실함을 목표로 계시되는 것이다. 이런 이해를 반영하여 "주제문 ②"를 다시 정리해보면 다음과 같다.

복음 곧 예수 사건 안에서
하나님의 의가
하나님의 신실하심으로부터 기원하여
우리의 신실함을 목표로
계시된다.

하나님은 자기 백성을 구원하시는 당신의 의로우심을 예수 사건을 통해 계시하신다. 그런데 그 모든 일은 하나님의 신실하심에서 비롯된다. 그리고 그 계시의 목표는 우리의 신실함이다. 즉 하나님의 신실하심에 대해 우리가 신실함으로 응답할 때 예수 사건에 담긴 하나님의 뜻이 이루어진다. 여기서 우리의 신실함은 하나님의 신실한 구원 행동을 우리의 것으로 받아들이는 믿음(언약 제안을 받아들임)과 그 후에 이어지는 우리의 신실한 삶(언약 안에 머묾)을 포함한다. 그것은 우리의 인간적인 노력만으로는 이루어지지 않는다. 하나님의 신실하심에 대해 우리가 우리의 신실함으로 응답할 때 하나님이 우리의 주님이 되셔서 우리 안에서 친히 당신의 주 되심을 이루시는 것이다. 왜냐하면 복음은 우리 안에 하나님의 주 되심을 이루시는 예수 그리스도의 통치를 가져오는 능력이기 때문이다.

지금까지의 내용을 종합해보자. 로마서의 "주제문 ①"과 "주제문 ②"의 공통점은 복음 곧 예수 사건을 구원 사건으로 설명한다는 것이다. 그런데 두 문장에는 조금씩 다른 강조점이 있다. "주제문 ①"은 유대인과 이방인의 관계 문제가 로마서에서 중요하게 다루어진다는 것을 보여준다. "주제문 ②"는 하나님이 주도하시는 구원 행동이 우리의 신실한 삶으로 열매 맺혀야 함을 강조한다. 다시 말해 로마서의 중심 주제는 하나님 나라의 복음이며, 그 큰 주제 안에 "유대인과 이방인의 관계" 및 "하나님의 신실하심을 따르는 그리스도인의 신실한 삶"이라는 두 개의 세부 주제가 포함된다. 로마서의 제1부는 두 주제를 함께 담아낸다. 거기에 이어지는 로마서 제2부는 그리스도인의 신실한 삶에 집중하고, 제3부는 유대인과 이방인의 관계에 집중한다. 그리고 두 주제는 로마서 제4부에서 다시 만난다. 로마서 제4부는 윤리적 권면이므로 그리스도인의 삶에 초점을 맞추지만, 유대인과 이방인의 관계라는 주제도 함께 다루며 모든 논의를 마무리한다.

제5장

이신칭의

1. 의롭게 됨

우리는 지금까지 로마서에 담긴 바울의 신학을 이신칭의가 아니라 그것을 포함하는 "하나님의 의", 그리고 그것마저 포함하며 넘어서는 "하나님 나라"라는 관점에서 조망해보았다. 그렇다면 "이신칭의"는 무엇일까? 바울은 하나님의 의가 계시되는 두 가지 목표 가운데 하나가 이신칭의라 말한다. 하나님은 예수 그리스도의 신실하심을 통해 당신의 의를 계시하셨는데(롬 3:21-22), 그리하신 목적은 먼저 하나님 자신의 의로움을 보이시고, 그와 함께 예수님의 신실하심으로 말미암아 우리도 의롭게 하시기 위함이다(롬 3:26).

가. 로마서 3:21-31의 위치와 구조

로마서에서 이신칭의에 관한 서술은 로마서 3:21-31에 압축되어 있다. 이 단락에 이르기까지 로마서의 앞선 논의는 다음과 같은 흐름을 따른다.

* 주제문(롬 1:16-17)
* 죄의 지배와 심판: 유대인과 이방인 모두(롬 1:18-3:20)
* 하나님의 의: 예수님의 신실하심을 통해 모든 믿는 자를 의롭게 하심(롬 3:21-31)

바울은 로마서 1:16-17에 주제문을 제시한 후 곧바로 주제에 관한 논의로 들어가지 않고 먼저 "죄의 지배와 심판"이라는 문제를 상세하게 다룬다(롬 1:18-3:20). 이는 하나님 나라와 대조되는 죄의 지배의 보편성과 심판의 불가피성을 밝힘으로써 복음 안에 있는 하나님의 의가 반드시 계시되어야 함을 보여주기 위함이다. 그러고 나서 바울은 본래의 주제로 돌아와 그 주제를 입증하기 시작한다(롬 3:21-31).

　이때 이런 논의의 흐름이 로마서 3:21-31 내에서 반복된다. 바울은 21-22절에서 먼저 주제를 다시 서술한다. 이는 로마서 1:16-17에 주제문을 제시한 후 한동안 다른 문제를 다루다가 다시 주제로 돌아왔기 때문이다.

21그러나 이제 율법 외에 하나님의 한 의가 나타났으니 율법과 선지자들에게 증거를 받은 것이라. 22곧 예수 그리스도를 믿는 믿음으로 말미암아 모든 믿는 자에게 미치는 하나님의 의니 차별이 없느니라(롬 3:21-22).

그리고 로마서 3:23에서 바울은 다시 죄의 지배가 편만하다는 사실을 강조한다. 이 구절은 로마서 1:18-3:20 전체의 요약이라 할 수 있다.

모든 사람이 죄를 범하였으매 하나님의 영광에 이르지 못하더니(롬 3:23).

이로써 바울은 앞의 논의를 모두 요약했다. 거기에 이어지는 로마서 3:24에서부터 바울의 본격적인 논의가 비로소 시작된다.

나. 십자가: 속량과 속죄

로마서 3:24-25에서 로마서의 주제문에 대한 입증이 시작된다. 여기서 바울은 예수님의 십자가가 지니는 의미를 두 가지로 보여준다.

① 그리스도 예수 안에 있는 속량으로 말미암아 하나님의 은혜로 값없이 의롭다 하심을 얻은 자 되었느니라(롬 3:24).

② 이 예수를 하나님이 그의 피로써 믿음으로 말미암는 화목제물로 세우셨으니 이는 하나님께서 길이 참으시는 중에 전에 지은 죄를 간과하심으로 자기의 의로우심을 나타내려 하심이니(롬 3:25).

예수님의 십자가에서 우리의 구원을 위해 무슨 일이 일어난 것일까? 하나는 속량(롬 3:24)이고 다른 하나는 속죄다(롬 3:25a). "속량"(ἀπολύτρωσις)이란 속전을 지불하고 노예를 사는 것을 가리킨다. "의롭게 된다"는 말의 가장 근본적인 의미가 바로 이 "속량", 곧 죄의 지배로부터 해방되어 하나님의 백성이 되는 것에 있다. 이 대목에서 죄의 지배로부터의 해방이 서술되는 것은 논의의 흐름을 따를 때 매우 자연스럽다. 바울은 로마서의 서두(롬 1:2-4)에서 복음이 예수님의 주 되심임을 밝혔고, 주제문(롬 1:16-17)에서 복음이 우리를 구원하는 능력이라고 선언했다. 그런데 모든 인간은 죄의 지배 아래에 있고 심판을 면할 수 없다(롬 1:18-3:20). 하지만 예수님이 우리를 그 죄의 지배로부터 "속량"하신다. 다시 말해 예수님이 우리를 죄의 지배로부터 해방하여 하나님 나라의 백성이 되게 하신다.

죄의 지배로부터의 속량은 자연스럽게 우리가 지은 죄에 대한 속죄, 곧 "전에 지은 죄를 간과하심"으로 이어진다. 로마서 3:25에서 개역개정 성경이 "화목제물"로 옮긴 그리스어 "힐라스테리온"(ἱλαστήριον)은 "속죄제물"(새번역)이나 "제물"(가톨릭)로 번역되기도 한다. 그리고 어떤 해석자들은 힐라스테리온을 "속죄소"로 옮긴다. 이에 관해 성서학계는 각각의 번역을 지지하는 해석을 내놓는다. 그러나 어느 번역을 선택하든지 로마서 3:25이 결과적으로는 "속죄"를 말한다고 보는 점에서는 근본적인 차이가 없다. 힐라스테리온의 기능은 우리가 지은 죄의 용서와 연관되기 때문이다.

70인역에서 "힐라스테리온"은 "속죄소"를 가리키는 말로 사용된다. 속죄소란 언약궤의 덮개를 가리키는데 언약궤의 덮개는 하나님의 보좌이기도 하다. 하나님은 그곳에서 대제사장을 통해 그의 백성들을 만나시고 그들의 죄를 용서하신다. 그래서 그곳을 "속죄소"라고 부른다.

바울은 아마도 대속죄일의 예전을 염두에 두고 이 단어를 사용했을 것이다. 보통 사람은 언약궤가 놓여 있는 지성소에 들어갈 수 없다. 단지 대제사장이 1년에 단 한 번 대속죄일에만 들어갈 수 있다. 대제사장은 수소의 피와 숫염소의 피를 가지고 지성소에 들어가 그 피를 속죄소 위에 뿌린다. 그리함으로써 성소를 정화하고 "자기와 그의 집안과 이스라엘 온 회중을 위하여" 속죄한다(레 16:17). 이런 구약의 배경에서 바울은 그리스도가 흘리신 십자가의 피가 우리가 지은 죄를 위해서 뿌려졌다고 말한다.

바울은 로마서 3:24-25에서 십자가는 속죄일 뿐 아니라, 그보다 더 근본적으로 속량, 곧 죄의 지배로부터 하나님 나라로의 주권 이양임을 분명히 보여준다. 십자가의 속죄는 그리스도의 십자가가 지니는 여러 의미 가운데 하나일 뿐이다. 그중 가장 근본적인 의미는 죄의 지배로부터의 해방이다. 이는 로마서의 논의가 하나님 나라의 복음 안에서 이루어지고 있음을 잘 보여준다.

2. 율법의 행위

전통적으로 "율법의 행위"(ἔργα νόμου)란 곧 율법을 준수하는 선한 행위로 이해되어왔다. 그러나 "새 관점"의 등장과 함께 이 말은 전혀 다른 각도에서 조명되어 새로운 의미로 이해되기 시작했다. 즉 바울이 말하는 "율법의 행위"란 유대인들이 율법을 정체성의 외적 표지로 사용해 자신을 이방인과 구별하려는 것, 즉 유대인들이 율법을 배타적 선민의식에 따라 사용함을 가리킨다는 것이다.

가. 안디옥 사건과 "율법의 행위"

율법의 행위에 관한 새 관점은 갈라디아서 2장에서 가장 명확하게 확인할 수 있다. 여기서 먼저 갈라디아서 2장의 사건을 자세히 살펴본 후에 그 의미가 로마서에도 그대로 적용될 수 있는지 검증해보자. 갈라디아서 2장에는 소위 "안디옥 사건"(the Antioch Incident)이라 불리는 사건이 기록되어 있다. 갈라디아서 2:1-10에 따르면 안디옥 사건이 있기 전에 이미 예루살렘의 사도들은 바울이 전하는 복음의 정통성을 승인했다. 즉 교회는 (예루살렘 교회를 대표하는 베드로가 전하는) 할례자들을 위한 복음과 (바울이 전하는) 무할례자들을 위한 복음이 서로 같음을 인정한 것이다(갈 2:7-9). 이는 사도들이 할례를 받지 않은 이방인 그리스도인들을 온전한 그리스도인으로 받아들였다는 의미다(갈 2:3). 이를 통해 유대인과 이방인 사이에 놓여 있던 차별의 벽이 허물어졌다(참조. 엡 2:14).

그런데 그 후 베드로가 그 승인을 뒤집는 일이 발생했다. 안디옥 교회를 방문한 베드로는 이방인들과 한 식탁에 앉아 식사를 하고 있었다. 본래 유대인들은 음식법을 철저히 지키기 때문에 이방인들과 한 상에 앉지 않았다. 유대인들이 자신들을 이방인들과 구별하기 위해 음식법이라는 율법 규정을 지키고 있었기 때문이다. 그러나 베드로는 그 차별의 벽을 허물고 이방인을 조건 없이 받아들이기로 약속한 사람으로서 이방인들과 겸상함으로써 그 약속을 지키는 모습을 보여주었다. 그런데 식사 중 예루살렘 교회의 야고보에게서 온 어떤 사람들이 안디옥을 방문했다는 전갈이 왔다. 그러자 베드로는 눈치가 보였는지 성급히 일어나 자리를 피해버렸다. 그 자리에서 함께 식사 중이던 다른 유대인 신자들도 베드로를 따라 자리를 떴고 심지어는 바나바마저도 그들과 함께 피해버렸다. 그 일로 인해 크게 실망한 바울은 베드로에게 엄중히 항의하며 이방인 신자들에 대한 유대인 신자들의 태도를 바로잡는다. 그 일을 가리켜 "안디옥 사건"이라 부른다.

갈라디아서 2:14-21은 그 사건과 관련하여 바울이 베드로를 책망한 내용을 전해준다. 그런데 거기에 이신칭의의 명제(갈 2:16)가 포함되어 있다.

> 사람이 의롭게 되는 것은 율법의 행위로 말미암음이 아니요 오직 예수 그리스도를 믿음으로 말미암는 줄 알므로 우리도 그리스도 예수를 믿나니 이는 우리가 율법의 행위로써가 아니고 그리스도를 믿음으로써 의롭다 함을 얻으려 함이라. 율법의 행위로써는 의롭다 함을 얻을 육체가 없느니라(갈 2:16).

이런 본문의 맥락을 고려할 때, 우리는 바울이 말하는 이신칭의를 안디옥 사건과 관련하여 이해해야 한다. 안디옥 사건은 바울이 말하는 "율법의 행위"가 무엇인지를 알게 해주는 중요한 단서를 제공한다. 안디옥 사건에서 문제가 된 율법 조항은 음식법, 그 가운데서도 이방인과 같은 식탁에서 먹으면 안 된다는 조항이었다. 그 조항의 기능은 윤리적 행동을 규정하는 것이 아니라 유대인을 이방인과 구별하는 것에 있다. 율법의 윤리적 기능이 아니라, 유대인이 율법을 지킴으로써 자신을 이방인과 구별하는 율법의 분리 기능이 문제시되는 것이다.

앞서 바울 신학의 새 관점을 소개할 때 언급한 것처럼 그 당시 율법에서 유대인들이 정체성의 표지(identity marker) 또는 경계 표지(boundary marker)로 사용하던 대표적인 조항들은 할례, (음식 규정을 포함하는) 정결법, 그리고 (절기법을 포함하는) 안식일 규정이었다. 제2성전 시대 유대인들은 디아스포라로서 전 세계에 흩어져 이민족 사이에 섞여 살았다. 당시 팔레스타인에 사는 유대인들 역시 연이어 제국들의 지배를 받았기 때문에 이방 문화로부터 자유로울 수 없었다. 유대인들은 그런 환경 속에서 어떻게든 자신들의 신앙과 민족적인 정체성을 지키기 위해 애썼다. 그런 시도 속에 발전된 것이 앞서 언급한 율법 조항들이었다. 바울이 갈라디아서 2:16에서 말한 "율법의 행위"는 그런 맥락에서 가장 잘 이해될 수 있다.

나. 로마서 2-3장과 "율법의 행위"

이제 로마서로 가 보자. 바울은 로마서에서도 "율법의 행위"를 유대인의 경계 표지라는 의미로 사용할까? 이를 뒷받침하는 듯이 보이는 서술들이 적지 않다. 로마서 2:17 이하에서 바울은 유대인들이 율법의 소유를 자랑하기만 할 뿐 정작 율법을 지키지는 않는다고 비판한다. 옛 관점대로라면 유대인들은 율법을 철저히 준수하여 선행으로 구원에 이르려는 사람들이다. 그러나 우리가 로마서 2장에서 대면하는 유대인들의 모습은 그와 다르다. 그들은 겉모양으로는 할례를 받음으로써 자신을 이방인과 구별하고 남을 가르치려 하면서도 정작 그들 자신은 도둑질을 하고 간음을 행하며 율법을 어긴다. 이에 대해 바울은 할례를 받았더라도 나머지 율법 조항들을 다 지키지 않으면 그 할례는 무효가 된다고 경고한다. 그들에게 필요한 것은 외면적 할례가 아니라 성령으로 마음에 받는 할례, 즉 율법에 따라 하나님 백성답게 살아가는 삶이다(롬 2:25-29).

로마서 2:13에서 바울은 그런 외면적 유대인들을 향하여 다음과 같은 구원의 원칙을 제시한다.

> 하나님 앞에서는 율법을 듣는 자가 의인이 아니요, 오직 율법을 행하는 자라야 의롭다 하심을 얻으리니(롬 2:13).

"율법의 행위"로 의롭게 되지 못한다는 것이 이신칭의의 명제인데 여기서 바울은 "율법을 행하는 자"(οἱ ποιηταὶ νόμου)가 의롭게 된다고 말한다. 만일 "율법의 행위"를 "율법을 준수하는 선한 행위"로 이해한다면 바울은 한 입으로 두말하는 격이 되어버린다. 그 대신 새 관점에 따라 "율법의 행위"란 율법의 윤리적 조항들을 준수하는 선한 행위가 아니라, 유대인들이 자신을 이방인과 구별하기 위해 율법을 경계 표지로 사용하는 것을 가리킨다고 이해하면 두 진술은 서로 충돌하지 않는다. 로마서 2장에서 바울은 유대인들을 향하여 자신들을 이방인과 구별하는 일에만 몰두하지 말고 윤리 조항들을 포함하여 모든 율법을 지키라고 권면하는 것이다.

여기서 여러 가지 질문이 생긴다. 바울은 로마서 2:13에서 "율법을 행하는 자가 의롭게 된다"고 말한다. 그렇다면 그는 율법의 윤리적 기능은 여전히 유효하다고 말하는 것인가? 바울은 "율법의 행위"를 부정하는데, 그것은 유대인의 경계 표지로서의 율법의 기능에 국한되고, 율법의 윤리적 기능과는 상관없는가? 바울은 율법에 관한 태도를 수정하되 정체성의 표지로서의 기능만 폐기하고, 율법의 윤리 조항들은 그대로 살려서 그리스도인의 삶의 규범으로 사용하려는 것인가? 그렇게 보이지는 않는다. 그 이유를 살펴보자.

로마서 2장은 "죄의 지배"를 서술하는 로마서 1:18-3:20의 단락에 포함되어 있다. 이 단락은 유대인과 이방인이 모두 죄의 지배 아래에 있어서 모두가 하나님의 심판대 앞에 서게 될 것이라는 경고를 담고 있다. 이 단락을 마무리하는 로마서 3:20에서 바울은 다음과 같이 말한다.

그러므로 율법의 행위로 그의 앞에 의롭다 하심을 얻을 육체가 없나니 [왜냐하면] 율법으로는 죄를 깨달음이니라(롬 3:20).

개역개정 성경에는 빠져 있지만 이 구절의 전반부와 후반부는 "왜 나하면"을 의미하는 전치사 "가르"로 연결된다. 어떤 육체도 율법의 행위로 의롭다 하심을 얻을 수 없다. 왜냐하면 율법으로는 죄를 깨닫기 때문이다. 즉 바울은 율법을 통해 "죄의 인지" 또는 "죄의 식별"(ἐπίγνωσις ἁμαρτίας)이 이루어진다고 말한다. 여기서 죄를 인지하거나 식별한다고 할 때 죄란 유대인의 경계 표지를 넘는 것이 아니다. 바울이 보기에 그것은 죄라 할 수 없기 때문이다. 그보다는 죄의 식별이란 도덕적인 차원에서 죄를 죄로 인지하게 하는 율법의 기능을 가리키는 것을 말한다. 그렇다면 로마서 3:20에서 바울이 "율법의 행위"를 말할 때 그것이 단지 경계 표지로서 사용되는 율법의 기능에만 국한된다고 보기는 어렵다.

다. 율법의 무능함

로마서 3:20a까지의 논의만을 배경으로 이해하면, "율법의 행위" 란 율법을 경계 표지로 사용하는 행태를 가리킨다고 볼 수 있다. 그러나 로마서 3:20b에서 바울은 나중에 이어질 율법에 관한 추가적 논의를 암시하는 것으로 보인다. 그 논의는 율법의 경계 표지로서의 기능을 넘어서 윤리적 기능에 관한 것으로 발전한다. 바울은 로마서 3:20b에 이어 5:13에서도 율법이 죄를 인지하게 한다고 한 번 더 말한다. 그에 따르면 율법이 있기 전에도 죄는 있었지만 죄가 죄로 여겨지지 않았다. 율법이 들어옴으로써 비로소 죄가 죄로 드러났다. 더 나아가 율법은 "범죄를 증가"시킨다(롬 5:20). 이 말은 율법이 들어온 후 범죄율이 높아졌다는 뜻이 아니다. 한편으로 이 말은 이전에는 죄로 인지되지 않던 행위들이 율법을 통해 죄로 인식되기 시작하면서 인지된 범죄가 늘어났다는 뜻이 될 수 있다. 다른 한편으로 이 말은 마치 작은 물체를 돋보기로 확대하듯이 율법이 죄를 확대해 보여준다는 뜻으로 이해될 수도 있다. 눈에 보이지 않는 세균을 현미경으로 확인하듯 율법은 죄의 지배가 이루는 실상을 밝히 드러내 준다(롬 7:13).

율법에는 이처럼 죄의 정체를 드러내는 긍정적 기능이 있다. 그런데 율법은 그와 함께 심각한 문제도 지니고 있다. 그것은 율법이 죄의 실체를 폭로하지만 정작 그 죄를 해결할 능력은 없다는 사실이다. 마치 현대 의료 기술이 말기 암을 진단할 수는 있지만 그 암을 완전히 치료할 능력은 없듯이, 그래서 결국 암 환자에게 마음의 병까지 안겨 오히려 죽음을 앞당기기도 하듯이 율법은 그렇게 스스로 폭로한 죄 앞에서 무능함을 드러낸다. 로마서 7장에서 바울은 죄가 그렇게 무능한 율법을 이용해 어떻게 그 지배를 공고히 하는지를 보여준다.

이런 서술들을 함께 고려할 때 로마서 3:20이 말하는 "율법의 행위"는 정체성의 표지로서 율법의 기능과 율법의 윤리적 무능성을 함께 포함한다고 이해해야 한다. 바울 신학의 새 관점은 이신칭의의 명제에서 바울이 윤리적 행위를 부정하는 것이 아님을 잘 보여줌으로써 바울 이해에 이바지했지만, 율법의 윤리적 기능을 긍정하면서 동시에 부정하는 바울의 복합적인 율법관을 온전히 드러내는 데는 실패했다.

지금까지의 논의를 정리해보자. 바울은 우리가 "율법의 행위"로는 의롭게 되지 못한다고 말한다. 여기에는 두 가지 의미가 담겨 있다. 먼저 이 말은 하나님의 구원이 이루어지는 과정에서 유대인들이 가질 수 있는 특권을 부정한다. 유대인이 율법을 지킴으로써 자신을 이방인과 구별한다고 해도 그것이 그들을 의롭게 해주지 않는다. 혈통이 유대인이라고 해서 저절로 아브라함의 자손이 되는 것이 아니다. 다른 한편, 율법의 행위로 의롭게 되지 못한다는 말은 율법의 윤리적 무능성을 지적한다. 율법은 우리를 하나님의 주 되심에 순종하는 삶으로 이끌기는커녕 오히려 죄의 지배를 강화한다. 그러므로 우리에게는 의롭게 될 수 있는 다른 길이 필요하다.

율법의 행위로 의롭게 될 수 있다는 유대인들의 신념에는 그 배후에 하나님과 이스라엘 사이에 맺어진 언약이 있다. 그 언약에 따라 하나님은 이스라엘의 하나님이 되시고 이스라엘은 하나님의 백성이 되었다. 율법은 이스라엘 백성이 그 언약에 머물기 위한 수단이다. 율법을 지킴으로써 언약에 대한 그들의 신실함을 드러낼 수 있다. 그런데 로마서 2:17-25에서 바울은 유대인들이 율법의 백성임을 자랑하기만 할 뿐 정작 그 율법을 지키지는 않는다고 지적한다. 더 나아가 로마서 7:7-25에서 바울은 율법이 유대인을 신실하게 살도록 돕지도 못할뿐더러 오히려 율법이 죄의 지배의 도구가 되어버린다고 한탄한다. 그러므로 율법의 행위는 이제 유대인들에게도 신실함의 길이 될 수 없다.

3. 예수 그리스도의 신실하심

우리가 율법의 행위로 의롭게 될 수 없다면 무엇으로 의롭게 될 수 있을까? 그 답은 그리스어로 "피스티스 예수 크리스투"(πίστις Ἰησοῦ Χριστοῦ)를 통해서다(갈 2:16; 3:22; 롬 3:22; 참조. 갈 2:20; 3:26; 롬 3:26). "피스티스 예수 크리스투"는 우리말 성경에 "예수 그리스도를 믿음"(개역개정, 가톨릭) 또는 "예수 그리스도를 믿는 믿음"(새번역) 등으로 번역된다. 그러나 이 말을 직역하면 "예수 그리스도의 믿음"이다.

가. 피스티스 예수 크리스투

먼저 번역의 문제를 간략하게 살펴보자. "예수 그리스도의 믿음"이라는 어구는 다양한 의미로 이해될 수 있다. 그런데 성서학자들의 논쟁은 대개 두 가지 가능성 사이에서 이루어진다. 하나는 이

어구에서 "예수 그리스도"를 믿음의 "주어"로 보는 것이고, 다른 하나는 "예수 그리스도"를 믿음의 "목적어"로 보는 것이다. 우리에게는 "예수 그리스도를 믿는 믿음"이라는 후자의 해석이 익숙하다. 그러나 "예수 그리스도"를 믿음의 주어로 이해한다면 이 말은 "예수 그리스도가 가지신 믿음"이라는 뜻으로 해석된다. 이 경우 "믿음"보다는 "신실함"이라는 번역어가 더 잘 어울린다. 그래서 "예수 그리스도의 신실하심"이 된다.

"피스티스 예수 크리스투"를 전통적인 해석에 따라 "예수 그리스도를 믿는 믿음"(목적격 속격)으로 이해하는 것이 옳을까? 아니면 "예수 그리스도의 신실하심"(주격 속격)으로 이해하는 것이 옳을까? 성서학자들의 논쟁은 여전히 진행 중이다. 이 어구가 사용된 성경 본문들에는 둘 가운데 어느 의미를 대입하든 뜻이 잘 통한다. 또한 어느 진영에서도 반대 진영의 해석이 틀렸다고 입증할 만한 분명한 근거를 제시하지 못하고 있다. 전통적인 방식에 따라 "예수 그리스도를 믿는 믿음"으로 해석할 때는 우리의 신앙적 결단의 중요성을 잘 드러내 준다는 장점이 있다. 반면에 "예수 그리스도의 신실하심"으로 해석할 때는 하나님이 우리의 구원을 주도하신다는 사실을 잘 보여준다는 장점이 있다. 그러나 어느 한쪽을 택하면 다른 쪽의 장점을 포기해야 하는 것은 아니다. 어느 해석을 택하든 하나님의 주도하심과 우리의 책임을 모두 드러낼 수 있다.

나. 예수 그리스도의 피 안에 있는 신실하심

아마도 독자 가운데는 "예수 그리스도를 믿는 믿음"은 익숙하지만 "예수 그리스도의 신실하심"이란 개념은 낯선 이들이 적지 않을 것이다. 따라서 이 책에서는 후자의 해석에 어떤 함의가 있는지, 그리고 그 의미를 선택할 경우 본문의 해석이 어떻게 달라지는지 소개하고자 한다. 나는 "피스티스 예수 크리스투"를 "예수 그리스도의 신실하심"으로 해석할 때, 하나님의 신실하심을 강조하는 로마서의 신학적 방향과, 로마서의 바탕이 되는 언약의 맥락을 좀 더 잘 드러내 줄 수 있다고 본다.

독자들도 다음과 같은 질문을 던져본 적이 있을 것이다. 우리가 예수님을 믿는 믿음으로 의롭게 된다면, 그 의로움은 결국 우리 자신에게 달린 것이 아닌가? 하지만 이에 대해 선뜻 "그렇다"고 대답하는 사람은 많지 않을 듯하다. 왜냐하면 이신칭의를 믿는 대다수 그리스도인은 자신을 구원하는 것은 예수 그리스도의 십자가이고, 믿음이란 단지 그 십자가의 속죄를 자신의 것으로 받아들이는 것에 불과하다고 생각하기 때문이다. 다시 말해 우리를 구원하는 능력은 십자가에 있고, 우리의 믿음은 단지 그 구원이 이루어지는 통로에 불과하다. 그렇다면 우리는 믿음이 우리를 의롭게 한다고 말하기보다 예수님의 십자가가 우리를 의롭게 한다고 말해야 더 정확하지 않을까?

"예수 그리스도의 신실하심"이란 바로 그 십자가 사건에 나타난 예수 그리스도의 신실하심을 가리킨다. 물론 여기서 십자가란 부활과 주 되심으로 이어지는 일련의 복음 내러티브를 대표하는 사건으로서의 십자가다. 로마서 3:25을 원문에 가깝게 다시 옮기면 다음과 같다.

> [그 예수를] 하나님이 그의 피 안에 있는 신실하심을 통하여 속죄소로 내주셨다. 그것은 하나님께서 [우리가] 먼저 지은 죄들을 간과하심으로 그의 의를 드러내시기 위함이다(롬 3:25, 사역).

하나님이 당신의 의를 드러내시기 위해서 예수님을 "그의 피 안에 있는 신실하심"을 통해 속죄소로 내주셨다. 예수님의 신실하심이 그의 피 안에 있다는 말은 예수님의 신실하심이 그의 십자가를 통해 나타났음을 가리킨다. 우리는 이를 다시 빌립보서 2장에 나오는 바울의 "그리스도 찬가"에 비추어 이해할 수 있다. 여기서 바울은 예수님이 십자가에 죽기까지 "순종하셨다"(ὑπήκοος)고 말한다(빌 2:8). 로마서 5:19에서도 아담의 불순종과 대조되는 예수 그리스도의 특징은 "순종"이다. 로마서 1:5에서 확인했듯이 바울은 "믿음" 혹은 "신실함"(πίστις)과 "순종"(ὑπακοή)을 동의어로 사용한다. 즉 예수 그리스도는 십자가에 죽기까지 하나님의 주 되심에 순종하심으로써 그의 신실하심을 보이셨다. 이렇게 보면 이신칭의의 의미가 새롭게 다가오지 않는가? 우리를 구원하는 능력은 우리가 믿는 믿음에 있는 것이 아니라 예수 그리스도의 십자가에 있다. "예수 그리스도의 신실하심이 우리를 의롭게 한다." 이 말은 예수 그리스도의 십자가가 우리를 의롭게 한다는 뜻이다.

다. 예수님을 통해 나타난 하나님의 신실하심

"신실함"은 언약에 뿌리를 둔 용어다. 구약성경을 이어받아 바울이 로마서에서 강조하는 것은 하나님이 언제나 그의 백성에게 신실하셨다는 사실이다. 바울은 로마서 3:1-4에서 이스라엘은 불신실했지만 그것이 하나님의 신실하심을 폐하지는 못한다고 말한다. 그것이 바로 언약의 역사다(다음 표 참조). 이스라엘은 불신실하여 하나님을 떠나 다른 신을 따르기에 바빴지만, 언제나 당신의 백성에게 신실하신 하나님은 당신을 떠난 백성에게 다시 돌아오셔서 그들을 죄의 지배로부터 해방하심으로써 변함없는 신실하심을 보여주셨다. 그 하나님의 신실하심이 예수 그리스도의 신실하심을 통해 표현되었다.

① 본래 우리는 하나님과 언약을 맺은 백성

② 우리가 하나님을 떠나 죄의 노예가 됨

③ 하나님이 언약을 기억하시고 돌아오셔서 죄로부터 해방

④ 언약 관계의 회복: 주님의 영원한 통치

언약의 역사에서 제③항은 다시 돌아오셔서 그의 백성을 구원하시는 하나님의 신실하심을 말한다. 하나님의 그 신실하심이 가장 극적으로 드러난 사건이 바로 예수 그리스도의 십자가다. 예수 그리스도의 십자가로 대변되는 복음 사건은 그의 백성을 다시 찾아오시는 하나님의 신실하심을 분명하게 보여준다. 따라서 예수 그리스도의 신실하심을 통해 의롭게 된다는 것은, 우리가 의로움의 조건을 우리 스스로 갖추지 못하기 때문에 하나님이 다시 한번 주도적으로 우리를 그 언약으로 부르심을 의미한다. 이처럼 "예수 그리스도의 신실하심"은 우리의 구원을 하나님이 주도하신다는 사실, 즉 하나님의 은혜의 선행성(priority)[1]을 잘 드러내 주는 표현이다.

---

1   은혜의 여섯 가지 개념에 관해서는 다음 장의 제2절 "하나님의 은혜"에서 상세히 서술할 것이다.

라. 예수님, 십자가, 신실하심

예수 그리스도의 신실하심은 예수님의 십자가 사건을 가리킨다. 그런데 바울에게 십자가는 복음의 내러티브 전체를 대변하는 사건이다. 바울은 종종 십자가를 예수 그리스도 자신과 동일시하기도 한다. 예를 들어 갈라디아서 3장에서 바울은 율법의 역할에 관해 논하는 가운데 "믿음(신실함)이 오기 전에" 우리는 율법 아래에 매인 바 되고 "계시될 믿음(신실함)의 때"까지 갇혀 있었다고 말한다. 여기서 "믿음"(신실함)이란 예수님이라는 인물 또는 "예수 사건" 자체를 가리킨다. 예수님이 오시기까지 우리가 율법에 갇혀 있었다는 것이다.

이와 비슷한 용법을 로마서 5장에서도 발견할 수 있다. 바울은 로마서 제1부(롬 1-4장)에서 우리가 예수 그리스도의 신실함으로 의롭게 됨을 밝힌 후에, 제2부(롬 5-8장)에서는 의롭게 된 하나님의 백성이 어떻게 살아야 하는지 삶의 원리를 제시한다. 이렇게 로마서 제2부의 새로운 논의를 시작하기 전에 바울은 로마서 5:1에서 그동안의 논의를 요약한다. 그와 비슷한 요약은 로마서 5:9, 10a에도 담겨 있다. 그 세 구절을 잠시 살펴보자. 로마서 5:1에서 "믿음"으로 번역된 그리스어는 "피스티스"다.

그러므로 우리가 믿음으로 의롭다 하심을 받았으니(롬 5:1a).

우리 주 예수 그리스도로 말미암아 하나님과 화평을 누리자(롬 5:1b).

그러면 이제 우리가 그의 피로 말미암아 의롭다 하심을 받았으니 (롬 5:9a).

곧 우리가 원수 되었을 때에 그의 아들의 죽으심으로 말미암아 하나님과 화목하게 되었은즉(롬 5:10a).

이 세 구절에는 "A로 (말미암아) B 되다"라는 형식의 서술이 반복된다. 그런데 각 구문에서 A에 해당하는 것들은 모두 같은 사실을 가리키고 B에 해당하는 것들도 모두 한 가지 사실을 가리킨다. 이런 형식에 주목하면 그 내용을 다음의 표로 나타낼 수 있다.

	A	B
롬 5:1a	믿음(신실함)	의롭게 됨
롬 5:1b	주 예수 그리스도	하나님과 평화를 누림
롬 5:9a	그의 피	의롭게 됨
롬 5:10a	그의 아들의 죽으심	하나님과 화목하게 됨

여기서 A에 해당하는 "믿음"(신실함)이란 "예수님의 피" 곧 "하나님의 아들의 죽으심"을 가리키며 이 사건이 "주 예수 그리스도"

자신을 대변한다. 마찬가지로 B에 해당하는 "의롭게 됨"은 곧 "하나님과 평화를 누림"이며 "하나님과 화목하게 됨"이기도 하다. 이처럼 이 본문은 우리가 믿음으로 의롭게 되었다는 이신칭의를 부연해준다. 이런 병행 서술에 관한 이해는 본문의 "피스티스"를 "예수님을 믿는 믿음"보다는 "예수 그리스도의 신실하심"으로 해석할 때 더 매끄러워진다.

4. 우리의 믿음

앞서 우리는 이신칭의가 예수 그리스도를 믿는 "우리의 믿음"으로 의롭게 된다는 뜻이 아니라 "예수 그리스도의 신실하심"으로 말미암아 의롭게 된다는 뜻임을 확인했다. 그렇다면 우리의 믿음은 무엇인가? 우리는 우리가 예수님을 믿는 그 믿음과 관계없이 십자가에서 이미 의롭게 된 것인가?

가. 하나님의 언약 제안을 받아들임

그렇지 않다. 우리가 예수님을 믿지 않는 한 십자가에서 이루어진 구원 사건, 즉 예수님이 십자가에서 죽임당하시고 다시 살아나셔서 우리의 주님이 되신 복음 사건은 우리의 것이 되지 않는다. 예수님이 복음 사건을 통해 이미 죄의 지배를 허무시고 하나님의 주 되심을 확증하셨지만, 그 주 되심은 아직 나에게 이루어지지 않았다. 하나님 나라가 세워졌지만 나는 아직 그 나라의 국민이 아닌 것이다. 우리는 어떻게 그 나라의 국민이 될 수 있을까? 그 국적을 획득하는 방법은 한 가지밖에 없다. 그것은 하나님이 우리에게 그 나라의 국민이 되라고 초청하실 때 그 제안을 받아들이는 것이다. 그 제안을 받아들이는 것이 곧 우리의 믿음이다.

이는 아브라함 언약을 배경으로 살펴보면 이해하기가 쉽다. 하나님은 아브라함을 선택하셔서 당신의 백성으로 삼기로 뜻을 정하고 그를 부르셔서 "너의 고향과 친척과 아버지의 집을 떠나 내가 네게 보여줄 땅으로 가라"고 명하셨다(창 12:1). 이것이 바로 당신의 백성이 되라는 하나님의 언약 제안이다. 여기서 아브라함과 그의 자손을 하나님의 백성이 되게 하는 능력은 하나님께 있다. 그러나 그 국적의 취득은 아브라함이 하나님의 제안을 받아들일 때에야 비로소 이루어진다.

로마서 4:3은 아브라함이 그렇게 하나님의 언약 제안을 받아들인 것을 가리켜 "아브라함이 하나님을 믿었다"고 말한다. 이는 창세기 15:6의 인용이다.

아브람이 여호와를 믿으니 여호와께서 이를 그의 의로 여기시고(창 15:6).

제2부 • 하나님 나라의 복음

여기서 우리가 주목할 점은 창세기 15장이 하나님과 아브라함의 언약을 기술한다는 것이다. 그 언약이 체결되는 구체적인 장면은 창세기 15:6 뒤에 이어지는 본문에 자세히 서술된다. 그리고 실제 "언약"이라는 단어는 창세기 15:18에 등장한다. 아브라함이 하나님을 믿음으로써, 즉 그가 하나님의 언약 제안을 받아들임으로써 하나님과 아브라함 사이에 언약이 체결된 것이다.

그와 마찬가지로 하나님은 예수 그리스도의 십자가에서 우리에게 언약을 제안하셨다. 하나님은 예수 그리스도의 복음 사건을 통해 하나님 나라를 세우시고 우리에게 그 나라의 백성이 되지 않겠느냐고 물으신다. 그 제안을 받아들여 예수 그리스도의 하나님을 나의 주님으로 삼는 것이 예수님을 믿는 것이다. 예수님을 믿음으로써 우리는 주 하나님의 백성으로서 언약 관계에 들어가게 된다.

나. 하나님을 믿음

로마서 4장에서 "아브라함이 믿었다"는 말은 3, 5, 17절에 나오는데, 이 구절들에는 공통점이 있다. 그것은 "아브라함이 믿었다"고 할 때 그가 믿은 대상은 하나님에 관한 어떤 사실이나 교리가 아니라 단순히 하나님이라는 사실이다. 다음 세 구절을 자세히 관찰해 보자.

성경이 무엇을 말하느냐? 아브라함이 하나님을 믿으매 그것이 그에게 의로 여겨진 바 되었느니라(롬 4:3).

일을 아니 할지라도 경건하지 아니한 자를 의롭다 하시는 이를 믿는 자에게는 그의 믿음을 의로 여기시나니(롬 4:5).

기록된바 "내가 너를 많은 민족의 조상으로 세웠다" 하심과 같으니 그가 믿은바 하나님은 죽은 자를 살리시며 없는 것을 있는 것으로 부르시는 이시니라(롬 4:17).

믿음이란 하나님에 관한 어떤 사실에 동의하는 것이 아니라 하나님과 언약 관계를 맺는 것이다. 물론 하나님에 관한 사실을 받아들이는 것 역시 우리의 믿음에 당연히 포함된다. 모르는 대상과 언약을 맺을 수는 없기 때문이다. 그러나 믿음의 핵심은 하나님이 우리의 주님이 되시고 우리가 그분의 백성이 되는 것에 있다. 우리가 믿는 하나님에 관한 가장 중요한 사실은 그분이 우리를 구원하셨다는 것이다. 구원은 하나님의 선물이다. 믿음은 선물을 믿는 것도 아니고, 하나님이 선물을 주신다는 사실을 믿는 것도 아니다. 다만 그 선물을 주시는 하나님을 믿는 것이다.

로마서의 주제가 이신칭의라고 할 때 그것은 하나님이 주시는 구원의 선물에 주목하는 것이다. 그러나 로마서에서 바울의 주된

제2부 • 하나님 나라의 복음

관심은 선물에 있지 않다. 바울은 오히려 그 선물을 주시는 하나
님, 그 하나님이 옳으시다는 데 주의를 집중한다. 이신칭의라는 선
물은 하나님이 그분의 의를 계시하신 목적 가운데 하나일 뿐이다.
우리의 시선을 구원의 선물로부터 하나님의 존재로 옮겨야 한다.
하나님과 맺는 관계 즉 하나님의 주 되심이 우리의 주 관심사가 되
어야 하는 것이다.

다. 그리스도인들의 믿음

아브라함의 믿음에 관한 논의는 로마서 4장 후반부에서 그리스도
인들의 믿음에 관한 논의로 이어진다. 우리의 믿음은 무엇일까? 로
마서 4:24-25에 그 답이 들어 있다.

> 24의로 여기심을 받을 우리도 위함이니 곧 예수 우리 주를 죽은 자
> 가운데서 살리신 이를 믿는 자니라. 25예수는 우리가 범죄한 것 때
> 문에 내줌이 되고 또한 우리를 의롭다 하시기 위하여 살아나셨느니
> 라(롬 4:24-25).

우리의 믿음은 하나님을 향한 것이다. 그런데 그 하나님은 "예수
우리 주를 죽은 자 가운데서 살리신 이"시다. 그 예수님은 우리가
범죄한 것 때문에 내줌이 되고 우리를 의롭게 하시기 위해 살아나

셨다. 이 신앙고백에는 예수님의 십자가와 부활과 주 되심으로 이어지는 복음의 내러티브가 촘촘하게 들어 있다. 그런데 우리의 믿음은 그 내러티브의 사실성 여부에 관련된 것이 아니다. 우리의 믿음은 오히려 그 모든 사실의 주체이신 하나님 곧 "우리 주 예수를 죽은 자 가운데서 살리신 하나님"을 향한다. 예수 그리스도의 하나님을 믿는 것, 그분을 주님으로 맞이하는 언약 관계를 맺는 것, 그것이 바로 우리의 믿음이다.

그런데 우리의 믿음은 하나님의 언약 제안을 받아들이는 것에서 그치지 않는다. 하나님과 언약을 맺었으면 그 언약에 계속해서 머물러야 한다. 그렇게 언약을 유지하는 것이 우리의 믿음 즉 신실함이다. 왜냐하면 우리가 맺은 언약은 예수 그리스도의 하나님을 우리의 주님으로 삼는 것이기 때문이다. 마치 혼인 예식에서 신랑과 신부가 서로에게 하는 서약이 결혼 생활의 시작을 의미하듯이 예수님의 주 되심을 고백함으로써 우리의 신앙생활은 이제 비로소 시작된다.

라. 믿음의 7명제

찰스 탈버트(Charles Talbert)는 우리가 지금까지 논의한 믿음의 성격을 로마서 주석에서 일목요연하게 정리했다. 탈버트는 미국에서 가장 보수적인 교단에 속하는 남침례교회(Southern Baptist)를 대표하는 신학자 가운데 하나다. 그는 바울이 믿음에 관해 말하는 내용을 일곱 가지 명제로 정리했다. 그는 로마서의 복음이 하나님 나라의 복음이라고 말하지는 않는다. 하지만 그의 7명제는 하나님 나라 복음에 기초한 믿음의 이해에 부합한다. 그가 제시한 명제는 모두 "바울에 의하면"이라는 도입어구로 시작되며 부정문 형식을 띤다.[2]

1) 믿음이 구원하는 것이 아니다

첫 명제에서 탈버트는 내가 예수님을 믿는 그 믿음이 나를 구원하는 것이 아니라 하나님이 구원하신다고 말한다. 우리의 구원은 하나님의 주도하심에 의해 이루어진다. 은혜로 구원받는 것이다. 우리의 믿음은 단지 하나님이 이루신 그 구원을 받아들이는 것에 불과하다. 그러므로 정확히 말해 우리는 하나님의 은혜에 의해, 우리의 믿음을 통해 구원받는다. 탈버트는 이 명제를 뚜렷하게 뒷받침하는 근거 구절로 에베소서 2:8을 제시한다.

> 너희는 그 은혜에 의하여 믿음으로 말미암아 구원을 받았으니 이것은 너희에게서 난 것이 아니요 하나님의 선물이라(엡 2:8).

---

2 이후의 서술은 다음 내용을 정리한 것이다. Charles Talbert, *Smyth & Helwys Bible Commentary: Romans*(Macon, Ga.: Smyth & Helwys, 2002), 125-27.

2) 믿음은 업적이 아니다

이 명제는 첫 명제를 이어받아 더 자세히 설명한다. 여기서 "업적"이란 우리가 무엇을 함으로써 하나님이 우리에게 우호적으로 응답하시게 하는 것을 말한다. 믿음은 그런 것이 아니라 철저히 우리의 "응답"이다. 하나님이 주도적으로 이루어놓으신 구원으로 우리를 초대하실 때 우리는 단지 그 언약 제안을 받아들일 뿐이다. 탈버트에 따르면 "하나님이 우리를 의롭게 하시는 것은 우리의 믿음 때문이 아니라 믿음을 통해서다. 믿음은…우리를 의롭게 하는 조건이 아니다. 믿음이란 의로워짐을 받아들이는 것이며 의로워짐을 경험하는 것이다."

3) 믿음이란 교리 조항들을 믿는 것이 아니다

믿음의 대상은 교리가 아니라 하나님 또는 그리스도의 인격이다. 이에 관해서는 앞서 로마서 4장이 말하는 아브라함의 믿음을 통해 확인한 바 있다. 탈버트에 따르면 이 명제는 "믿음이란 지성적 용어가 아니라 종교적·관계적 용어임을 의미한다." 탈버트가 인용한 루터의 말이 그것을 든든하게 뒷받침한다.

두 가지 믿음이 있다. 하나는 하나님에 관해 믿는 것이다. 이것은…믿음이라기보다는 지식 또는 관찰이다. 다른 하나는 하나님을 믿는 것이다. 내가 하나님을 신뢰하고 그에게 나 자신을 굴복시키며 그

와 함께 담대해지는 것처럼 말이다(Martin Luther, "A Brief Explana-
tion of the Ten Commandments, the Creed, and the Lord's Prayer").

그런데 바울 서신 가운데는 마치 우리를 구원하는 믿음이 어떤
교리 조항을 받아들이는 것과 관련된 듯이 말하는 구절이 있다. 바
로 로마서 10:9-10이다.

9네가 만일 네 입으로 예수를 주로 시인하며 또 하나님께서 그를
죽은 자 가운데서 살리신 것을 네 마음에 믿으면 구원을 받으리라.
10사람이 마음으로 믿어 의에 이르고 입으로 시인하여 구원에 이르
느니라(롬 10:9-10).

이 구절만 떼어놓고 보면 그렇게 생각하기가 쉽다. 그러나 탈버트
는 이 구절을 예외적인 것으로 간주한다. 바울의 일반적인 서술에
따르면 이 말씀은 예수님의 십자가와 부활에 관한 "교리"를 믿는
것이 아니라, 예수님을 죽은 자 가운데서 일으키신 "하나님"을 믿
는다는 뜻으로 이해되어야 한다는 것이다. 이런 탈버트의 해석이
적절하다는 사실은 로마서 4:24에서 다시 확인할 수 있다. 여기서
바울은 믿음이란 "예수 우리 주를 죽은 자 가운데서 살리신 이를
믿는" 것이라 말하기 때문이다.

그런데 탈버트에게서 한 가지 아쉬운 점은 그가 로마서 10:9을

해설하면서 십자가와 부활만을 고려할 뿐, 정작 중요한 예수님의 주 되심에 관한 고백은 빼놓고 지나간다는 것이다. 하나님은 단지 "예수님을 죽은 자 가운데서 일으키신 분"에 그치지 않는다. 하나님은 "우리 주" 예수님을 죽은 자 가운데서 일으킨 분이시다.

4) 믿음이란 행동이냐 태도냐 감정이냐의 문제가 아니다

믿음이 행동이 아니라 하면 어떤 사람들은 "아, 그러면 믿음은 행동이 아닌 감정이나 태도구나" 하고 오해한다. 그래서 많은 사람이 종교 체험을 통한 감정의 고양을 추구한다. 그러나 탈버트는 믿음이란 행동이냐 태도냐 감정이냐의 문제가 아니라고 말한다. 믿음은 감정과 태도와 행동을 모두 포함하기 때문이다. 탈버트는 이 점에서 바울과 야고보가 동일하다고 말한다. 즉 그 무엇이든 만일 그것이 하나님의 승인을 이끌어내기 위한 어떤 종교적 노력으로 이루어진다면 그것은 믿음이 아니라 "업적"이 되어버린다. 그러나 그것이 하나님이 주도하시는 구원에 대한 응답으로 이루어진다면, 감정이나 행동이나 태도는 모두 믿음을 구성하는 한 부분이 될 수 있다.

5) 믿음이란 일회적 사건이 아니다

믿음이란 일회적으로 이루어지는 사건이 아니다. 다시 말해 우리가 예수 그리스도를 영접함으로써 믿음이 완성되는 것이 아니다.

우리는 믿음을 통해 그리스도인의 삶을 시작할 뿐 아니라 믿음으로 그리스도인의 삶을 계속해간다. 그리스도인의 삶은 하나님에 대한 신실한 응답으로 시작되고 끝난다. 이는 소위 "구원의 서정론", 즉 칭의와 성화를 단계적으로 구별하여 믿음은 칭의의 단계에만 적용되고 성화의 단계는 사랑이나 지식이나 행동과 같은 다른 것으로 구성된다는 논리를 반박한다.

6) 믿음은 하나님에 대한 부분적 응답이 아니다

믿음은 우리의 전인격을 통한 응답이다. 거기에는 행동과 태도와 감정이 모두 들어 있으며 신뢰와 순종도 포함된다. 탈버트는 이를 사람들 사이에서 이루어지는 사랑의 관계에 비유한다. 우리가 어떤 사람과 사랑의 관계를 이루기 위해서는 먼저 상대방을 신뢰해야 한다. 그리고 일단 어떤 사람을 사랑하게 되면 그가 무엇을 좋아하고 무엇을 싫어하는지를 알게 되고 자연스럽게 거기에 맞추게 된다. 탈버트는 그것이 바로 순종이라고 말한다. 하나님과의 관계도 그렇다는 것이다. 그의 말대로 "믿음이란 은혜의 제안을 받아들이는 것일 뿐 아니라 은혜의 의무를 받아들이는 것이기도 하다."

7) 믿음이란 단지 예수님을 따르기로 하는 나의 결정이 아니다

믿음이란 예수님을 따르기로 하는 나의 결정만으로 이루어지지 않는다. 믿음은 하나님의 선물이다. 이를 설명하기 위해 탈버트는 사랑의 비유를 이어간다. 우리가 어떤 사람과 사랑에 빠지게 되는 그 순간은 내가 결정할 수 있는 것이 아니다. 지금이 사랑에 빠지기 좋은 순간이라고 판단해서 사랑에 빠지거나 상대방이 꼭 자신이 좋아하는 이상형이라고 판단해서 사랑에 빠지지 않는다. 사랑에 빠지기 위해서는 작든 크든, 안에서든 밖에서든 어떤 사건이 일어나야 한다. 그와 마찬가지로 믿는 것도 우리 마음대로 결정되지 않는다. 하나님과 나 사이에 어떤 사건이 일어나야 한다. 그것도 은혜다. 탈버트는 이를 뒷받침하는 구절로 빌립보서 1:29을 제시한다.

그리스도를 위하여 너희에게 은혜를 주신 것은 다만 그를 믿을 뿐 아니라 또한 그를 위하여 고난도 받게 하려 하심이라(빌 1:29).

제2부 • 하나님 나라의 복음

제6장

영광의 소망

1. "이미"와 "아직"

우리는 이미 구원받았다. 하나님이 예수 그리스도의 복음 사건을 통해 우리를 죄의 지배로부터 구원하시고 우리가 그 구원을 받아들여 하나님의 백성이 되었기 때문이다. 그러나 이 모든 것은 시작일 뿐이다. 우리가 구원받았다는 말은 구원의 과정이 시작되었다는 말이지 완성되었다는 말이 아니다. 우리 안에 하나님 나라가 "이미" 시작되었으나 파라오의 질서가 "아직" 끝나지 않았고, 우리는 "이미" 구원의 길에 들어섰으나 "아직" 그 여정의 종착점에 도달하지는 못했다. 우리 그리스도인들의 이런 실존은 출애굽하여 광야를 걷는 이스라엘에 비유할 만하다. 우리는 "이미" 애굽으로부터 해방되었으나 "아직" 가나안에 도착하지는 못했다.

가. 로마서 제2부(롬 5-8장)

그런 그리스도인의 실존을 가장 잘 보여주는 것이 로마서의 제2부
인 로마서 5-8장이다. 그러나 로마서 5-8장은 옛 관점에 의해서
도, 새 관점에 의해서도 정당한 대우를 받지 못해왔다. "이신칭의"
를 로마서의 중심 주제로 간주하는 해석자들의 관점에서는 로마서
3:21-31이 로마서의 중심이고, 로마서 5-8장은 구원이 이미 결
정된 후의 삶을 서술하는 내용일 뿐이다. 다른 한편 새 관점의 해
석자들에게도 로마서 제2부는 정당한 평가를 받지 못했는데, 이는
그들이 로마서의 중심으로 간주하는 유대인과 이방인의 관계 문제
가 제2부에는 나타나지 않기 때문이다. 그러나 로마서 제2부는 하
나님 나라의 복음을 가장 잘 보여주는 본문 가운데 하나로서 우리
의 특별한 관심을 받아야 할 가치와 이유가 있다.

　　로마서 제2부(롬 5-8장)는 구원의 완성을 향해 나아가는 그리
스도인의 삶의 원리를 보여준다. 그리스도인들은 하나님 나라와
죄의 지배 사이에 놓여 있다. 하나님 나라가 이미 시작되었고 죄의
지배는 패망이 결정되었으나 여전히 막강한 영향력이 있다. 로마
서 5-8장은 그런 상황에 놓인 우리를 향해 죄의 지배로 돌아가지
말라고 반복해 촉구한다. 죄의 지배는 아담의 범죄에서 기원한다.

그런데 율법은 그 죄의 지배를 해결할 능력이 없다. 오직 그리스도 예수 안에 길이 있다. 그런 삶 가운데 우리의 목표는 장래 구원의 완성과 함께 이루어질 영광에 대한 소망이다. 그리고 성령은 그 삶을 친히 이끄신다.

로마서 제2부를 시작하는 로마서 5:1-11과 마무리하는 8장은 수미상관을 이루며 그 모든 내용을 압축해 보여준다. 로마서 제2부의 구조를 간단하게 정리하면 다음과 같다.

영광의 소망과 성령의 이끄심(롬 5:1-11)

- 죄의 지배의 기원과 은혜의 통치: 아담과 그리스도(롬 5:12-21)
- 죄의 지배로 돌아가지 말라!(롬 6:1-7:6)
- 죄의 지배를 율법이 해결하지 못함(롬 7:7-25)

영광의 소망과 성령의 이끄심(롬 8장)

로마서 제2부에 나타나는 수미상관 구조는 첫 단락(롬 5:1-11)과 마지막 단락(롬 8장)에 담긴 여러 어휘의 병행을 통해 확인할 수 있다. "평화", "영광", "구원", "소망", "환난", "인내", "성령", "사랑"과 같은 단어들이 두 단락에 집중적으로 사용되어 로마서 5-8장의 수미상관 구조를 부각한다. 다음 표를 보면 이 어휘들이 두 번의 예외(롬 6, 7장에 "영광"과 "성령" 각 1회)를 제외하고는 모두 첫 단락과 마지막 단락에 집중되어 있음을 알 수 있다.

	롬 5:1-11	예외	롬 8장
평화	1절		6절
영광	2절	6:4	18, 21절
구원	9절		24절
소망	2, 4절		20, 24절
환난	3절		35절
인내	3절		25절
성령	5절	7:6	2, 4, 9, 13, 23, 26절
사랑	5, 8절		38-39절

로마서 제2부(5-8장)의 수미상관 구조

　　수미상관 구조를 뒷받침하는 이 어휘들이 로마서 제2부를 이해하는 열쇠가 될 수 있다. 먼저 그리스도인의 삶이란 "평화"(מִלוֹם)를 이루어가는 과정이다(롬 5:1; 8:6). 여기서 평화 즉 샬롬이란 단지 전쟁의 부재를 가리키거나 마음의 평안을 가리키는 것이 아니다. 평화란 모든 창조세계가 각기 제자리에 놓여 서로 온전한 관계를 형성하는 상태를 가리키는 말이다. 곧 하나님이 천지를 창조하신 본래의 상태가 샬롬이다. 구원이란 그 첫 창조의 온전함으로 돌아가는 것인데 로마서는 그것을 "평화"라는 말에 함축한다. 구원의 완성을 향해 나아가는 과정은 우리가 하나님의 "영광"에 도달해가는 과정, 곧 "영화"(glorification)의 과정이기도 하다(롬 5:2; 8:18, 21). 영화는 칭의와 성화 다음에 오는 과정이 아니다. 우리의 구원의 전 과정이 영화의 과정이다.

"영화"는 로마서 5-8장의 수미상관 구조에서 매우 중요한 개념이지만 "성화"는 그런 중심 개념으로 사용되는 것 같지 않다. 물론 "성화"라는 개념도 로마서 제2부에 등장한다(롬 6:19, 22). 그리고 성화는 분명히 그리스도인의 삶을 특징짓는 중요한 개념이다. 그러나 성화가 로마서 5-8장 전체를 대표하는 핵심적인 주제라 하기는 어렵다. 또한 구원의 서정론에 따라 로마서 1-4장을 "칭의"로, 5-8장을 "성화"로, 그리고 그다음에 이루어질 구원의 완성을 "영화"로 간주하는 해석 역시 로마서 본문의 지지를 받지 못한다.[1]

이어서 로마서 제2부의 또 다른 키워드들을 살펴보자. 우리는 "구원"받을 것이다(롬 5:9; 8:24). 그러나 우리의 구원은 아직 완성되지 않았고 여전히 "소망" 가운데 있다(롬 5:2, 4; 8:20, 24). 바울은 "우리가 소망으로 (또는 소망 가운데) 구원을 얻었다"고 말한다(롬 8:24). 하지만 지금 우리에게는 "환난"이 있다(롬 5:3; 8:35). 이는 광야를 걷는 이스라엘이 겪은 것과 같은 환난으로서 우리가

---

[1] 구원의 서정론에서 불거지는 문제점은 김세윤의 『칭의와 성화』에 잘 정리되어 있다. 김세윤은 바울에게서 칭의와 성화와 영화는 동일한 구원 사건을 서로 다른 측면에서 바라본 것이라고 말한다. 하지만 구원의 서정론은 칭의가 그리스도인의 과거이고, 성화는 현재이며, 영화는 그리스도인이 미래에 즉 종말에 일어날 사건이라고 본다. 김세윤은 그런 도식이 성경을 바로 읽은 것이 아니라고 말한다. 그에 따르면 오히려 칭의에도 과거, 현재, 미래가 있으며, 성화와 영화에도 과거, 현재, 미래가 있다고 보는 것이 바울의 서술에 더 가깝다. 김세윤, 『칭의와 성화』, 177-93.

이집트에 머물지 않고 가나안을 향해 나선 결과다. 그러나 우리는 인내하며 이 모든 환난을 이겨내고 꿋꿋이 가나안을 향해 나아간다(롬 5:3; 8:25). 그것이 어떻게 가능할까? 오직 "성령"으로 인해 가능하다(롬 5:5; 8:2, 4, 9, 13, 23, 26). 성령이 그리스도를 통한 하나님의 "사랑"을 우리 마음에 부어주셔서 우리가 그 사랑으로 말미암아 환난의 현실을 이겨낸다. 그 어느 피조물도 우리를 하나님의 사랑에서 끊을 수 없다(롬 5:5, 8; 8:38-39).

나. 죄의 지배로 돌아가지 말라

이렇게 구원의 완성을 향해 나아가는 그리스도인들을 향하여 로마서 6장은 다시 죄의 지배로 돌아가지 말라고 권고한다. 로마서 6장은 우리의 존재를 "옛 사람"(롬 6:6)과 "새 생명"(롬 6:4)의 대조를 통해 설명한다. 옛 사람은 옛 시대 곧 "이 세대"에 속한 존재다. 반면 새 생명은 "오는 세대" 곧 하나님 나라에 속한 존재다. 바울은 "우리의 옛 사람은 이미 죽었다"고 말하며 "그런데 왜 죽은 그 존재로 돌아가려 하느냐?"고 반문한다. 이런 논조는 로마서에서 계속해서 유지된다. 다음 구절들을 살펴보자.

> 그럴 수 없느니라. 죄에 대하여 죽은 우리가 어찌 그 가운데 더 살리요?(롬 6:2)

제2부 • 하나님 나라의 복음

6우리가 알거니와 우리의 옛 사람이 예수와 함께 십자가에 못 박힌 것은 죄의 몸이 죽어 다시는 우리가 죄에게 종노릇하지 아니하려 함이니 7이는 죽은 자가 죄에서 벗어나 의롭다 하심을 얻었음이라 (롬 6:6-7).

12그러므로 너희는 죄가 너희 죽을 몸을 지배하지 못하게 하여 몸의 사욕에 순종하지 말고 13또한 너희 지체를 불의의 무기로 죄에게 내주지 말고 오직 너희 자신을 죽은 자 가운데서 다시 살아난 자 같이 하나님께 드리며 너희 지체를 의의 무기로 하나님께 드리라 (롬 6:12-13).

바울은 우리의 옛 사람이 "이미 죽었음"을 강조한다. 바울은 왜 이렇게 "이미"를 강조할까? 그것은 "아직"을 부정하거나 과소평가하는 것이 아니다. 한편으로 그 이유는 십자가와 부활과 주 되심으로 이어지는 예수 그리스도의 복음 사건을 통해 죄의 지배가 이미 패망하는 것으로 결정되었기 때문이다. 바울은 사망의 쏘는 것 즉 파라오의 질서가 지닌 독침이 이미 제거되었다고 말한다(고전 15:55). "이 세대"가 여전히 서슬이 시퍼렇게 살아서 세력을 떨치고 있는 것처럼 보이지만 그것은 무너져 가는 권력에 불과하다. 그러나 다른 한편 바울이 구원의 "이미"를 강조하는 이유는, 역설적으로 여전히 살아 있는 이 세대의 영향력이 너무나 크기 때문이다.

아무리 무너져 가는 권력이라 할지라도 연약한 인간의 경험 안에서는 여전히 막강하다. 그래서 그로 인한 환난이 있다. 우리는 그 환난 가운데서 소망을 부둥켜안고 살아야 한다. 이렇게 "아직"의 현실적 위력이 여전히 너무나 크기에 우리는 "이미" 이루어진 하나님 나라를 바라보며 소망의 능력으로 살아가지 않으면 안 된다.

> 3다만 이뿐 아니라 우리가 환난 중에도 즐거워하나니 이는 환난은 인내를, 4인내는 연단을, 연단은 소망을 이루는 줄 앎이로다(롬 5:3-4).

> 생각하건대 현재의 고난은 장차 우리에게 나타날 영광과 비교할 수 없도다(롬 8:18).

그러나 소망은 아직 오지 않은 것을 대상으로 한다. 소망의 대상은 눈에 보이지 않고 손에 잡히지 않는다. 따라서 소망도 시간이 지나면 희미해지기 마련이다. 작은 환난은 오히려 소망을 강화하기도 하지만, 환난이 연이어지거나 극심해지면 인간의 힘으로는 버티기 힘들 수밖에 없다. 그렇게 엄연한 "아직"의 현실에서 "이미"의 신앙에 기초한 그리스도인의 삶이 얼마나 지속될 수 있을까? 그러나 그리스도인의 소망이란 단지 인간적인 불굴의 의지나 낙관적인 태도가 아니다. 우리에게 소망이 가능한 것은 성령을 통해 부어주시는 하나님의 사랑 때문이다.

소망이 우리를 부끄럽게 하지 아니함은 우리에게 주신 성령으로 말미암아 하나님의 사랑이 우리 마음에 부은 바 됨이니(롬 5:5).

우리가 아직 죄인 되었을 때에 그리스도께서 우리를 위하여 죽으심으로 하나님께서 우리에 대한 자기의 사랑을 확증하셨느니라(롬 5:8).

26이와 같이 성령도 우리의 연약함을 도우시나니 우리는 마땅히 기도할 바를 알지 못하나 오직 성령이 말할 수 없는 탄식으로 우리를 위하여 친히 간구하시느니라. 27마음을 살피시는 이가 성령의 생각을 아시나니 이는 성령이 하나님의 뜻대로 성도를 위하여 간구하심이니라(롬 8:26-27).

2. 하나님의 은혜

영광의 소망을 향해 나아가는 그리스도인의 삶을 넓은 시야로 살펴보면 성령의 도우심은 "하나님의 은혜"라는 주제 안에 포괄된다. 우리가 예수 그리스도를 주님으로 영접할 수 있는 것도 하나님의 은혜이고, 또 그리스도인답게 살아가며 구원의 완성을 향해 나아갈 수 있는 것도 하나님의 은혜다. 그러나 은혜로 구원받는다는 말은, 그리고 은혜로 산다는 말은 자주 오해되는 것처럼 그리스도인답게 살아야 하는 책임의 면제를 의미하지 않는다.

가. 은혜의 여섯 가지 의미

은혜란 무엇일까? 바울이 말하는 "은혜"에 관한 기존의 이해를 완전히 뒤바꾸어놓은 책 한 권이 최근에 출간되었다. 존 바클레이(John Barclay)가 쓴 『바울과 선물』(2015)인데,[2] 이 책은 최근 20년간 저술된 바울 신학 연구서 가운데 가장 뛰어난 책 중 하나로 평가된다.

앞서 소개했던 바울 신학의 새 관점과 비교해 이 책이 점하는 위치를 가늠해보자. 옛 관점은 유대교가 율법 준수를 통해 구원을 추구하는 차가운 율법주의 종교라고 간주했다. 그러나 제2성전 시대 유대교에 관한 연구가 발전하면서 바울 당시 유대교는 그런 율법주의 종교가 아니었음이 드러났다. 유대교도 기독교와 마찬가지로 하나님의 은혜로 구원받음을 인정하는 은혜의 종교였으며, 율

---

2   John M.C. Barclay, *Paul and the Gift*(Grand Rapids: Wm.B. Eerdmans, 2015, 새물결플러스 근간).

법은 단지 그 언약에 머무는 수단이었을 뿐 언약에 들어가는 조건으로 인식되지 않았다는 것이다. 하지만 이후에 새 관점에 대해 무시할 수 없는 반론이 제기되었다. 즉 그 당시 유대교는 다양성과 복합성을 지닌 종교로서, 새 관점을 대표하는 샌더스가 말한 "언약적 율법주의"(Covenantal Nomism)로 획일화할 수 없다는 것이다.

바클레이는 그런 비판을 좀 더 구체화하며 동시에 새 관점을 보완하는 답을 제시한다. 우선 그는 제2성전 시대의 유대교를 포괄적으로 연구함으로써 샌더스가 말한 대로 당시 유대교도 은혜의 종교였다는 사실을 확인한다. 유대교 안의 모든 분파가 하나님의 은혜를 말했다는 것이다. 그런데 문제는 은혜를 말하되 그 "은혜"라는 말의 의미를 저마다 다른 뜻으로 사용했다는 점이다. 여기서 새 관점 학파의 오류는 자신들이 상정한 은혜의 특정 개념을 바울 당시 유대교에 적용하여 일반화한 것이다. 이런 발견을 통해 바클레이의 연구는 새 관점을 보완하면서 동시에 극복하는 결과를 가져왔다. 더 나아가 그의 연구는 왜곡된 은혜 개념을 바로잡음으로써 하나님 나라 복음을 이해하는 데도 큰 도움을 준다.

바클레이는 제2성전 시대 유대교 문헌들을 그 당시의 시대 배경 속에서 연구했을 뿐 아니라 교회사를 훑으며 주요 신학자들의 저술에서 "은혜"라는 말이 어떤 뜻으로 사용되었는지 조사했다. 그 결과 바클레이는 "은혜"가 다면적인 개념임을 발견했다. 마치 다양한 각도의 여러 면을 뽐내는 보석처럼 "은혜"라는 말은 다양한 측면을 가지고 있다. 그런데 "은혜"를 말하는 사람에 따라, 그리고 "은혜"가 사용되는 맥락에 따라 그중 몇 개의 측면이 특별히 두드러진다. 달리 말해 개념의 한 측면 또는 몇 측면이 확장되고 극대화된다.[3] 그 결과 "은혜"는 사용하는 사람에 따라 서로 다른 의미를 지니게 된다.

여기서 먼저 바클레이가 제시한 은혜의 개념을 여섯 가지 측면에서 하나씩 살펴보자. 다만 독자들의 이해를 돕기 위해서 여섯 가지 개념을 나열할 때 바클레이가 제시한 순서를 따르지는 않았다. 바클레이에 따르면 여기 정리한 여섯 가지 개념 가운데 앞의 세 가지는 바울에게서도 분명히 나타나지만, 네 번째 개념은 제한적으로 사용될 뿐이다. 그리고 마지막 두 가지는 바울의 은혜 개념이 아니라고 보아야 한다.[4]

1) 비상응성(incongruity)

먼저 은혜라는 말은 "비상응성"의 의미로 사용된다. 이는 은혜로 주어지는 것(선물)이 받는 사람의 자격이나 가치에 상응하지 않는

---

3 Barclay의 책에서 이런 현상을 가리키는 용어가 "perfection"이다. 이것은 우리말로 정확히 번역하기가 쉽지 않다. 문맥에 따라 "개념 확장" 또는 "개념의 극대화" 정도로 풀어서 옮길 수 있겠다. Barclay, *Paul and the Gift*, 67-70을 참조하라.

4 은혜의 여섯 가지 개념(perfections)은 Barclay, *Paul and the Gift*, 70-75에 정리되어 있다.

다는 뜻이다. 즉 받을 자격이 없는 사람에게 베풀어지는 것이 은혜다. 일반적으로 선물에는 의미가 담긴다. 어떤 사람에게 선물을 주는 것은 그 사람과 관계를 맺고 싶다는 의사의 표현이다. 이때 대개는 그 사람이 관계를 맺을 만한 가치나 자격이 있다고 판단하기 때문에 선물을 주게 된다. 그러나 너무 조건을 따지면 선물의 의미가 반감되어버린다. 그래서 세네카(Lucius Annaeus Seneca, 기원전 4?-기원후 65)는 받는 사람의 자격을 따지지 않고 선물을 주는 것이 진정으로 은혜를 베푸는 것이라고 가르치기도 했다. 그런 비상응성의 원칙이 가장 완벽하게 이루어지는 것이 바로 하나님의 은혜다. 이는 바울의 신학에서도 매우 두드러지는 은혜의 개념이다. 로마서는 하나님이 유대인이든 이방인이든 조건을 따지지 않은 채 믿음만을 보고 은혜로 구원하시는 분이라고 기술한다. 이에 관해 다음 구절을 살펴보라.

4일하는 자에게는 그 삯이 은혜로 여겨지지 아니하고 보수로 여겨지거니와 5일을 아니할지라도 경건하지 아니한 자를 의롭다 하시는 이를 믿는 자에게는 그의 믿음을 의로 여기시나니(롬 4:4-5).

2) 선행성(priority)

이는 사람이 하나님께 요구하거나, 은혜를 기대하며 무슨 일을 하기 전에 하나님이 먼저 구원의 선물을 베푸신다는 것이다. 은혜의 선행성을 잘 보여주는 구절이 로마서 9:11이다.

> 그 자식들이 아직 나지도 아니하고 무슨 선이나 악을 행하지 아니
> 한 때에 택하심을 따라 되는 하나님의 뜻이 행위로 말미암지 않고
> 오직 부르시는 이로 말미암아 서게 하려 하사(롬 9:11).

이 구절은 야곱과 에서의 이야기다. 하나님은 야곱과 에서가 태어
나기도 전에, 그들이 아직 리브가의 태에 있을 때 먼저 야곱을 선
택하시고 그에게 은혜를 베푸셨다.

3) 초충만성(super-abundance)

아낌없이 풍성하게 베푸는 것이 은혜임을 말한다. 로마서 5:15-
17을 보자.

> 15그러나 이 은사는 그 범죄와 같지 아니하니 곧 한 사람의 범죄를
> 인하여 많은 사람이 죽었은즉 더욱 하나님의 은혜와 또한 한 사람
> 예수 그리스도의 은혜로 말미암은 선물은 많은 사람에게 넘쳤느니
> 라. 16또 이 선물은 범죄한 한 사람으로 말미암은 것과 같지 아니하
> 니 심판은 한 사람으로 말미암아 정죄에 이르렀으나 은사는 많은
> 범죄로 말미암아 의롭다 하심에 이름이니라. 17한 사람의 범죄로 말
> 미암아 사망이 그 한 사람을 통하여 왕노릇하였은즉 더욱 은혜와

의의 선물을 넘치게 받는 자들은 한 분 예수 그리스도를 통하여 생
명 안에서 왕노릇하리로다(롬 5:15-17).

아담 한 사람의 범죄로 말미암아 사망이 왕노릇하면서 많은 사람
이 죽어야 했다. 하지만 그리스도 한 분으로 말미암아 우리는 생명
을 얻었다. 그런데 예수 그리스도의 은혜로 말미암은 선물은 아담
으로 말미암은 죽음과 비교할 수 없을 만큼 넘치도록 풍성하다. 이
것이 은혜의 초충만성이다.

바클레이에 따르면 지금까지 살펴본 은혜의 비상응성, 선행성,
초충만성은 유대교와 기독교뿐 아니라 바울 서신에도 분명하게 나
타나는 개념이다. 따라서 우리는 로마서에서 "은혜"라는 말을 발
견할 때 이 세 개념 중 하나나 둘, 또는 세 개념 모두가 거기에 포
함된다고 생각할 수 있다.

그런가 하면 바클레이는 이제부터 소개할 세 가지 개념은 바울
서신에 제한적으로만 사용되거나 전혀 사용되지 않는다고 말한다.

4) 효과성(efficacy)

효과성이란 은혜가 은혜받는 사람을 변화시킨다는 뜻이다. 하나
님은 우리에게 은혜를 주셔서 우리가 하나님을 믿을 수 있도록 도
우신다. 또 그리스도인이 된 후에는 우리가 하나님의 뜻대로 살 수
있도록 은혜로 이끌어주신다. 앞서 "믿음의 7명제"를 제시한 탈버

트가 빌립보서 1:29을 인용해 말한 것처럼 우리의 믿음은 우리의 결단만으로 이루어지지 않는다. 믿기 위해서는 어떤 사건이 일어나야 하는데, 그것이 하나님의 은혜다. 마찬가지로 우리가 그리스도인답게 살 수 있는 것도 하나님이 은혜로 도우시기 때문이다.

바클레이에 따르면 은혜의 "효과성" 개념은 바울에게서 제한적으로만 나타난다. 은혜의 효과성을 일방적으로 밀고 나가게 되면 결과적으로 인간의 책임을 도외시하게 된다. 하지만 바울은 인간의 책임을 분명히 인식하고 있다. 그래서 바울은 우리에게 죄의 지배 아래로 돌아가지 말라고 촉구하며(롬 6장), 우리가 육신대로 살면 반드시 죽을 것이라고 경고한다(롬 8:13). 즉 그리스도인은 자신의 삶에 대해 스스로 책임을 져야 한다. 그러나 그와 동시에 바울이 은혜의 효과성을 인식하고 언급한다는 것도 분명한 사실이다. 앞서 확인한 것처럼 하나님은 구원의 완성을 향하여 나아가는 우리의 삶을 성령과 사랑으로 이끄신다.

5) 단일성(singularity)

앞서 다룬 네 가지가 바울이 말하는 "은혜"에 포함된다면 이제부터 다루는 두 가지는 바울과 관계없는 개념들이다. 먼저 은혜의 "단일성"이란 하나님이 우리를 오직 은혜로만 대하고 벌하지는 않으신다는 의미다. 하지만 바울은 은혜라는 개념을 사용할 때 하나님이 당근만 주고 채찍질은 하지 않으신다는 뜻으로 사용하지 않는다. 하나님은 구원하는 하나님이시면서 동시에 심판하는 하나님이시다. 하나님의 행위심판에 대해서는 앞서 제2장 제3절 "행위와 구원"에서 이미 다루었다.

6) 비순환성(non-circularity)

마지막으로 소개할 "비순환성"에 관한 논의는 바클레이의 책이 가장 크게 이바지하는 부분으로서 다소 충격적인 내용을 담고 있다. 우선 "비순환성"은 은혜가 보답을 기대하지 않고 거저 베풀어진다고 보는 것이다. 사실 이런 은혜의 개념은 오늘날 널리 퍼져 있다. 예를 들어 "웹스터 영영사전"에서 "gift" 항목을 찾으면 두 번째 뜻풀이로 다음과 같은 설명이 나와 있다.

2: something voluntarily transferred by one person to another
   without compensation.

즉 보답을 받지 않고 주는 것이 선물이라는 의미다. 이런 이해를 바탕으로 많은 사람이 하나님의 은혜란 원칙적으로 "보답하지 않아도 되는 것"이라고 생각한다. 하나님이 우리를 은혜로 구원하셨는데 그 은혜는 보답을 전제하지 않고 베푼 것이기에, 우리가 그다음에 어떻게 살든지 관계없다고 생각하는 것이다. 본회퍼가 "값싼 은혜"라는 말에 담아 지적한 개신교인들의 문제가 바로 이 은혜의

"비순환성" 개념에 그대로 담겨 있다.

그런데 바클레이는 이런 은혜의 비순환성이 바울 서신은 물론 성경과 관련한 문화 어디에서도 발견되지 않는 개념이라고 말한다. 유대교는 물론 그리스-로마 사회에서도 보답을 기대하지 않고 주는 것이 은혜라고 생각하는 사람은 없었다는 것이다. 오히려 당시 문화에서 은혜란 반드시 보답해야 하는 어떤 것으로 이해되었다. 우리의 전통문화에서도 마찬가지다. 부모는 자식에게 모든 것을 베푼다. 그러나 부모님의 은혜는 무엇을 바라지 않고 베푼 것이니 갚지 않아도 된다고 생각하는 사람은 아무도 없다. 오히려 부모의 은혜를 갚는 것이 인간의 도리로 여겨진다. 부모의 은혜를 저버리는 사람은 심지어 짐승만도 못한 사람이라고 비난을 받고, 은혜에 보답하는 사람은 철이 든 성숙한 사람으로 인정받는다. 성경 시대 은혜의 개념도 그와 같았다는 것이다.

그렇다면 오늘날에는 왜 비순환성이 은혜라는 말의 의미로 당연하게 받아들여지는 것일까? 이 질문에 답하기 위해서는 오늘날 "은혜" 개념의 사회 경제적 배경을 살펴보아야 한다. 우리가 살아가는 자본주의 시장 경제 체제에서는 모든 "줌"에 반드시 "받음"이 전제된다. 재화의 분배가 시장을 통해 이루어지기 때문이다. 이런 순환적 거래가 오늘날의 사회를 대표하는 상황에서 은혜는 그런 시장 교환과 대조되는 개념으로 받아들여진다. 시장 교환의 원리에 따르면 무엇을 줄 때 반드시 보상이 따르지만, 그와 반대로 보상을 받지 않거나 기대하지 않고 주는 것이 있다면 그것이 바로 선물이고 은혜라는 개념이 형성된 것이다.

그러나 신약성경이 배경으로 하는 고대 로마 제국의 문화에서 "은혜"란 경제 활동의 일부였다. 즉 시장 교환과 함께 재화를 분배하는 원리 가운데 하나가 바로 "은혜"였던 것이다. 이를 좀 더 쉽게 이해하기 위해서는 한 가정 안에서 부모가 자녀들에게 재화를 분배하는 상황을 떠올려보면 된다. 로마 사회의 수직적 구조는 시혜자(patron)와 수혜자(client) 관계로 짜여 있었다. 시혜자는 수혜자가 필요로 하는 물적 재화를 "은혜"로 베풀고, 수혜자는 그 은혜에 다른 방식으로 보답함으로써 그 관계가 유지되었다.[5]

나. 은혜의 통치

은혜는 그리스도인의 삶을 서술하는 로마서 6장을 이끌어가는 원리이기도 하다. 로마서 6장 전체는 1절과 15절에 나오는 두 질문을 축으로 한다.

---

5   시혜자를 그리스어로 "유에르게테스"(εὐεργέτης) 곧 "은혜를 베푸는 자"라 한다. 이 단어는 신약성경에 단 한 번, 누가복음 22:25에서 비판적인 관점과 함께 언급된다. 잔치를 열 때 초대에 대한 보답으로 나를 다시 초대할 수 있는 부유한 이웃을 초대하지 말라는 예수님의 말씀(눅 14:12-14)도 로마의 시혜 제도에 대한 비판을 담고 있다. 은혜 개념의 사회 경제적 배경에 관해서는 Barclay, *Paul and the Gift*, 11-65을 참조하라.

그런즉 우리가 무슨 말을 하리요? 은혜를 더하게 하려고 죄에 거하 겠느냐?(롬 6:1)

그런즉 어찌하리요? 우리가 법 아래에 있지 아니하고 은혜 아래에 있으니 죄를 지으리요?…(롬 6:15)

두 질문은 모두 "은혜"를 꼬투리로 삼는다. 이 질문들은 모두 은혜에 관한 오해에서 비롯하며 바울은 로마서 6장에서 그 오해를 바로잡고자 한다. 그런데 이 두 질문은 로마서 5장의 마지막 부분 에서 꼬리를 물고 이어진 것이다. 바울은 로마서 5장에서 아담과 그리스도의 대조를 통해 죄의 지배와 그 해결책에 관한 논의를 마 무리하며 다음과 같이 말한다.

율법이 들어온 것은 범죄를 더하게 하려 함이라. 그러나 죄가 더한 곳에 은혜가 더욱 넘쳤나니(롬 5:20).

이는 죄가 사망 안에서 왕노릇한 것 같이 은혜도 또한 의로 말미암 아 왕노릇하여 우리 주 예수 그리스도로 말미암아 영생에 이르게 하려 함이라(롬 5:21).

이 두 구절 역시 은혜에 관해 서술한다. 그런데 자세히 관찰해

보면 로마서 5:20, 21은 각각 로마서 6:1, 15의 두 질문을 이끄는 역할을 한다는 사실을 알 수 있다. 다시 말해 로마서 5:20은 6:1-14로 이어지고, 로마서 5:21은 6:15-7:6로 이어지는 것이다.

먼저 첫 질문에 이어지는 단락(롬 6:1-14)을 살펴보자. 바울은 아담과 그리스도를 대조하는 로마서 5:12 이하에서 아담의 범죄와 비교할 수 없을 정도로 넘치는 하나님의 은혜의 초충만성을 강조한다(특히, 롬 5:15-17). "죄가 더한 곳에 은혜가 더욱 넘쳤다"는 로마서 5:20의 서술도 이 초충만성을 잘 보여준다. 그러나 이를 오용하는 사람들이 있었다. 그들은 은혜의 초충만성을 악용해 "그렇다면 은혜를 더 넘치게 하기 위해 죄 가운데 계속 머물러 있어야 하겠군!"(롬 6:1) 하고 반응한다.

누가 그렇게 반응했을까? 많은 해석자가 로마서 6:1을 유대 율법주의자들의 비아냥거림으로 본다. 그들은 은혜로 구원받는다는 바울의 주장이 윤리적 방종을 조장할 뿐이라며 비웃었다는 것이다. 그러나 우리가 앞서 확인한 것처럼 어떤 유대인도 은혜의 원리를 부정하지 않았다. 로마서 2장에 따르면 유대인들은 오히려 하나님의 은혜를 특권으로 여기고 그 특권에 안주하려 했다.

따라서 로마서 6:1에 제기된 질문은 은혜를 부정하는 사람들보다는 은혜에 안주하려는 사람들의 태도를 빗댄 것일 가능성이 더 크다. 로마서 2장의 유대인들이 그런 것처럼 은혜의 특권 뒤에 숨어서 그리스도인다운 삶의 책임을 도외시하는 사람들 말이다. 이 단락에 사용된 문장들의 주어를 관찰해보면 질문의 주어도 "우리"이고 권면의 대상도 "우리"임을 알 수 있다. 즉 바울은 "우리" 공동체 안에서 제기된 나태한 자들의 질문에 대하여 그리스도인 공동체 안에 있는 "우리"를 향해 권면한다. 바울의 권면대로 우리는 하나님의 은혜를 오용하지 말고 하나님의 백성답게 살아야 한다. 왜냐하면 우리는 이미 죄에 대해 죽었기 때문이다.

둘째 질문에 이어지는 단락(롬 6:15-7:6)의 주제는 "율법의 지배"와 대조되는 "은혜의 통치"다. 여기서 율법과 은혜는 지배의 주체라기보다는 통치의 매개로 여겨진다. 죄의 지배가 율법을 매개로 이루어지는 반면에 하나님 나라는 은혜를 매개로 이루어진다. 따라서 은혜의 통치 아래 있다는 것은 율법의 지배 아래 있지 않다는 의미다. 그런데 여기서도 질문이 제기된다. 율법을 지키지 않아도 된다면 이제 우리는 모든 규범에서 벗어나 방종하는 삶을 살아도 될까? 이것이 바로 둘째 질문이다.

이 질문을 제기한 로마서 6:15을 5:21과 연결하면 우리가 "은혜 아래에" 있다는 것은 우리가 "은혜가 왕노릇함" 아래에, 곧 "은혜의 통치 아래에" 있음을 의미한다. "은혜의 통치"는 하나님의 다스리심을 가리키는 다른 표현이다. 로마서 6장에서 바울은 이를 "의의 통치"로 기술하거나(롬 6:19) "순종의 통치"로 기술하기도 한다(롬 6:16). 즉 은혜 아래에 있다는 말은 방종을 허용하는 의미가 아니라 율법과는 다른 삶의 원리 곧 은혜의 규범을 따라 하나님

제2부 • 하나님 나라의 복음

의 주 되심을 이루는 순종의 삶을 가리키는 것이다. 이처럼 은혜를 방종과 연결하지 않게 하려고 바울은 "순종의 종"(롬 6:16), "의의 종"(롬 6:19), "하나님의 종"(롬 6:22)과 같은 표현을 반복해서 사용한다. 종은 제멋대로 행동할 수 없다. 주인의 뜻에 따라 행동해야 하기 때문이다. 이런 방식으로 바울은 은혜가 방종이 아니라 새로운 삶의 규범임을 보여준다.

다. 은혜의 빚

우리는 본래 죄의 종(롬 6:6)이자 사망의 종이었다(롬 6:9). 그러나 예수 그리스도가 우리를 속량하심으로써(롬 3:24) 우리는 죄의 지배에서 벗어나 하나님의 종이 되었다. 예수님이 죄의 노예인 상태로부터 우리를 해방하기 위해 은혜로 속전을 지불하셨다. 그래서 우리는 은혜에 빚진 자가 되었다(참조. 롬 13:8). 그런 우리를 향해 바울은 다음과 같이 말한다.

그러므로 형제들아, 우리가 빚진 자로되 육신에게 져서 육신대로 살 것이 아니니라(롬 8:12).

은혜는 빚이다. 어떤 빚일까? 이어지는 로마서 8:14-16은 그 은혜의 빚이 어떤 성격을 띠는지를 잘 보여준다.

14무릇 하나님의 영으로 인도함을 받는 사람은 곧 하나님의 아들이라. 15너희는 다시 무서워하는 종의 영을 받지 아니하고 양자의 영을 받았으므로 우리가 아빠, 아버지라고 부르짖느니라. 16성령이 친히 우리의 영과 더불어 우리가 하나님의 자녀인 것을 증언하시나니 (롬 8:14-16).

우리가 하나님께 진 은혜의 빚은 자녀가 부모에게 지는 빚과 성격이 비슷하다. 다시 말해 우리는 사랑의 빚을 하나님께 졌다. 매달 들어가는 양육비를 정산해서 어린 자녀에게 계산서를 내미는 부모가 있을까? 자녀가 그 은혜 속에서 행복하게 지내면 더 바랄 것이 없다. 자녀가 나이가 들어 여력이 생기면 그때 할 수 있는 만큼 부모를 섬기면 된다. 하나님의 은혜를 갚는 방법도 그와 비슷하다.

　　바클레이에 따르면 은혜의 비순환성이라는 개념은 종교개혁자 루터가 강조한 이후로 많은 개신교인 사이에서 지배적인 개념이 되었다. 그러나 칼뱅(Jean Calvin, 1509-1564)은 종교개혁자이면서도 은혜의 비순환성을 거부했다. 칼뱅은 비록 선한 행위가 은혜의 조건은 아니지만(비상응성, 선행성), 신자가 성화에 전념하는 것은 은혜의 필수적인 표징이라고 보았다. 이때 그것을 가능하게 하는 것 역시 은혜다(효과성).[6] 우리가 어떻게 스스로 하나님의 은혜를

6　루터와 칼뱅의 은혜 개념에 관해서는 Barclay, *Paul and the Gift*, 97-129을

갚을 수 있겠는가? 그것이 불가능한 이유는 은혜가 풍성하여 넘치기 때문이다(초충만성).

그런데 하나님의 은혜는 직접 하나님께 갚아야만 하는 것이 아니다. 하나님은 우리가 이웃 사랑의 형태로 하나님의 은혜를 갚기 원하신다. 마태복음 18:23-35에 기록된, 용서할 줄 모르는 종의 비유가 보여주는 가르침이 바로 그것이다.

어떤 사람이 왕에게 1만 달란트를 빚졌다. 그러나 그 사람의 사정을 딱하게 여긴 왕은 그 빚을 모두 탕감해주었다(비상응성). 새 번역 성경의 각주에 따르면 1달란트는 노동자 한 명의 15년 품삯이다. 그렇다면 1만 달란트는 노동자가 15만 년 동안 일해야 벌 수 있는 돈이다. 날수로 따지자면 5,000만 일이 넘도록 일해야 한다. 이 비현실적인 액수는 하나님의 은혜가 그만큼 크다는 사실을 말해준다(초충만성). 그런데 그 사람이 왕에게서 물러나 나가다가 그의 동료를 만났다. 동료는 그 사람에게 100데나리온을 빚진 사람이었다. 1데나리온이 노동자의 하루 품삯이니 100데나리온이 적은 돈은 아니다. 그러나 왕이 탕감해준 빚에 비하면 50만 분의 1도 안 되는, 비교할 수 없이 적은 금액이다. 그런데 그 사람은 자기 동료가 당장 빚을 갚지 못한다고 윽박지르며 감옥에 처넣었다. 이 사실을 알게 된 왕은 분개하여 그 사람을 잡아 가두고는 1만 달란트

보라.

빚을 다 갚을 때까지 나오지 못하게 했다. 빚 탕감을 취소해버린 것이다(비순환성에 어긋남).

이 비유는 은혜와 관련해 많은 것을 이야기해준다. 하나님이 우리에게 기대하시는 보답은 비유적으로 우리가 진 빚의 50만 분의 1도 안 되는, 비교할 수 없이 보잘것없는 양이다. 그마저도 이웃에게 갚으면 된다. 하나님이 그것을 당신이 직접 받으신 것으로 쳐주시기 때문이다. 이처럼 하나님의 은혜는 끝없이 이어진다.

3. 창조세계의 구원

이 책의 마지막 두 절에서 "그리스도인의 자유"와 "구원의 확신"을 논하기 전에 한 가지 꼭 짚고 넘어가야 할 주제가 있다. 그것은 창조세계 곧 자연 세계의 구원이다. 자연 세계도 구원받을까? 십자가 속죄의 복음에 기초해서 구원을 협소한 의미의 영혼 구원으로, 죽어서 천국에 가는 것으로 정의하면 자연이 구원받는다는 말은 성립하기 어렵다. 그러나 하나님 나라의 복음에 따르면 새로운 가능성이 열린다. 하나님 나라 복음에서 구원이란 하나님 나라, 하나님의 주 되심을 이루는 것이다. 하나님 나라는 어디에 이루어질까? 하나님 나라가 이루어지는 공간은 창조세계 전체다. 영혼뿐 아니라 육체에도, 개인뿐 아니라 사회에도, 교회뿐 아니라 교회 밖에도, 그리고 인간 세계뿐 아니라 자연 세계에도 하나님 나라가 이루어진다. 자연 세계도 인간과 함께 구원을 받는 것이다.

그것을 가리켜 로마서는 "평화"라 말한다(롬 5:1; 8:6). 평화(שָׁלוֹם)란 모든 피조물이 각기 제자리에 놓여 서로 간에 그리고 하나님과 원만한 관계를 이루는 상태를 가리킨다. 평화를 이룬다는 것은 본래 있어야 할 자리로부터 폭력적인 방법으로 옮겨진 사람들이나 사물들이 제자리로 돌아간다는 말이다. 여기에는 사회적으로 밀려나 소외된 사람들이 공동체의 구성원으로서 정당한 대우를 받고, 엄청난 양의 쓰레기들과 환경 폐기물들로 뒤덮인 자연이 건강한 상태로 회복되는 것이 포함된다. 하나님과 사람 사이에 주 되심의 관계가 회복되고, 사람과 사람 사이에 정의와 사랑이 회복되고, 사람과 자연의 관계가 회복되어 자연의 순환이 정상화되는 것, 이것이 성경이 말하는 구원이다.

가. 로마서 8:19-25

로마서는 이렇게 평화를 향해 나아가는 구원의 과정을 서술하면서 창조세계에 관한 언급을 빼놓지 않는다. 다음 본문을 살펴보자.

19피조물이 고대하는 바는 하나님의 아들들이 나타나는 것이니
20피조물이 허무한 데 굴복하는 것은 자기 뜻이 아니요, 오직 굴복

하게 하시는 이로 말미암음이라. 21그 바라는 것은 피조물도 썩어짐의 종노릇한 데서 해방되어 하나님의 자녀들의 영광의 자유에 이르는 것이니라. 22피조물이 다 이제까지 함께 탄식하며 함께 고통을 겪고 있는 것을 우리가 아느니라. 23그뿐 아니라 또한 우리 곧 성령의 처음 익은 열매를 받은 우리까지도 속으로 탄식하여 양자 될 것 곧 우리 몸의 속량을 기다리느니라. 24우리가 소망으로 구원을 얻었으매 보이는 소망이 소망이 아니니 보는 것을 누가 바라리요? 25만일 우리가 보지 못하는 것을 바라면 참음으로 기다릴지니라(롬 8:19-25).

여기서 "피조물"이란 인간을 제외한 나머지 모든 창조세계를 가리키는 것으로 이해할 수 있다. 아마도 로마서를 읽다가 이런 내용이 이 부분에 갑자기 왜 나오는지 의아해하는 사람이 많을 것이다. 그러나 로마서가 말하는 하나님 나라의 복음을 이해하고 나면 이 내용이 이 대목에 꼭 포함되어야 한다는 사실을 깨닫게 된다. 구원의 완성이란 곧 샬롬의 회복이고, 거기에는 반드시 모든 창조세계가 함께 고려되어야 하기 때문이다.

우리말 성경에는 잘 나타나지 않지만 그리스어 원문을 자세히 관찰해보면 이 본문은 다음과 같이 교차대칭 구조로 짜여 있다.

A. 피조물의 기다림(롬 8:19)

    B. 피조물이 소망 가운데 있음(롬 8:20)

        C. 피조물이 자유를 기다림(롬 8:21)

            D. 피조물이 신음하고 있음(롬 8:22)

            D′. 우리도 신음하고 있음(롬 8:23)

        C′. 우리가 속량(자유)을 기다림(롬 8:23)

    B′. 우리가 소망 가운데 구원을 얻음(롬 8:24)

A′. 우리가 참으면서 기다림(롬 8:25)

여기서 A, B, C, D는 피조물의 구원에 관해 말하고 D′, C′, B′, A′는 인간의 구원에 관해 말한다. 피조물의 구원과 인간의 구원이 완벽한 대칭 속에서 하나의 쌍을 이루는 것이다. 이런 구조를 통해 구원은 사람만을 위한 것이 아님이 분명해진다. 모든 창조세계가 사람과 함께 구원받아야 한다. 이것이 로마서가 말하는 구원이다.

나. 무엇의 종말일까?

피조물의 구원에 관한 로마서의 서술은 그동안 우리가 지녀왔던 종말의 이미지와 충돌할 수 있다. 왜냐하면 많은 사람이 종말이란 전쟁이나 환경 오염으로 지구가 파괴된 후 신자들이 저 천국으로 가는 것으로 생각하기 때문이다. 그런 생각은 요한계시록이나 그와 비슷한 묵시문학 본문들(예. 막 13장; 병행 본문)을 문자적으로 잘못 이해한 데 따른 것이다.

그러나 묵시문학에는 문자적으로 해석되어야 할 내용이 있고 상징적으로 해석되어야 할 내용이 있다. 예를 들어 요한계시록 2-3장에 나오는 일곱 교회에 보내는 메시지는 일부 상징적인 어휘들을 제외하면 대체로 문자적으로 읽어도 큰 무리가 없다. 그러나 요한계시록 4장 이후에 나오는 구원과 심판의 파노라마는 문자적으로 읽으면 안 된다.

요한계시록 6장 이후에 자주 등장하는 자연 파괴의 이미지들을 문자적으로 해석하는 것은 잘못일 뿐 아니라 매우 위험하기까지 하다. 요한계시록이 핵전쟁과 자연 파괴를 예고한다는 해석은 인류의 핵무기 경쟁과 무분별한 환경 파괴를 정당화하기 때문이다. 환경을 파괴하고 핵무기를 만드는 것이 하나님의 종말 계획에 포함되는가? 그렇지 않다! 핵무기 경쟁과 자연 파괴는 철저히 인간의 욕망과 어리석음에서 비롯하는 것이지 하나님의 뜻과는 관련이 없다. 생각해보라. 자연이 무슨 잘못이 있어서 하나님이 자연을 파괴하신다는 말인가? 모든 잘못은 인간이 저질렀는데 왜 애꿎은 자연이 파괴되고, 죄지은 인간은 다른 공간으로 피신해 구원을 받는가? 하나님이 친히 창조하시고 보시기에 좋다고 하셨던 그 자연의 가치가 그 정도밖에 안 되는가? 그렇지 않다. 하나님 나라는 창조세계의 파괴가 아니라 파괴된 샬롬의 회복을 말한다. 구원이란 온 창조세계가 하나님이 창조하신 본래의 모습으로 돌아가는 것이다.

성경이 말하는 종말이란 창조세계의 종말이 아니라 "이 세대"의 종말이다. 죄의 지배가 맞을 종말, 파라오의 질서가 맞닥뜨릴 종말이다. 이 세대의 통치가 종식되고 온전한 하나님의 다스리심이 시작되는 것이다. 그것이 바로 하나님 나라의 완성이다.

이와 관련해 우리는 보통 종말을 "세상의 종말"로 이해하곤 하는데 그 말은 맞을 수도 있고 틀릴 수도 있다는 점을 기억해야 한다. 요한복음에서 "세상"이라는 말은 두 가지 의미로 사용된다. 하나는 부정적 의미의 세상으로서 하나님을 적대하는 파라오의 질서를 가리킨다. 예수님의 적대자들은 그 세상에 속해 있으나(요 8:25), 예수님의 제자들은 그 세상에 속해 있지 않다(요 15:19; 17:16). 그리고 그 세상은 그리스도인들을 미워한다(요 15:8).

그러나 요한복음에서 세상이라는 말은 부정적인 의미로뿐 아니라 중립적 의미로도 사용된다. 그것은 하나님의 창조세계로서의 세상, 우리가 발 딛고 살아가는 터전으로서의 세상이다. 하나님은 이 세상을 사랑하셔서, 이 세상을 구원하시려고 그의 독생자를 내어주시기까지 하셨다(요 3:16-17; 12:47). 예수님은 세상의 구주이시고(요 4:42), 세상에 생명을 주시는 분이시며(요 6:33, 51), 세상의 빛이시다(요 8:12; 9:5).

그래서 우리는 "세상"이라는 단어를 사용할 때 이 두 가지 의미를 구별해야 한다. 우리는 중립적 의미의 세상에 있지만(요

17:11), 부정적 의미의 세상에 속하지는 않았다(요 17:14, 16). 종말에 하나님은 중립적 의미의 세상을 부정적 의미의 세상으로부터 구원하신다. 성경이 말하는 종말이란, 중립적 의미의 세상의 종말이 아니라 부정적 의미의 세상이 맞는 종말이다.

다. 하나님의 형상과 하나님 나라

온 창조세계가 하나님의 다스림이 미치는 영역이며 특별한 가치가 있다는 사실은 창세기 첫 장에서 이미 드러난다. 이는 사람의 존재를 특징짓는 "하나님의 형상"이라는 말과 연관하여 생각해볼 수 있는 문제다. 창세기 1:27에 따르면 사람은 "하나님의 형상"대로 창조되었다. 여기서 하나님의 형상이란 무엇을 말하는 것일까? 이에 관해 지금까지 공존해온 다양한 해석이 있는데 성경적 근거를 사용하는 방식에 따라 다음 세 가지 범주로 묶을 수 있다.[7]

첫째, "본질적 이해"라 부를 수 있는 범주로서 하나님의 형상을 하나님의 본질적인 특성과 연결하는 관점이다. 이런 견해의 근거는 창세기 1장의 맥락이다. 창세기 1장에서 하나님은 오직 사람만을 하나님의 형상대로 지으셨다. 그렇다면 하나님의 형상이란 다른 생물이나 무생물에는 없고 오직 사람에게만 있는 특징과 연결될 수 있을 것이다. 이로부터 하나님의 형상을 사람의 정신적인 기능으로 이해하거나 인간의 영혼 혹은 인간의 이성이나 의지의 자

제2부 • 하나님 나라의 복음

유가 하나님의 형상에 해당한다고 보는 여러 가지 추론이 제기될 수 있다. 더 나아가 자연인으로서의 그것이 아니라 성령으로 새롭게 된 사람이 맺는 성령의 아홉 가지 열매와 같은 성품이 하나님의 형상이라고 보는 관점도 존재한다.

둘째, "관계적 이해"라 부를 수 있는 범주다. 이는 창세기 1:27에 나타나는 병행 구조에 주목한 결과다. 27절 후반부를 히브리어에서 직역하면 다음과 같다.

하나님의 형상대로 그를 창조하셨다.
남자와 여자로 그들을 창조하셨다(창 1:27b, 사역).

이 구절을 관찰해보면 "하나님의 형상으로 사람을 창조하셨다"는 문장이 "남자와 여자로 그들을 창조하셨다"는 문장과 대구를 이룬다는 사실을 알 수 있다. 이 병행 관계에서 "남자와 여자로" 창조하셨다는 말은 "하나님의 형상으로" 창조하셨다는 말을 부연한다. 이런 서술의 의미를 확장해서 해석하면 하나님의 형상대로 창조되었다는 말은 관계적인 존재로 창조되었다는 뜻으로 이해할 수 있다. 이런 관점에 따르면 관계적 존재로서의 사람은 다른 사람들과

---

7 "하나님의 형상"에 관한 다양한 해석들은 시중에 있는 조직신학 서적들의 "인간론" 항목에서 어렵지 않게 찾아볼 수 있다.

온전한 관계 속에 있을 때 비로소 본래의 사람 됨에 이를 수 있다. 하나님의 형상을 드러내는 사람들은 온전한 관계를 맺게 된다. 하지만 그 관계가 파괴된 상태에서 인간은 소외된 존재가 될 수밖에 없다.

셋째, "하나님 나라적 이해"라 부를 수 있는 범주다. 본질적 이해가 창세기 1장 전체의 맥락에 주목하고, 관계적 이해는 창세기 1:27 내부의 병행 구조에 주목한다면, 하나님 나라적 이해는 창세기 1:27의 직접적인 문맥, 즉 27절을 둘러싼 26, 28절에 주목한다.

하나님이 이르시되 "우리의 형상을 따라 우리의 모양대로 우리가 사람을 만들고 그들로 바다의 물고기와 하늘의 새와 가축과 온 땅과 땅에 기는 모든 것을 다스리게 하자" 하시고(창 1:26).

하나님이 그들에게 복을 주시며 하나님이 그들에게 이르시되 "생육하고 번성하여 땅에 충만하라. 땅을 정복하라. 바다의 물고기와 하늘의 새와 땅에 움직이는 모든 생물을 다스리라" 하시니라(창 1:28).

창세기 1:26, 28은 모두 하나님이 사람에게 창조세계를 다스리게 하시는 내용을 담고 있다. 이 다스림이 하나님의 형상과 관계된다고 볼 수 있다. 여기서 "형상"을 의미하는 히브리어는 "쳴

렘"(מַלֶּ)인데, 첼렘은 고대 근동 세계에서 여기저기에 세워진 왕의 상이나 신상과 같은 조각상들을 가리키는 말이었다. 대개 이 조각상들은 그 상으로 표현된 원래 존재의 통치가 그곳까지 미치고 있음을 보여주는 기능을 했다. 예를 들어 바벨론 왕의 상이 어느 동네에 서 있다면 그것은 그 동네가 바벨론의 통치 영역임을 보여주는 것이다.

그렇다면 사람이 하나님의 "형상"으로 창조되었다는 말은 무슨 뜻일까? 하나님은 자기 형상으로 창조된 사람들을 이 땅에 두심으로써 하나님의 통치가 이 땅에 미치고 있음을 보이고자 하셨다. 그와 함께 하나님은 사람에게 창조세계를 다스리라고 명하신다. 즉 사람은 하나님의 통치를 나타내는 표징이 되어 온 창조세계에 하나님이 주님이심을 보이는 역할을 맡았다. 이는 사람이 스스로 자연 세계의 주인이 되어 창조세계를 제멋대로 주물러도 된다는 말이 아니다. 오히려 하나님의 뜻에 따라 하나님의 주 되심을 온 창조세계에 이루어야 하는 존재가 바로 사람이다.

라. 창조세계의 아름다움

많은 사람이 빠져 있는 근본적인 오해는 인간이 창조의 궁극적 목적이고 모든 창조세계는 인간을 위해 존재한다고 보는 것이다. 그래서 인간은 욕망에 따라 자연환경을 파괴해도 하나님이 그런 행위를 승인하실 것이라고 생각한다. 하지만 이는 성경을 잘못 읽은 결과다.

창세기 1장은 창조의 첫날에 하나님이 빛을 창조하셨다고 말한다. 그 빛은 하나님이 보시기에 좋았다. 거기에 사람은 없었다. 어둠 속에서 창조된 빛이 있었을 뿐이다. 그 빛이 하나님이 보시기에 좋았다. 자연은 사람에게 쓸모가 있어서 아름다운 것이 아니다. 사람의 눈을 즐겁게 하기 때문에 아름다운 것도 아니다. 자연은 그 자체로 아름답다.

창조의 첫날에서 이어지는 창조의 과정에서 "하나님이 보시기에 좋았다"는 말은 여섯 번이나 반복된다(창 1:4, 10, 12, 18, 21, 25). 하지만 아직 인간은 창조되지 않았다. 자연이 그 자체로 아름답다고 인정받았다. 그러나 여섯째 날 사람을 창조하신 후에는 그 표현이 조금 달라진다. 하나님이 보시기에 "심히" 좋았다고 말이다. 그러나 오해하면 안 된다. 그것은 사람 하나만으로 인해 그렇다는 뜻이 아니기 때문이다. 창세기 1:31은 하나님이 "지으신 그 모든 것을 보시니" 심히 좋았다고 말한다. 창조된 "모든 것"이 샬롬을 이루는 상태를 보시고 심히 좋다고 평가하신 것이다.

한마디로 말해 자연은 사람을 위해 존재하는 것이 아니다. 자연은 그 자체로 존재 이유를 가진다. 따라서 우리는 지금까지 유지해온 인간 중심의 신학 패러다임을 바꾸어야 한다. 사람은 창조세계의 부분일 뿐 창조의 목적이 아니다. 창조의 목적은 하나님이시

다. 다만 사람은 하나님의 주 되심의 표징으로서 창조세계에 하나
님 나라를 이룰 책임을 맡았다. 여기서 자연 세계에 하나님 나라가
이루어진다는 것을 달리 표현하면 자연 세계가 구원을 받는 것이
라고 말할 수 있다. 바울은 온 창조세계가 그 구원을 갈망하며 기
다린다고 말한다.

> 그 바라는 것은 피조물도 썩어짐의 종노릇한 데서 해방되어 하나님
> 의 자녀들의 영광의 자유에 이르는 것이니라(롬 8:21).

4. 그리스도인의 자유

나는 이 책의 제2장 제4절 "하나님 나라의 복음과 십자가 속죄의
복음"에서 「사영리」를 어떻게 하나님 나라의 복음으로 보완할 수
있을지 논의했다. 「사영리」는 하나님과 인간이라는 두 항을 기준
으로 모든 것을 설명하는데, 이런 구도 속에서는 하나님의 주권과
그리스도인의 자유가 공존하기 어렵다. 하나님의 뜻을 따르기 위
해서는 인간이 자기 뜻을 버려야 하고, 인간의 자유를 주장하려면
하나님이 당신의 뜻을 양보하셔야 하기 때문이다. 하지만 실제로
하나님의 주권과 인간의 자유는 이렇게 서로 대립할 수밖에 없을
까? 로마서는 그리스도인의 자유를 어떻게 설명하는지 살펴보자.

가. 다시 종살이?

인간의 자유, 더 나아가 창조세계의 자유는 로마서 제2부(롬 5-8장)에서 중요하게 다루어진다. 로마서 6장에서 "자유" 또는 "해방"이란 무엇인가의 지배로부터 벗어난다는 의미다. 곧 죄의 지배로부터 벗어나 하나님의 주 되심의 영역으로 들어가는 것이 자유다(롬 6:18). 그러나 로마서는 자유를 그와 반대 방향에서 서술하기도 한다. 즉 우리가 죄의 지배 아래 있을 때는 하나님 나라에 대하여 자유로웠다는 것이다(롬 6:20). 더 나아가 로마서 6장은 자유와 종살이를 동전의 양면처럼 서술한다. 우리는 죄로부터 해방되어 의에게 종이 되었고, 의에 대하여 자유로울 때는 죄의 종이었다(롬 6:18, 20).

로마서의 이런 서술에 따르면 우리에게 종살이는 필연적인 것처럼 여겨진다. 한편으로부터의 자유는 필연적으로 다른 편에 대한 종살이를 의미하는가? 그렇다면 우리는 하나님의 종살이와 죄의 종살이 가운데서 하나를 선택할 수밖에 없지 않은가?

자유에 관한 로마서의 논의에는 몇 개의 유비가 사용된다. 그러므로 로마서가 말하는 자유의 의미를 바로 이해하기 위해서는 그 유비들을 전체적으로 살펴보아야 한다. 먼저 로마서 3:24은 우리의 구원을 "속량"에 비유한다. 그리고 로마서 6장은 우리가 속량된 결과 다른 주인의 종이 되었다고 서술한다. 그러나 이는 여러 유비 가운데 하나일 뿐이다. 로마서 8장으로 넘어가면 또 다른 유비가 사용되는데, 그것은 종살이와 대조되는 의미에서의 "입양" 또는 "양자"의 유비다.

> 15너희는 다시 무서워하는 종의 영을 받지 아니하고 양자의 영을 받았으므로 우리가 아빠, 아버지라고 부르짖느니라. 16성령이 친히 우리의 영과 더불어 우리가 하나님의 자녀인 것을 증언하시나니(롬 8:15-16).

로마서 6장은 우리가 죄의 지배로부터 해방되어 하나님의 종이 되었다고 말한다. 그러나 로마서 8장은 우리가 종이 아니라 양자가 되었다고 말한다. 하나님의 종이 아니라 하나님의 자녀가 되었다는 것이다. 종과 자녀의 차이는 "자유"에 있다. 로마서는 이런 유비를 통해 로마서 6장에서 불거질 수 있는 오해를 교정한다.

더 나아가 로마서는 우리가 죄의 종이던 상태로부터 해방되었을 뿐 아니라 왕으로서 하나님과 함께 다스릴 것이라고 말한다. 종과 달리 자녀에게는 상속권이 있다. 구원받은 우리는 그리스도의 공동 상속자로서 왕의 신분을 누리게 될 것이다(롬 8:17). 로마서 5:17이 말하는 것이 바로 그것이다.

한 사람의 범죄로 말미암아 사망이 그 한 사람을 통하여 왕노릇하였은즉 더욱 은혜와 의의 선물을 넘치게 받는 자들은 한 분 예수 그리스도를 통하여 생명 안에서 왕노릇하리로다(롬 5:17).

이런 유비의 변화를 관찰할 때 로마서 6장에서는 독특한 강조점이 두드러진다. 로마서 6장에 사용된 "종"의 개념은 (자유인과 대조되는) "노예"보다는 (왕과 대조되는) "백성"에 가깝다 할 수 있다. 앞서 확인한 것처럼 로마서 6장에서 바울은 통치를 서술하는 다양한 용어들을 사용해 하나님 나라와 죄의 지배를 대조하는데, 이때 반복해서 제기하는 질문은 "누구의 통치를 받을 것이냐?"다. 다시 말해 바울은 "우리가 어느 나라의 국민이냐?"고 계속해서 묻고 있다.

그런데 왕정 체제의 국가에서 모든 주권은 왕에게 귀속된다. 이때 왕과 백성의 관계는 주종 관계에 가깝다. 그래서 "누구를 왕으로 섬길 것이냐?"는 질문이 "누구의 종이 될 것이냐?" 하는 질문으로 수사학적으로 표현되는 것이다. 따라서 로마서 6장에서 "종"이라는 상징어는 그 자체의 의미에 초점이 있다기보다는, "누가 주님이냐?" 하는 질문을 부각하기 위한 용도로 사용된다고 보아야 한다.

이런 차이점은 "속량"의 의미가 변화하는 과정을 통해서도 읽어낼 수 있다. 앞서 여러 번 언급한 바와 같이 속량이란 노예의 주인이 바뀐다는 뜻이다. 로마서 3:24에서 속량을 언급한 바울은 6장에서는 우리가 죄의 종으로부터 해방되어 하나님의 종이 되었다고 서술한다. 마치 주인만 바뀌었을 뿐 종의 신분은 변하지 않은 것처럼 말이다. 그러나 이는 오해다. 로마서 8:15 이하는 우리가 또 다른 종살이에 던져진 것이 아니라 하나님의 자녀가 되었음을 분명히 밝힌다. 이어지는 로마서 8:19-25의 교차대칭 구조 속에서 "속량"(C′)은 병행하는 "자유"(C)와 동의어로 사용된다.

A. 피조물의 기다림(롬 8:19)

  B. 피조물이 소망 가운데 있음(롬 8:20)

    C. 피조물이 **자유**를 기다림(롬 8:21)

      D. 피조물이 신음하고 있음(롬 8:22)

      D′. 우리도 신음하고 있음(롬 8:23)

    C′. 우리가 **속량**을 기다림(롬 8:23)

  B′. 우리가 소망 가운데 구원을 얻음(롬 8:24)

A′. 우리가 참으면서 기다림(롬 8:25)

이로써 로마서가 말하는 속량의 의미가 분명해진다. 속량은 주인만 바뀐 또 다른 종살이가 아니라 노예 상태 자체로부터의 해방을, 곧 자유를 의미한다.

나. 자유의 성장

자유란 우리의 구원을 가리키는 다른 용어이며 구원의 궁극적인 목표이기도 하다. 로마서 제2부의 수미상관을 형성하는 요소이면서 구원의 완성을 향해 나아가는 그리스도인의 삶을 기술하는 대표적인 어휘 가운데 하나가 "영광"이다(롬 5:2; 6:4; 8:18). 그런데 영광이 "자유"를 수식한다(롬 8:21). 온 창조세계가 갈망하며 함께 기다리고 있는 구원의 완성이 "하나님의 자녀들의 영광의 자유"로 대변되는 것이다.

구원이 완성될 때 우리는 하나님의 영광에 이르게 된다(롬 5:2). 로마서 8:21은 그것을 하나님과 같은 완전한 자유 즉 "영광의 자유"에 이르는 것으로 서술한다. 그것은 타락 이전 에덴에서 아담과 하와가 누리던 완전한 자유이기도 하다. 아담과 하와는 하나님과의 언약 관계 속에서 완전한 자유를 누리고 있었다. 그 자유는 하나님을 거부하고 언약을 파기할 자유까지 포함하는 것이었다. 결국 아담과 하와는 언약을 떠나는 길을 선택했다. 그들은 그리함으로써 더 완전한 자유를 누리기 원했을 것이다. 그러나 그 결과는 자유가 아니라 자유의 상실로 나타났다. 죄의 지배가 시작되었기 때문이다.

아담과 하와가 따 먹은 것은 선악을 알게 하는 나무의 열매였다. 그 이름이 암시하는 바는 나무의 열매를 먹는 것과 선악을 구별하는 것이 서로 연결된다는 사실이다. 다시 말해 아담과 하와가 그 나무의 열매를 따 먹기 전에는 선과 악의 구별이 없었다. 한 가지 질문을 던져보자. 선악의 구별이 있는 것이 좋을까, 없는 것이 좋을까? 선과 악의 구별이 없다는 것은 악이 존재하지 않음을 의미한다. 그러나 선과 악이 구별되기 시작했다는 것은 악이 이미 세상에 들어왔음을 뜻한다. 선과 악이 구별되지 않을 때 우리에게는 모든 것이 허용된다. 악한 행동이 존재하지 않기 때문이다. 그러나 선과 악이 구별되기 시작하면 우리에게 허용되는 것이 절반으로 줄어든다.

선악을 알게 하는 나무의 존재는 하나님과의 관계에서 인간이 갖는 자유의 특성을 절묘하게 보여준다. 그 나무의 열매를 따 먹기 전에 인간은 완전한 자유를 가지고 있었다. 선과 악이 구별되지 않기 때문에 모든 행동이 다 허용되었다. 그러나 선과 악이 구별되기 시작하면서부터 인간의 자유는 절반으로 줄어들었다. 선을 선택하면 생명이 있지만 악을 선택하면 죽음이 따르기 때문이다. 어리석은 인간은 죽음을 선택했다. 죄의 지배가 세상에 들어왔고 죽음이 모든 사람에게 이르렀다(롬 5:12).

예수님은 우리를 죄의 지배로부터 해방하셨다. 그 결과는 자유의 회복으로 나타난다. 우리의 구원이 이루어지는 과정은 에덴의 완전한 자유를 회복해가는 과정이다. 그래서 우리 신앙의 성장은 곧 자유의 성장이다. 오늘날 수많은 그리스도인이 교회에 오래 다닐수록 더 깊은 죄책감에 빠지고 있는 이유는 복음의 자유를 알지 못하고 또 경험하지 못하기 때문이다. 십자가 속죄의 복음은 우리를 율법으로 회귀시킨다. 그러나 하나님 나라의 복음은 우리의 신앙생활을 영광의 자유를 회복해가는 과정으로 뒤바꾼다.

다. "나"는 누구인가?

많은 사람이 "내 뜻"을 버리고 하나님의 뜻을 따르는 것이 신앙생활의 핵심이라고 여긴다. 그렇게 하나님의 뜻을 추구한다고 하지만 실상은 율법에 얽매인 삶을 살아간다. 왜냐하면 "하나님의 뜻"이 자유의 부재와 결합할 때, 그것은 하나님의 뜻이 아니라 율법에 불과하기 때문이다. 교회에 오래 다닐수록 율법의 무게가 더해지며 진정한 나다움과 개성은 없어지고 "거룩한" 종교인의 모습만 시간이 쌓이는 만큼 더 강화된다. 겉으로는 거룩해 보이지만 속으로는 갈수록 더 심한 죄책감에 짓눌린다. 자유란 찾아보기 어렵다. 그리고 다른 사람들에게도 그 자유 없는 율법을 강요한다. 그러나 율법은 우리를 죄의 지배로부터 해방하기는커녕 오히려 죄의 지배를 더 강화한다(롬 7장).

반면 어떤 사람들은 하나님의 뜻을 거부하고 "내 뜻"대로 살려 한다. 그런 사람들은 죄의 지배를 좇아 사는 무질서와 방종이 곧 자유라고 오해한다. 그러나 그런 삶은 겉으로는 자유로워 보일 수 있을지 몰라도 내면에는 자유가 없다. 그 이유는 하나님을 거부하면 내 뜻이 세워지는 것이 아니라 오히려 죄가 나를 지배하게 되기 때문이다. 그들이 "내 뜻"이라고 생각하는 것이 사실은 그들 자신의 뜻이 아니다. 죄의 지배에 의해 내면화된 육체의 욕망일 뿐이다. 그에 따라 살아가는 것이 죄의 지배 아래에 있는 타락한 아담의 상태다. 바울은 죄의 지배가 내면화된 그 거짓 자아를 여러 가지 이름으로 부른다. 로마서 6장에 나오는 "옛 사람"(6절), "죄의 몸"(6절), "죽을 몸"(12절), "몸의 사욕"(12절) 등이 그것에 포함된다.

그렇다면 무엇일까? 신앙생활이란 내 뜻을 버리는 것도 아니고 내 뜻대로 하는 것도 아니다. 신앙생활이란 오히려 "내 뜻을 바로 세우는 것"이다. 십자가에서 옛 사람이 죽고 새 사람으로 다시 살아나야 한다. 죄의 몸, 죽을 몸이 소멸되고 생명의 몸으로 살아나야 한다. 왜곡된 자아를 극복하고 참된 나를 되찾아야 한다. 자아가 없이는 자유도 없다. 이렇게 우리의 참 자아가 바로 세워지고 내 뜻이 하나님의 뜻과 일치될 때 우리는 완전한 자유를 누리게 된다. 왜냐하면 그 상태에서는 내 뜻대로, 내 마음에 끌리는 대로 하더라도 그것이 곧 하나님의 뜻과 일치하기 때문이다. 우리 안에 하나님의 주 되심이 온전히 이루어질 때, 우리는 죄의 지배로부터 해방되어 온전한 자유를 누리게 되는 것이다.

너무 이론적이고 추상적인 이야기처럼 들리는가? 그렇지 않다.

한 가지 예를 들어 생각해보자. 우리가 죄의 몸에 지배받고 있을 때 우리 안에는 폭력의 욕망, 죽음의 욕망이 꿈틀거린다. 그래서 누군가를 미워하고 그 사람에게 폭력을 가하고 파괴하고 죽이는 것이 내 뜻이 된다. 만일 어떤 사람이 그 욕망대로, "내 뜻"대로 한다고 생각해보자. 그렇다면 정말 자유로울까? 그렇지 않을 것이다. 왜냐하면 그것은 진정한 "내 뜻"이 아니라 죄의 아바타에 불과한, 왜곡된 자아의 욕망에 불과하기 때문이다. 그러나 우리의 옛 사람이 죽고 새 사람이 우리 안에서 자라날 때 그런 폭력의 욕망, 죽음의 욕망이 사라지기 시작한다. 이제는 내가 전에 미워하던 그 사람이 잘되고 평안하고 건강해야 내가 더 기쁘고 만족스럽게 된다. 내 뜻이 하나님의 뜻과 가까워졌기에 율법에 따라 억지로 하는 것이 아니라 내 마음에 즐거운 대로 내 뜻을 따라 행해도 된다. 이것이 내 뜻과 하나님의 뜻이 일치하는 자유의 상태다.

옛 사람이 나를 대신할 때 나의 자유는 다른 사람의 자유와 충돌한다. 그 상태에서 내가 자유로워지면 다른 사람의 자유가 손상된다. 하나님의 뜻도 방해를 받는다. 그러나 내 안의 새 사람이 온전히 살아나면, 나의 자유가 다른 사람의 자유와 상생하게 된다. 내가 자유로울수록 다른 사람도 나의 자유로 인해 유익을 얻는다. 그것이 하나님 나라다. 하나님의 주 되심이 온전히 이루어질 때 우리가 비로소 온전한 자유에 이르게 되는 것이다. 그래서 신앙의 성숙은 곧 자유가 증진되어가는 과정이다.

라. 「사영리」의 보완

자유에 관한 지금까지의 숙고를 반영하면 「사영리」의 마지막 그림은 다음과 같이 수정되어야 한다.

죄의 지배 아래에 있는 사람   예수 그리스도가 나의 주인인 사람

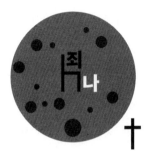 

내가 이 그림을 통해 표현하려는 것은 「사영리」에 담긴 "하나님"과 "나" 외에 우리를 지배하는 세력으로서의 "죄"가 함께 고려되어야 한다는 점이다. 하나님에 대항하여 "내가 나의 주인"이 되어 있을 때, 실제로 나의 주인인 존재는 내가 아니라 죄다. 죄가 "옛 사람" 또는 "죄의 몸"과 같은 거짓 자아를 통해 주인 행세를 하며 나를 지배하는 것이다. 그와 같은 상태가 위의 그림 좌측에 담겼다. 반면 하나님의 주 되심이 온전히 이루어질 때 우리는 예수님의 발치에 내려앉는 것이 아니라 예수 그리스도와 함께 왕노릇하게 된다(롬 5:17). 예수님의 뜻과 나의 뜻이 일치하는 온전한 자유, 영

광의 자유에 이르게 되는 것이다.

마. 하나님과 우리의 관계에 관한 유비

자유에 관해 숙고한 결과는 우리가 지금까지 사용해온 "주 되심"
이라는 용어에 관해서도 다시 생각하게 한다. 하나님이 우리의 "주
님"이시라는 말은 우리가 그분의 종이거나 백성이라는 뜻이다. 그
런데 주인과 종, 왕과 백성은 명백한 위계질서에 따른 상하관계를
형성한다. 그렇다면 그런 상하관계가 하나님과 우리가 맺는 관계
의 본질일까? 그리고 그것이 하나님과 우리가 맺는 관계의 모든
것일까? 만일 그렇다면 그 속에서 우리의 자유를 말하는 것은 너
무 어색할 것이다.

　하나님과 우리가 왕과 백성의 관계라는 것은 하나의 유비다.
성경 시대의 사람들에게 하나님과 우리의 관계를 가장 잘 빗대어
보여줄 수 있는 소재 중 하나가 왕과 백성의 관계였을 것이다. 그
러나 이는 하나님과 우리의 언약 관계를 보여주는 다양한 유비 가
운데 하나일 뿐이다. 성경은 그 밖에도 다양한 유비를 통해 하나님
과 우리의 관계를 묘사한다. 예를 들어 하나님과 우리의 관계는 주
인과 종의 관계일 뿐 아니라 목자와 양의 관계이기도 하고, 아버지
와 아들, 또는 아버지와 딸의 관계이며, 남편과 아내, 또는 신랑과
신부의 관계이기도 하다. 더 나아가 누가복음과 요한복음은 그것

을 친구 관계에 비유하기도 한다. 이 책에서 지금까지 사용한 "하나님의 주 되심"이라는 말은 지금까지 예로 든 여러 유비를 포괄하는 하나의 대표적 유비로 사용한 것이다.

여기서 거론한 대다수 유비는 상하관계를 보여주지만 "친구 관계"는 수평적이다. 성경이 기록된 고대 사회의 배경에서 하나님과 우리의 관계가 평등한 친구 관계에 비유될 수 있었다는 사실이 놀랍지 않은가? 이는 많은 유비에 담겨 있는 상하 위계질서가 하나님과 우리가 맺는 관계의 본질이 아님을 보여준다. 오히려 성경이 이런 유비들을 통해 드러내고자 하는 핵심은 신실한 "언약 관계"다. 하나님은 마치 목자가 양에게 신실하듯이, 또 부모가 자녀에게 신실하듯이 우리에게 신실하신 분이시다. 반대로 백성이 왕에게 충성하고 친구들이 서로에게 신실해야 하듯이 우리도 하나님께 신실해야 한다. 이런 친밀한 신뢰의 관계가 다양한 유비에 담긴 핵심 메시지다. 하나님이 우리의 주님이시라는 말은 그분이 우리에게 신실하신 분임을 보여주며, 동시에 우리가 하나님께 신실해야 함을 강조한다.

5. 구원의 확신

이상의 논의들을 거쳐 로마서 제2부(롬 5-8장)의 모든 논의가 수

렴되는 궁극의 주제는 "구원의 확신"이다. 이 주제는 로마서 8장과 함께 수미상관을 이루며 로마서 제2부의 주제를 압축해 보여주는 첫 단락(롬 5:1-11) 끝부분에서 다음과 같이 제시된다.

> 9그러면 이제 우리가 그의 피로 말미암아 의롭다 하심을 받았으니 더욱 그로 말미암아 진노하심에서 구원을 받을 것이니 10곧 우리가 원수 되었을 때에 그의 아들의 죽으심으로 말미암아 하나님과 화목하게 되었은즉 화목하게 된 자로서는 더욱 그의 살아나심으로 말미암아 구원을 받을 것이니라(롬 5:9-10).

바울은 로마서 8장의 마지막 단락(롬 8:31-39)에서 다시 이 주제로 돌아와 풍부한 어휘와 매우 감동적인 어조로 구원의 확신을 노래한다. 지금까지 냉철하고 예리한 신학자의 모습을 보였던 바울이 이 본문에 이르러서는 열정적인 시인의 모습으로 바뀐다.

> 31그런즉 이 일에 대하여 우리가 무슨 말 하리요? 만일 하나님이 우리를 위하시면 누가 우리를 대적하리요? 32자기 아들을 아끼지 아니하시고 우리 모든 사람을 위하여 내주신 이가 어찌 그 아들과 함께 모든 것을 우리에게 주시지 아니하겠느냐? 33누가 능히 하나님께서 택하신 자들을 고발하리요? 의롭다 하신 이는 하나님이시니 34누가 정죄하리요? 죽으실 뿐 아니라 다시 살아나신 이는 그리스

도 예수시니 그는 하나님 우편에 계신 자요, 우리를 위하여 간구하시는 자시니라. 35누가 우리를 그리스도의 사랑에서 끊으리요? 환난이나 곤고나 박해나 기근이나 적신이나 위험이나 칼이랴? 36기록된 바 "우리가 종일 주를 위하여 죽임을 당하게 되며 도살당할 양같이 여김을 받았나이다" 함과 같으니라. 37그러나 이 모든 일에 우리를 사랑하시는 이로 말미암아 우리가 넉넉히 이기느니라. 38내가 확신하노니 사망이나 생명이나 천사들이나 권세자들이나 현재 일이나 장래 일이나 능력이나 39높음이나 깊음이나 다른 어떤 피조물이라도 우리를 우리 주 그리스도 예수 안에 있는 하나님의 사랑에서 끊을 수 없으리라(롬 8:31-39).

가. 성도의 견인

감동적인 어조로 펼쳐지는 로마서 8장의 마지막 단락은 기독교 신학에서 "성도의 견인" 또는 "성도의 인내"(perseverance of the saints)라 불리는 교리의 근거가 되었다. 성도의 견인이란 예수님을 믿어 구원받은 사람은 하나님의 지키시는 은혜로 인해 끝까지 견디어 결국 영광에 이르게 된다는 교리다. 그런데 이 교리가 극단적으로 발전하면 한 번 구원받은 사람은 절대로 구원에서 떨어져 나가지 않는다는 신념으로 굳어진다. 그리고 이것이 한국교회에 널리 퍼져 있는 "구원의 확신"을 뒷받침하고 있다. 나 역시 중학교 1학년 때 어떤 선교단체에서 활동하던 교회학교 선생님으로부터 구원의 확신에 관해 배운 후 오랫동안 그렇게 믿으며 신앙생활을 했었다. 로마서와 바울 서신을 다시 진지하게 연구하기 전까지는 말이다.

로마서 8:31-39은 어떤 피조물도 우리를 그리스도 예수 안에 있는 하나님의 사랑에서 끊을 수 없다고 선언한다. 그러나 로마서 8장에는 그와 반대되는 내용, 즉 우리가 구원에서 떨어져 나갈 가능성을 경고하는 말씀도 함께 담겨 있다. 로마서 8장의 서두에서 바울은 생명의 성령의 법으로 말미암아 우리가 죄와 사망의 법으로부터 해방되었다고 선언한다(롬 8:1-4). 그리고 바로 이어 그런 우리 그리스도인들에게 두 가지 삶의 가능성이 열려 있다고 밝힌다. 그중 하나는 육신을 따라 사는 것이고 다른 하나는 성령을 따라 사는 것이다(롬 8:5-17). 이에 관해 바울은 "너희가 육신대로 살면 반드시 죽을 것"(롬 8:13)이라고 분명히 경고한다.

갈라디아서 5장에도 그와 비슷한 말씀이 있다. 바울은 구원받은 그리스도인들에게 성령을 따라 사는 삶과 육체의 욕심을 따라 사는 삶의 두 가지 가능성을 제시한다. 그리고 육체를 따라 사는 자들은 하나님 나라를 유업으로 받지 못할 것이라고 경고한다(갈 5:21).

로마서 제3부(롬 9-11장)에도 같은 경고가 담겨 있다. 바울은 유대인의 구원 문제를 논하는 가운데 구원받은 이방인을 참 감람

나무에 접붙임 받은 돌 감람나무에 비유한다. 하나님이 참 감람나무 곧 유대인의 가지 일부를 잘라내고, 돌 감람나무 곧 이방인에게 구원을 허락하셨다는 것이다. 바울은 그렇게 구원받은 이방인이 유대인을 향하여 스스로 교만하지 말 것을 경고하며 다음과 같이 말한다.

> 20옳도다. 그들은 믿지 아니하므로 꺾이고 너는 믿으므로 섰느니라. 높은 마음을 품지 말고 도리어 두려워하라. 21하나님이 원 가지들도 아끼지 아니하셨은즉 너도 아끼지 아니하시리라(롬 11:20-21).

이처럼 바울은 하나님이 유대인들도 구원으로부터 잘라내셨는데, 이방인이라고 해서 그냥 봐주시겠느냐고 분명히 경고한다.

우리는 로마서 6장에서도 바울이 그리스도인들을 향하여 죄의 지배로 돌아가지 말라고 거듭 촉구한다는 사실을 이미 확인했다. 바울은 왜 자꾸 "돌아가지 말라"고 말하는 것일까? 한마디로 말해 돌아갈 가능성이 있기 때문이다. 돌아가는 사람이 자꾸 생기니까 거듭 경계하는 것이다.

다시 출애굽의 비유를 떠올려보자. 출애굽한 이스라엘 백성이 모두 가나안에 도착한 것은 아니었다. 그들은 이집트로 돌아가고 싶은 욕망에 끊임없이 시달렸고 끝내는 성인 대다수가 하나님의 진노를 받아 광야에서 죽고 말았다. 물론 가나안까지 인간의 힘만으로 갈 수 있는 것은 아니다. 효과성(efficacy)을 보이는 은혜가 필요하다. 은혜로 인해 우리가 믿을 수 있었던 것처럼 그리스도인답게 살기 위해서도 그 은혜가 끊임없이 필요하다. 그러나 그것으로 우리의 책임이 면제되는 것은 아니다. 하나님이 은혜로 이끄시지만 우리 스스로 걸음을 내디뎌야 한다. 걷지 않으면 광야에서 죽는다.

출애굽한 이스라엘이 40년 동안 광야를 통과한 끝에 가나안에 이를 수 있었던 것은 전적으로 하나님의 은혜 때문이었다. 하나님은 낮에는 구름 기둥으로, 밤에는 불기둥으로 그들을 지키셨으며, 만나와 메추라기와 바위의 물로 그들의 생명을 보존하셨다. 여러 번 다른 민족들의 공격을 받았음에도 훈련되지 않은 오합지졸 이스라엘이 그 싸움에서 이길 수 있었던 것은 하나님이 그 전쟁에 개입하셨기 때문이었다. 전적인 은혜라고밖에 말할 수 없다. 그러나 이는 이스라엘이 전혀 걷지 않거나 싸우지 않고 가나안에 이르렀다는 말이 아니다. 그들은 그 척박한 광야를 걷고 또 걸어야 했다. 그리고 그들 자신이 전장에 나가 적군과 맞서야 했다. 걷지 않으면 죽는다. 이집트로 돌아가면 죽는다. 나가서 싸우지 않으면 죽든지 포로가 된다. 이런 출애굽의 과정은 성경이 말하는 은혜의 성격을 분명하게 해준다. 하나님이 전적으로 이끄신다. 그러나 그것은 우리가 하나님의 주권을 인정하고 험한 광야 길을 제 발로 걷고 또 걸을 때, 그러면서 우리 자신을 하나님의 주 되심에 전적으로 내어드릴 때 임하는 은혜다. 전적인 내어드림에 전적인 은혜

제2부 • 하나님 나라의 복음

가 동반된다.

나. 천국 열차 티켓 자동판매기(?)

사람들은 구원을 종종 천국행 구원 열차에 타는 것으로 비유하곤 한다. 한때 유행했던 "나는 구원 열차 올라타고서 하늘나라 가지요" 하는 찬양 가사에 담겨 있듯이, 죽은 신자는 구원 열차를 타고 천국으로 직행한다고 보는 것이다. 그런 이해에 따르면 우리가 살아 있을 때 십자가 속죄의 복음을 믿으면 즉시 천국행 구원 열차 티켓이 발급되고, 그 티켓은 절대로 취소되지 않는다. 일단 티켓이 발급되면 살아 있는 동안 어떻게 살아도 상관없다. 인쇄된 티켓을 잃어버려도 괜찮다. 티켓 발급 내용이 전산 처리되어 천국 철도청에 이미 등록되어 있기 때문이다. 천국행 티켓을 소유한 우리는 죽는 순간 자동으로 구원 열차에 탑승해 천국으로 날아간다.

이런 비유에서 천국행 티켓은 전산화된 자동판매기에서 발급되는 듯하다. 자동판매기의 특징은 가게 주인이 없어도 된다는 것이다. 물건과 손님만 있으면 된다. 그 거래는 철저하게 규칙에 따라 이루어진다. 가격에 맞추어 돈을 넣으면 물건이 나온다. 그러나 가게 주인에게 직접 물건을 살 때는 그렇지 않다. 주인의 기분이 좋으면 덤을 얹어줄 수도 있고, 단골을 위해 숨겨둔 좋은 물건을 꺼내줄 수도 있다. 주인과 고객의 관계가 매우 중요하게 작용하는 것이다. 그러나 자동 판매 시스템에서 주인은 만날 필요가 없으며 손님은 철저히 정해진 규칙에 따라 움직여야 한다. 매매의 규칙이 중요할 뿐이지 주인과 고객의 관계는 그리 중요한 요소가 아니다.

그렇다면 구원을 천국행 열차 탑승에 견주는 이 비유는 성경적일까? 성경은 우리의 구원을 죽은 후에 구원 열차 타고, 또는 그와 비슷한 어떤 수단을 이용해 천국으로 가는 것에 비유하는가? 이 땅에서 살아가는 신자는 천국행 티켓만 예약해놓으면 다 되었다고 안심해도 될까? 성경 어디에서 우리의 구원이 그렇다고 말하는가? 성경은 우리의 구원을 그와는 다른 방식으로 비유한다. 예를 들어 출애굽한 이스라엘이 겪은 40년의 광야 생활은 그 자체로 구원의 과정을 묘사하는 하나의 비유가 될 수 있다. 우리의 구원이란 가나안을 향해 가면서 광야 길을 걷는 것과 같다.

그런가 하면 바울은 구원을 향해 가는 길을 다음과 같이 비유한다.

내가 이미 얻었다 함도 아니요, 온전히 이루었다 함도 아니라. 오직 내가 그리스도 예수께 잡힌 바 된 그것을 잡으려고 달려가노라(빌 3:12).

유대주의자들과 논쟁을 벌이는 가운데 바울은 자신이 그리스도를 위하여 전에 자신에게 유익하던 모든 것을 잃어버리고 배설물처럼 여긴다고 말한다(빌 3:7-8). 그 비움은 다른 것을 얻기 위함이다. 바울은 특히 "믿음으로 하나님께로부터 난 의"와 "부활"을 얻고자 한다(빌 3:9-11). 이때 바울은 자신이 그 구원의 목표를 향해 달려 간다고 말한다(빌 3:12). 이것이 바로 성경이 구원을 말하는 대표적인 비유다. 구원은 죽은 후에 구원 열차 타고 천국으로 날아가는 것이 아니라, 이 땅에 살아 있는 동안 구원의 완성을 향해 "달려가는" 것이다.

이 걸어감 또는 달려감에는 긴장이 있다. "아직" 구원의 완성에 도달하지 못했기 때문이다. 아직 도달하지 못했기에 현실적인 불확실성이 남아 있고 그로 인한 긴장이 발생한다. 그런데 우리는 스스로 그 긴장을 견뎌내지 못한다. 그래서 하나님의 구원을 하나의 시스템에 가두고 통제하려 한다. 구원 시간, 구원의 방법을 통제하려는 욕망에 사로잡힌 채 구원을 확실히 손안에 넣고 싶어 안달이다. 하나님께 맡기고 기다리기보다 천국행 티켓을 손안에 넣고 그 티켓에 확실성을 부여하는 시스템을 구축하여 안도감을 얻으려 하는 것이다. 그러나 그것은 하나님을 믿지 못하는 태도다.

다. 구원의 확실성은 하나님께 있다

그런데 로마서는 우리가 구원에서 떨어져 나갈 가능성을 언급하면서도 우리의 구원이 확실하다고 말한다. 왜 바울은 서로 모순되는 진술을 한 책에 함께 담아놓았는가? 구원의 확실성을 말하는 로마서 5:9-10을 다시 살펴보자.

> 9그러면 이제 우리가 그의 피로 말미암아 의롭다 하심을 받았으니 더욱 그로 말미암아 진노하심에서 구원을 받을 것이니 10곧 우리가 원수 되었을 때에 그의 아들의 죽으심으로 말미암아 하나님과 화목하게 되었은즉 화목하게 된 자로서는 더욱 그의 살아나심으로 말미암아 구원을 받을 것이니라(롬 5:9-10).

"더욱 그로 말미암아 진노하심에서 구원을 받을 것이다", "더욱 그의 살아나심으로 말미암아 구원을 받을 것이다"라는 문장은 원래 수동태로 기록되었다. 이 문장들은 얼핏 들으면 어떤 예정된 사실에 관한 서술, 또는 구원의 시스템에 관한 서술처럼 들린다. 그러나 이 책 제1장에서 마태복음의 "천국"을 설명하며 언급한 것처럼 성경에서 이와 같은 수동태 문장을 만날 때는 그것이 혹시 신적 수동태가 아닌지 검토해볼 필요가 있다. 구원을 받는 것에 관해 말하는 앞의 인용문들은 신적 수동태 문장으로 보아야 한다. 이 두 문장을 능동태로 바꾸면 다음과 같다.

하나님께서 더욱 그로 말미암아 진노하심에서 우리를 구원하실 것이다.

하나님께서 더욱 그의 살아나심으로 말미암아 우리를 구원하실 것이다.

우리의 구원은 확실하다. 그런데 그 확실성은 견고한 교리적 시스템 때문이 아니라 하나님 때문이다. 그래서 우리의 믿음의 대상은 교리가 아니라 하나님이시다. 우리의 믿음은 어떤 사실을 받아들이는 데서 그치지 않고, 그 사실의 주체이신 하나님과 친밀한 언약 관계를 맺는 것으로 정의된다. 그러므로 우리 구원의 확실성 역시 어떤 사실이나 시스템에 달려 있지 않고 하나님 그분께 달린 것이다. 물론 이 확실성은 하나님과의 관계가 유지된다는 전제에서만 분명하다. 다시 말해 우리가 하나님과의 관계에 머물러 있는 한, 우리가 하나님의 주 되심을 인정하고 그 주 되심 안에 살아가는 한 하나님은 결코 우리를 버리지 않으신다. 어떤 피조물도 우리를 하나님의 사랑으로부터 끊을 수 없다. 그래서 우리는 구원의 확신을 가질 수 있다.

로마서 8장의 마지막 단락은 하나님과의 관계에 신실하게 머물러 있는, 그분의 사랑 받는 자녀들을 위해 부르는 확신에 찬 노래다. 이것은 바울의 노래이자 우리의 노래이기도 하다. 이 책의 본론을 마무리하며 이 노래를 다시 한번 음미해도 좋을 듯하다.

31그런즉 이 일에 대하여 우리가 무슨 말 하리요? 만일 하나님이 우리를 위하시면 누가 우리를 대적하리요? 32자기 아들을 아끼지 아니하시고 우리 모든 사람을 위하여 내주신 이가 어찌 그 아들과 함께 모든 것을 우리에게 주시지 아니하겠느냐? 33누가 능히 하나님께서 택하신 자들을 고발하리요? 의롭다 하신 이는 하나님이시니 34누가 정죄하리요? 죽으실 뿐 아니라 다시 살아나신 이는 그리스도 예수시니 그는 하나님 우편에 계신 자요, 우리를 위하여 간구하시는 자시니라. 35누가 우리를 그리스도의 사랑에서 끊으리요? 환난이나 곤고나 박해나 기근이나 적신이나 위험이나 칼이랴? 36기록된 바 "우리가 종일 주를 위하여 죽임을 당하게 되며 도살당할 양 같이 여김을 받았나이다" 함과 같으니라. 37그러나 이 모든 일에 우리를 사랑하시는 이로 말미암아 우리가 넉넉히 이기느니라. 38내가 확신하노니 사망이나 생명이나 천사들이나 권세자들이나 현재 일이나 장래 일이나 능력이나 39높음이나 깊음이나 다른 어떤 피조물이라도 우리를 우리 주 그리스도 예수 안에 있는 하나님의 사랑에서 끊을 수 없으리라(롬 8:31-39).

나가는 말
다시 십자가로!

1. 요약

지금까지 우리는 로마서를 하나님 나라 복음의 패러다임으로 다시
읽었다. 제1부에서는 "하나님 나라의 복음"이 무엇인지 분명한 그
림을 제시하고, 로마서의 복음이 하나님 나라의 복음임을 입증하는
데 주력했다. 먼저 제1장 "복음이란 무엇인가?"에서는 로마서로 들
어가기 전에 복음서와 구약성경에 담겨 있는 하나님 나라 복음을
개괄적으로 살펴보았다. 이때 하나님 나라의 복음을 십자가 속죄의
복음과 비교했고, 복음에 관한 이해가 바뀔 때 구원이나 믿음, 회개
등의 주요 개념들이 어떻게 다르게 정의되는지도 함께 확인했다.

　제2장 "로마서의 복음"에서는 범위를 좁혀 바울이 로마서의
서두에서 자신의 복음을 하나님 나라 복음으로 제시한다는 사실을
확인했다. 그리고 그 복음의 정의에 따라 행위와 구원의 관계를 다

시 설정해보았으며, 제1장에서 다룬 믿음의 개념을 좀 더 심층적으로 살펴보고, 하나님 나라 복음의 패러다임 안에 십자가 속죄의 복음을 어떻게 포함할 수 있을지도 생각해보았다.

제3장 "이 세대와 하나님 나라"에서는 이 세대 곧 죄의 지배와 대조하면서 하나님 나라 복음의 본질을 좀 더 명확히 드러내고자 했다. 로마서가 죄의 지배를 얼마나 중요하게 다루는지 여러 본문을 통해 확인하고, 로마서의 논의가 묵시종말론의 맥락에서 하나님 나라와 이 세대를 대조하며 전개된다는 사실도 살펴보았다. 특히 이 장에서는 죄의 지배가 신화적 차원에 머무는 것이 아니라 현실의 심층에서 현실을 움직이고 있는 것임을 보이기 위해 "파라오의 질서"라는 개념을 도입해 좀 더 현실적인 적용을 시도했다.

이처럼 제1부에서는 로마서에 담긴 하나님 나라의 복음이 무엇인지 보이는 데 주력했다면, 제2부에서는 로마서의 주요 주제들이 하나님 나라와 관련해 어떻게 전개되는지를 보이고자 했다. 제4장 "하나님 나라와 하나님의 의"는 하나님과 그 백성의 언약이라는 맥락에서 관련된 주제들을 설명했다. 특히 바울 신학계에 새 관점이 등장하면서 로마서 해석이 어떻게 달라졌는지를 로마서의 중심 문제 및 주제와 관련지어 살펴보고, 새 관점의 한계를 하나님 나라 관점으로 어떻게 극복할 수 있는지도 탐구해보았다. 이런 새로운 이해와 더불어 로마서의 주제문(롬 1:16-17)에 대한 새로운 해석도 제시되었다.

로마서와 하나님 나라

제5장 "이신칭의"는 전통적으로 로마서의 중심 주제로 간주되었으나 이제는 그 지위를 잃어버린 "이신칭의"가 어떻게 새롭게 이해될 수 있는지를 살펴보았다. 이때 새 관점을 참조하면서 동시에 그것을 넘어서는 관점을 도입하고자 했다. 이신칭의의 명제를 구성하는 "의롭게 됨", "율법의 행위", "예수 그리스도의 신실하심"을 각각 별개의 항목으로 나누어 살펴보았고, 앞서 제1, 2장에서 다루었던 "우리의 믿음"에 관한 이해도 더 심화시켰다.

제6장 "영광의 소망"은 옛 관점과 새 관점이 모두 그 중요성을 적절하게 드러내지 못했던 로마서 제2부(롬 5-8장)에 초점을 맞추었다. 이때 "이미"와 "아직" 사이에 있는 그리스도인의 실존을 다양한 관점으로 탐구하며 그 과정에서 작용하는 하나님의 은혜와 인간의 책임 사이의 관계를 그리스도인의 자유와 연결해 살펴보았다. 그리고 거기에 기초해 우리가 가진 구원의 확신이 무엇인지 다시 규명해보았다. 또한 로마서가 말하는 구원이란 온 창조세계가 샬롬을 회복해가는 과정임을 말함으로써 전통적인 기독교 신앙이 가진 인간중심주의의 한계를 극복하고자 했다.

이 모든 논의의 과정을 통해 분명해진 것은 무엇보다 로마서에 담긴 바울의 복음이 하나님 나라의 복음이라는 사실이다. 공관복음서에 담긴 예수님의 복음은 하나님 나라 복음이고 바울 서신의 복음은 십자가 속죄의 복음이라는 이분법은 이제 설 자리가 없다. 성경에는 신구약을 관통하는 하나의 복음 곧 하나님 나라의 복음이 담겨 있을 뿐이다. 복음(the Gospel)이란 곧 하나님 나라다. 그리고 십자가의 속죄는 그 복음을 구성하는 한 부분이다. 예수님의 십자가는 그 자체로 홀로 서 있는 것이 아니라 십자가와 부활과 예수님의 주 되심으로 이루어지는 일련의 사건과 연결되어 복음을 대표한다. 십자가의 효과는 속량과 속죄 두 가지로 나타난다. 따라서 십자가의 속죄는 예수님의 십자가 사건의 한 측면에 불과하다.

복음이 하나님 나라라는 사실이 분명해질 때 우리의 믿음에 관한 이해도 달라질 수 있다. 믿음이란 단지 십자가 속죄의 사실을 받아들이는 것이 아니다. 여기서 해당하는 "사실"의 범위를 더 넓혀도 마찬가지다. 믿음이란 십자가와 부활과 예수님의 주 되심이라는 일련의 사실들을 인정하는 데서 그치지 않는다. 믿음이란 단지 예수에 관한 교리나 사실을 믿는 것이 아니라 예수님을 믿는 것이다. 그 모든 복음 사건의 주체이신 예수 그리스도의 하나님을 우리의 주님으로 삼는 것이다. 하나님의 주 되심이 우리 삶의 모든 영역과 모든 순간에 이루어져야 한다. 그러므로 믿음은 삶을 포함한다. 하나님의 주 되심을 살아내는 것이야말로 하나님을 믿는 것이다.

그러므로 구원을 단지 협소한 의미의 영혼 구원으로만 이해해서는 안 된다. 구원이란 영혼과 육체를 포함하는 우리 삶의 모든 영역에 이루어지는 하나님의 주 되심이기 때문이다. 그러므로 구원은 개인과 사회를 포함하며, 교회와 세상을 포함하고, 현세와 내

세 또는 이 세상과 저 세상을 모두 포함한다. 더 나아가 인간 세계 뿐만 아니라 모든 창조세계도 포함한다. 그러므로 자연 세계도 구원받아야 할 대상이다. 우리 삶의 모든 영역이 신앙의 영역이다. 우리의 신앙은 개인의 내면과 교회 생활을 통해 표현될 뿐 아니라 가정과 직장에서, 더 나아가 정치, 경제, 사회, 문화를 포함하는 모든 영역에서 이루어져야 한다. 우리의 정치 행위도 신앙의 표현이며, 돈을 벌어 사용하고 이웃과 나누는 경제 행위도 우리 신앙의 본질적인 부분이다.

하나님의 주 되심을 이루는 것은 하나님 아닌 다른 신이 나의 주 됨을 거부하는 것이다. 우리는 하나님과 재물을, 또는 권력을, 또는 명성을, 또는 그 무엇이든 하나님과 그것을 동시에 섬길 수 없다. 사탄은 흔히 신화의 언어로 그려지지만 그것은 사탄을 묘사하는 이미지일 뿐이다. 사탄은 저 멀리에 있지 않고 우리의 현실의 심층에서 현실을 움직이고 있다. 사탄은 사탄의 복장으로 나타나지 않는다. 로마서에서 사탄은 "죄", "사망", "육체" 등 다양한 양태로 표현되고 돈의 지배, 권력의 지배로 나타나기도 한다. 나는 이 책에서 우리의 숭배를 탐하며 하나님과 겨루는, 그 현실 속의 신적 존재들을 "파라오의 질서"라 이름 지었다.

하나님 나라는 우리 안에, 즉 우리의 현실에 있다. 그런데 하나님 나라는 눈에 보이게 임하지 않는다. 눈에 보이는 현실을 하나님 나라와 동일시하면 안 된다. 그것은 파라오의 질서도 마찬가지다.

파라오의 질서는 현실의 심층에서 현실을 움직이는 악의 시스템이다. 그러나 눈에 보이는 현실 자체가 파라오의 질서는 아니다. 다만 현실의 표면과 심층이 단단하게 결속되어 있어서 파라오의 질서를 식별해내기가 쉽지 않다. 파라오의 질서를 식별하기 위해서는 신앙적·영적 통찰뿐 아니라, 사회와 문화와 인간과 자연을 구조적으로, 분석적으로, 심리적으로 들여다볼 줄 아는 세밀한 통찰이 함께 필요하다. 따라서 하나님 나라의 실천은 성서학과 신학뿐 아니라 다양한 세속 학문으로 뒷받침되어야 한다.

예수님의 오심과 함께 하나님 나라는 이 땅에 이미 시작되었다. 우리는 예수 그리스도의 하나님을 주님으로 영접한 그 순간부터 하나님 나라를 함께 이루어가는 그분의 백성이 되었다. 하나님 나라는 이미 시작되었다. 그러나 아직 완성되지는 않았다. 왜냐하면 이 세대 곧 파라오의 질서가 아직 살아남아 영향을 미치고 있기 때문이다. 이런 현실에서 우리는 하나님의 주 되심을 살아내는 믿음을 성숙시키며 우리 삶의 모든 영역에 하나님 나라를 세워가야 한다. 물론 하나님 나라는 하나님이 친히 세우신다. "하나님의" 나라이기 때문이다. 우리는 단지 하나님의 주 되심에 모든 것을 내어드릴 뿐이다. 오직 은혜로 사는 것이다. 하나님의 은혜에 힘입어 푯대를 향한 달음질을 계속할 뿐이다. 주님을 향한 신실함으로 그 길을 한 걸음씩 걸어가야 한다. 흔들림 없는 구원의 확신을 가지고서 말이다. 그런 우리를 하나님이 반드시 구원하실 것이다.

로마서와 하나님 나라

2. 다시 십자가로!

이로써 로마서의 하나님 나라 복음에 관한 논의가 일단락되었다. 그러나 일부 독자들은 여전히 한 가지 질문이 가시지 않은 앙금처럼 가슴에 남아 있음을 느낄 것이다. 그 질문은 이것이다. "그렇다면 십자가는 무엇인가?"

"하나님 나라의 복음과 십자가 속죄의 복음"을 다룬 제2장 제4절에서 우리는 십자가의 속죄가 하나님 나라 복음에 포함된다는 사실을 확인했다. 그리고 "이신칭의"를 재조명한 제5장의 첫 항목에서는, 예수 그리스도의 십자가가 "속량"과 "속죄"라는 두 의미를 모두 지니고 있음을 살펴보았다. 속량이란 우리가 죄의 노예 상태로부터 해방되어 하나님의 자녀가 됨을 뜻하고, 속죄란 우리가 지은 죄가 용서되었음을 뜻한다.

이처럼 속량과 속죄라는 십자가의 다중적 효력은 "죄"의 복합적인 의미와 연관된다. 죄란 우리를 지배하는 하나의 거대한 세력이다. 우리가 죄의 지배를 허용할 때 그 죄의 지배는 악한 행위라는 열매로 표출된다. 이런 죄의 복합적인 구조를 십자가의 효력과 연결하여 정리하면 다음과 같다.

죄의 구조		십자가의 효력
죄	① 죄의 세력	속량
범죄	② 근본적 범죄: 죄의 지배를 따름 ③ 그 열매로서의 악한 행위들	속죄

우리의 회개란 단지 우리가 저지른 악한 행위들을 하나님께 아뢰고 용서받을 뿐 아니라, 죄가 우리를 지배하도록 허용했던 더 근본적인 범죄를 인정하고 하나님의 주 되심으로 돌아가는 것이 되어야 한다. 이런 이해는 그리스도인의 삶의 규범을 어떻게 마련할 것인지를 묻는 기독교 윤리학의 논의와도 연결될 수 있다. 구체적인 악한 행위들만 문제시하면 개별 행위 하나하나의 죄악성을 따지는데 몰두하면서 율법주의로 기울기 쉽다. 그러나 죄의 지배라는 거시적 차원을 인식하고 우리 스스로를 죄의 지배에 내주었던 근본적 범죄에 주목하면 율법에 얽매이지 않는 새로운 윤리 규범에 이를 수 있다. 이에 관한 더 자세한 논의는 기독교윤리학자들의 몫으로 남아 있다.

앞서 살펴보았듯이 예수 그리스도의 십자가의 속죄는 단지 우리가 저지른 크고 작은 악행들에 관계될 뿐 아니라 그보다 더 근본적인 범죄, 즉 우리가 자신을 죄의 지배에 내어준 범죄와 관련된다. 더 나아가 십자가는 우리의 범죄를 속죄할 뿐 아니라 더 근본적으로 우리를 죄의 지배로부터 속량한다. 십자가는 이렇게 복합적인 의미를 지니고 있다. 십자가에 관한 이해가 지엽적인 속죄의 차원에 그치지 않고 더 근본적인 속량의 차원으로 나아가 그 복합적인 의미가 모두 드러날 때, 예수 그리스도의 십자가의 온전성이 회복되고 십자가는 복음의 중심으로 우뚝 서게 될 것이다.

바울은 고린도전서 1:18에서 복음을 한마디로 요약하며 "십자가의 말씀"(ὁ λόγος ὁ τοῦ σταυροῦ)이라고 부른다. 그리고 고린도전서 2:2에서는 자신이 예수 그리스도와 "그가 십자가에 달리신 것" 외에는 아무것도 알지 않기로 작정했다고 말한다. 이처럼 바울에게서 십자가는 예수 그리스도의 복음을 대표한다. 바울은 왜 하나님 나라의 복음을 십자가로 대변할까? 그것은 아마도 하나님 나라를 파라오의 질서와 구별하는 가장 근본적인 특징이 십자가이기 때문일 것이다. 이 세대의 통치는 다른 존재를 죽이고 지배함으로써 세워진다. 그러나 하나님 나라는 섬기고 죽임당함으로써 세워진다.

더 나아가 바울은 십자가의 말씀이 멸망할 자들에게는 어리석은 것이지만, 구원을 받을 우리에게는 하나님의 능력이라고 말한다(고전 1:18). 표면적으로 볼 때 십자가는 사탄의 지혜와 능력이 아낌없이 발휘된 사건이었다. 사탄은 유대 지도자들을 움직여 하나님의 뜻을 외면하고 이 세대를 따르게 했다. 사탄은 그들을 자기 하수인으로 만들어 예수님께 대항하게 하고 반-로마 정치범의 올무를 덮어씌우도록 이끌었다. 또 사탄은 예수님을 메시아로 여기고 따르던 군중들이 등을 돌리며 자신들의 입으로 "예수를 죽이라"고

소리치게 했다. 그리고 로마 총독 빌라도를 움직여 가장 고통스럽고 치욕스러운 형벌인 십자가에 예수님을 달아 죽이게 했다.

반면에 십자가는 하나님의 아들의 어리석음과 무능함을 여실히 보여주었다. 공생애 기간에 예수님은 힘 있는 사람들, 부유한 사람들의 편에 서지 않고 가난한 사람들, 천대받는 사람들과 가까이 어울리셨다. 그는 유대 지도자들의 불신앙과 불의함을 꾸짖었지만 그들의 간교한 궤계를 막지는 못했다. 군중이 소리칠 때, 그리고 빌라도가 권력을 유지하고자 의인에게 사형 선고를 내릴 때 예수님은 어쩔 수 없이 묶여 있는 죄수의 처지였다. 그는 그저 도살장에 끌려온 어린양처럼 너무도 무력하게, 너무도 어리석게 끌려갈 뿐이었다. 십자가! 그것은 화려한 사탄의 능력과 지혜가 하나님의 아들이 보인 무력함과 어리석음에 극단적으로 대조되는 사건이었다. 그것은 파라오의 질서가 하나님 나라를 무너뜨리고 영원히 승리했음을 보여주는 듯한 사건이었다.

그러나 사실은 바로 그것이 하나님이 온 인류를 구원하시는 방법이었다. 예수님은 십자가에 달려 죽으셨지만 죽음을 이기고 살아나심으로써 죽음의 권세를, 죽임의 위력을 철저하게 무너뜨리셨다. 십자가는 싸움의 포기를 의미하는 것이 아니었다. 십자가는 가장 치열한 싸움의 흔적이었다. 십자가는 무저항을 뜻하는 것이 아니라 가장 적극적인 저항의 수단이었다. 파라오의 질서는 예수님을 십자가에 못 박아 죽임으로써 하나님 나라가 지키려 한 최후

로마서와 하나님 나라

의 보루를 무너뜨린 줄 알았겠지만, 사실은 사탄이 스스로 자기 가슴에 칼을 꽂은 것이었다. 예수님은 그렇게 죽음으로써 죽음을 이기셨다. 예수님은 그렇게 죽임당하심으로써, 다른 사람을 죽임으로 권력을 차지하는 사탄의 보좌를 허무셨다. 사탄의 나라는 예수님을 죽임으로써 스스로 무너진 것이다. 그렇게 "하나님의 지혜"가 "이 세대의 지혜"를 어리석은 것으로 드러나게 했다. 이 세대는 그 지혜를 갖지 못했기에 어리석게도 스스로 독배를 마셨다(고전 1:20-21). 그것이 십자가다.

이 책의 초고가 마무리될 무렵 나는 남한산성 근처에 자리한 영락수련원에서 열린 한 영성 훈련 프로그램에 참여하고 있었다.

영락수련원(영락교회 영성센터)에 있는 십자가 조형물 "겟세마네 십자가"(영락교회의 허락을 받아 사용함, 위임목사: 김운성, 작가: 문인수 집사)

영락수련원 경내에는 예수 그리스도의 생애를 보여주는 다양한 조형물들이 놓여 있어 묵상을 도와준다. 그 가운데는 다양한 형태의 십자가들도 포함되어 있다. 앞의 사진은 그중 하나인 "겟세마네 십자가"다. 숙소와 연결된 길목에 있어 자주 대하게 되는 이 십자가는 채움이 아니라 비움의 방식으로 조형되어 있다. 여덟 개의 바위 조각이 만들어내는 빈틈으로 십자가가 형성되는 것이다.

이 십자가는 깨어진 돌무덤을 상상하게 한다. 돌무덤이 깨어지고 십자가가 드러난다. 십자가 모양의 틈은 마치 돌무덤으로 들어가는 입구처럼 보인다. 십자가란 바로 죽음으로 들어가는 입구라고 말하는 듯 말이다. 낮에는 그런 인상이 강하다. 그러나 같은 십자가가 밤이 되면 전혀 다른 느낌을 불러일으킨다. 조형물 내부에 설치된 불빛이 바깥으로 쏟아져 나오면서 마치 부활하신 예수님이 돌무덤을 깨고 나오시는 듯한 강렬한 감동을 준다. 십자가는 무덤으로 들어가는 입구일 뿐 아니라 동시에 무덤을 깨고 나오는 출구이기도 하다는 사실을 보여주는 듯하다.

십자가의 진정한 의미란 무엇일까? 십자가는 무덤으로 들어가는 길일 뿐 아니라 무덤에서 나오는 길이기도 하다. 예수님은 십자가에서 죽임당하고 무덤에 들어가셨지만, 그 무덤을 깨고 다시 살아나심으로써 우리의 주님이 되셨다. 십자가에서 우리는 예수님과 함께 죽는다. 그리고 그 십자가에서 우리는 예수님과 함께 다시 살아난다. 그리고 하나님 나라가 온전히 이루어지는 그날 우리는 주

　　　　　　　　　　　　　　　　　　　로마서와 하나님 나라

부활을 형상화하는 "겟세마네 십자가"(영락수련원)

님과 함께 왕노릇하게 될 것이다. 그것이 십자가다! 그 온전한 의미를 되찾을 때 십자가는 다시 복음의 중심으로 우뚝 선다. 그때 우리는 하나님 나라의 복음은 십자가의 복음이라고 말할 수 있을 것이다. 그 십자가로 돌아가자!

로마서와 하나님 나라

바울 신학의 패러다임 전환

Copyright ⓒ 안용성 2019

1쇄 발행 2019년 2월 19일
8쇄 발행 2024년 7월 10일

지은이 안용성
펴낸이 김요한
펴낸곳 새물결플러스

편 집 왕희광 정인철 노재현 이형일 나유영 노동래
디자인 황진주 김은경
마케팅 박성민
총 무 김명화 이성순
영 상 최정호
아카데미 차상희

홈페이지 www.holywaveplus.com
이메일 hwpbooks@hwpbooks.com
출판등록 2008년 8월 21일 제2008-24호
주 소 (우) 04114 서울특별시 마포구 신촌로28가길 29
전 화 02) 2652-3161
팩 스 02) 2652-3191

ISBN 979-11-6129-099-7 03230

책값은 뒤표지에 있습니다.